山西省社会科学院（山西省人民政府发展研究中心）2021年度青年课题立项（院外）
课题名称：碳达峰碳中和视角下的山西省产业转型
课题编号：YWQN202109

DITAN JINGJI BEIJINGXIA
WOGUO LVSE JINRONG
FAZHAN YANJIU

低碳经济背景下
我国绿色金融发展研究

常荣华 ◆ 著

吉林大学出版社

图书在版编目(CIP)数据

低碳经济背景下我国绿色金融发展研究 / 常荣华著. -- 吉林大学出版社,2022.11
ISBN 978-7-5768-1235-0

Ⅰ.①低… Ⅱ.①常… Ⅲ.①金融业－绿色经济－经济发展－研究－中国 Ⅳ.①F832

中国版本图书馆 CIP 数据核字(2022)第 228194 号

书　　名	低碳经济背景下我国绿色金融发展研究
	DITANJINGJIBEIJINGXIA WOGUO LUSEJINRONGFAZHAN YANJIU
作　　者	常荣华　著
策划编辑	张维波
责任编辑	王宁宁
责任校对	闫竞文
装帧设计	繁华教育
出版发行	吉林大学出版社
社　　址	长春市人民大街 4059 号
邮政编码	130021
发行电话	0431-89580028/29/21
网　　址	http://www.jlup.com.cn
电子邮箱	jldxcbs@sina.com
印　　刷	定州启航印刷有限公司
开　　本	787×1092　1/16
印　　张	14.5
字　　数	294 千字
版　　次	2022 年 11 月　第 1 版
印　　次	2023 年 1 月　第 1 次
书　　号	ISBN 978-7-5768-1235-0
定　　价	78.00 元

版权所有　翻印必究

前　　言

绿色金融的核心是将自然资源的存量与人类经济活动造成的自然资源损耗，进行金融资源的优化再分配。绿色金融的发展有利于优化产业结构，有助于推动我国经济的提质增效。同时，构建绿色金融体系还有利于我国金融体系与国际接轨，提高我国在国际金融市场中的地位及核心竞争力。

当前，我国进入了经济结构调整和发展方式转变的关键时期。2021年的中央经济工作会议和政府工作报告均将"做好碳达峰、碳中和工作"列为年度重点任务之一。关于碳达峰和碳中和的重大决策，凸显了我国生态文明建设的战略定力和大国担当，向世界释放了中国坚定走绿色低碳发展道路的信号。实现绿色发展是我国碳达峰和碳中和的必由之路。绿色金融是我国通过绿色发展实现生态文明和美丽中国建设目标的重要抓手，同时也是建立健全绿色低碳循环发展经济体系的重要一环。然而，从实际情况来看，虽然"绿色金融"概念较热，但在具体的实践中发展绿色金融困难重重，如绿色金融业务风险较高而收益偏低、信息沟通机制有待完善、金融机构缺乏专业领域的技术识别能力、相关政策不完善等。发展绿色金融是一项系统性工程，需要各种金融机构、金融产品整体性、协同性地推进。同时，发展绿色金融产品和服务也是有序推进绿色金融市场双向开放的重要手段。

金融在人为因素（即人类对环境的影响）中发挥着至关重要的作用，但以往很少有人将环境问题纳入金融中考虑。在过去几年，金融部门开始关注绿色投资与可持续增长之间的关系，认为绿色金融是减少二氧化碳排放的最佳金融策略，也是有效实现可持续发展的目标。总之，绿色金融能在不损害显著经济增长的情况下最大限度地减少经济外部性，因此被视为环境治理的一项重要机制。事实上，一方面，发展绿色产业需要大量资金投入，财政资源仅能满足较少部分的绿色投资需求，故必须依靠金融手段引导市场加大对绿色产业的投入。另一方面，绿色产业具有投资周期长、短期盈利能力弱、基础薄弱的"强位弱势"特征,单纯依靠市场化手段难以完全解决融资约束问题,还需要政策支持和引导资金有效流向绿色产业。上述因素对绿色金融发展提出了现实需求,即需要通过相应政策工具,合理、有效地引导金融资本流动,来满足绿色转型中的资金需求。可见,绿色金融其本质并非是单一利润导向的资源配置方式,而是具有一定的政策性特征。但是,作为环境治理的重要手段,绿色金融是伴随环境问题和经济发展问题而出现的新领域,是一个在实践中不断探索的新学科。因此,当前对绿色金融的政策和实践展开研究,不仅是加快实现碳中和目标的一项重要课题,也是推进我国经济结构调整和高质量发展的有效抓手。

本书正是基于上述背景创作而成,对我国绿色金融的概念、发展进程及相关政策进行梳理,挖掘绿色金融发展过程中存在的不足和问题;同时通过各地区实践案例探索我国绿色金融未来发展和改进的方向,希望以此为我国绿色金融未来发展贡献一份力量。

在本书的写作过程中,笔者借鉴了许多专家学者关于绿色金融的研究成果,在此表示诚挚的感谢。由于本人水平有限,在写作过程中难免存在疏漏,恳请广大读者不吝指正,不胜感激。

作 者

2022 年 2 月

目　　录

第一章　绿色金融的概述 …………………………………………………… 1
　　第一节　绿色金融的概念 …………………………………………… 1
　　第二节　我国绿色金融发展的宏观背景和现实基础 ……………… 22
　　第三节　绿色金融与低碳经济的关系 ……………………………… 32
　　第四节　低碳经济背景下我国绿色金融的新思考 ………………… 38

第二章　我国绿色金融发展的需求和现状 ………………………………… 42
　　第一节　我国绿色金融发展的现实需求 …………………………… 42
　　第二节　我国绿色金融发展的重点领域 …………………………… 46
　　第三节　我国绿色金融的发展现状 ………………………………… 51
　　第四节　我国绿色金融的"十四五"展望 ………………………… 52

第三章　我国绿色金融政策分析 …………………………………………… 55
　　第一节　我国绿色金融政策 ………………………………………… 55
　　第二节　我国绿色金融政策的理论基础 …………………………… 67
　　第三节　我国绿色金融政策体系的发展 …………………………… 68
　　第四节　绿色金融政策阶段性效应 ………………………………… 84

第四章　我国绿色金融产品的发展与建议 ………………………………… 93
　　第一节　我国绿色债券的发展与建议 ……………………………… 93
　　第二节　我国绿色基金的发展与建议 ……………………………… 125
　　第三节　我国绿色信贷的发展与建议 ……………………………… 141
　　第四节　我国绿色保险的发展与建议 ……………………………… 157

第五章　以碳中和为目标构建绿色金融体系 ……………………………… 170
　　第一节　低碳经济背景下我国金融业发展的机遇和挑战 ………… 170
　　第二节　当前我国绿色金融体系与碳中和目标的差距 …………… 172

第三节　以碳中和为目标的绿色金融体系建设 ………………… 173

第六章　绿色金融推动绿色经济低碳发展案例研究 ………………… 191
　　第一节　绿色金融助力绿色乡村振兴 …………………………… 191
　　第二节　绿色金融助力新能源出行 ……………………………… 196
　　第三节　绿色金融助力企业环保 ………………………………… 201
　　第四节　绿色金融助力区域发展 ………………………………… 213

参考文献 ……………………………………………………………… 219

第一章 绿色金融的概述

绿色金融是在可持续发展观念日益深入人心、全球对环境保护愈加重视和更加积极应对气候变化的背景下提出的一种新型金融发展模式。因此，绿色金融对于改变我国传统金融发展市场的弊端、激活我国比较僵化的金融机制、提升我国金融创新能力方面很有助益，但我国目前在实施绿色金融发展战略方面存在的诸多难题也不容忽视。

第一节 绿色金融的概念

一、绿色金融的基本概念

（一）绿色金融的范畴界定

目前，国际上尚无对绿色金融有统一定义，这是由于不同国家发展阶段、资源禀赋及国情等因素均存在差异所导致的。Jose 等[1]认为，绿色金融是环保领域的金融创新，其本质是依托金融工具实现生态环境保护。Farhad 等[2]认为，绿色金融是一种金融杠杆，通过扶持特定产业实现环保目标。绿色金融不仅可以促进环境保护及治理，而且更重要的是可以引导资源从高污染、高能耗产业流向理念、技术先进的产业和经济部门。中国人民银行将绿色金融定义为旨在支持环境改善、应对气候变化和资源高效利用的经济活动[3]。安国俊[4]认为除上述内容外，绿色金融还具有引导消费者形成绿色消费理念的作用。通过梳理国内外文献，本

---

[1] 虞启明，Jose T. Matheickal, Jozef Latten. Heavy Metal Adsorption Properties of Marine Algae Durvilliea Potatorum, Ecklonia Radiata and Laminaria Japonica[J]. Chinese Journal of Chemical Engineering, 1998(01)：72-76.

[2] Munira BATOOL, Farhad SHAHNIA, Syed M. ISLAM. Multi-level supervisory emergen-cy control for operation of remote area microgrid clusters[J]. Journal of Modern Power Systems and Clean Energy, 2019, 7(05)：1210-1228.

[3] 中国人民银行研究局. 中国绿色金融发展报告(2018)[M]. 北京：中国金融出版社，2018.

[4] 安国俊. 绿色金融助力绿色经济[J]. 银行家，2017(01)：27.

研究认为绿色金融是金融机构与各类企业将环境保护、节能减排等思想融入金融活动的媒介，通过合理配置金融资源实现经济和生态的可持续发展。

国务院发展研究中心"绿化中国金融体系"课题组等[1]明确指出，传统的经济发展方式造成了资源过度消耗与环境破坏等问题，这种快速的增长方式隐含着巨大风险。大量研究指出，产业结构、能源结构以及交通运输结构的变化导致了污染物被大量排放。因此，有必要通过增加绿色投资的方式改变高排放、高污染的经济结构[2]。同时，发展绿色金融对产业结构调整优化和金融机构安全发展具有推动作用[3]。此外，胡梅梅等[4]认为，构建"两型"产业离不开完善的绿色金融支持体系。

但是，中国绿色金融发展依然面临着多种制约因素。无论在绿色金融体量、绿色金融产品数量和规模，还是从绿色金融市场完善程度、绿色金融盈利能力与盈利模式、绿色金融制度和绿色金融相关政策法规等方面，中国绿色金融发展依然存在众多问题。因此，应从国家层面完善绿色金融顶层设计，为绿色金融发展构建良好的制度环境[5]。

由于政府对绿色金融的认识在实践中不断提高，因此，中国绿色金融体系的构建过程随着政府对绿色金融认识的深入不断完善。当前中国正沿着"自上而下"的顶层推动和"自下而上"的基层探索两条路径持续推动绿色金融发展[6]。李朋林等[7]通过对中国绿色金融体系加以梳理，认为该体系的形成可以分为四个阶段，包括意识觉醒时期、理论探索时期、实践探索时期与体系完善时期。与此有显著差异的是陈凯[8]通过对中国绿色金融体系进行梳理，从政策变迁的视角将中国绿色金融发展归纳为初建、快速发展以及差异化发展三个阶段，以及杜莉等[9]将中国绿色金融政策体系建立过程划分为萌芽期、初建期和完善期，并认为当前中国

---

[1] 国务院发展研究中心"绿化中国金融体系"课题组，张承惠，谢孟哲，等. 发展中国绿色金融的逻辑与框架[J]. 金融论坛，2016，21(02)：17-28.

[2] 马骏. 绿色金融不是"造概念"[J]. 支点，2018(01)：19.

[3] 侯亚景，罗玉辉. 我国"绿色金融"发展：国际经验与政策建议[J]. 经济问题探索，2016(09)：7-10.

[4] 胡梅梅，邓超，唐莹. 绿色金融支持"两型"产业发展研究[J]. 经济地理，2014，34(11)：107-111.

[5] 西南财经大学发展研究院、环保部环境与经济政策研究中心课题组，李晓西，夏光，等. 绿色金融与可持续发展[J]. 金融论坛，2015，20(10)：30-40.

[6] 中国人民银行研究局. 中国绿色金融发展报告(2018)[M]. 北京：中国金融出版社，2018.

[7] 李朋林，叶静童. 绿色金融：发展逻辑、演进路径与中国实践[J]. 西南金融，2019(10)：81-89.

[8] 陈凯. 绿色金融政策的变迁分析与对策建议[J]. 中国特色社会主义研究，2017(05)：93-97，112.

[9] 杜莉，郑立纯. 我国绿色金融政策体系的效应评价——基于试点运行数据的分析[J]. 清华大学学报(哲学社会科学版)，2019，34(01)：173-182，199.

绿色金融政策发展出现了国际合作的新趋势。

(二)绿色金融的概念

1. 关于"绿色"的定义

"绿化"金融体系需要对"绿色"有一个明确的、得到认同的定义,这样才能确保政策、规则、标准和激励有效运用。目前,国际上并没有一个被广泛采纳的绿色金融定义。关于绿色金融,已经有多种不同又有重叠的定义(或者是相近的术语,例如可持续金融、气候金融、环境金融、负责任的金融、绿色投资等)。这些定义上的含糊和范围的不明确,已在很大程度上影响了绿色金融的发展。世界各国关注绿色金融发展的人们普遍感到,当前迫切需要统一绿色金融的定义和标准。概括地看,目前对绿色金融的定义大体上有狭义和广义两类,见表1-1。

表1-1 绿色金融的国际定义

狭义	广义
哪种金融活动(或金融工具)是绿色的?	对绿色金融系统整体而言,绿色意味着什么?
侧重过程:用来评估环境管理、生命周期的影响	侧重目的:一种有住户可持续发展的金融系统
侧重重点行业、技术以及问题	侧重实质影响:经济转型、稳定增长等

表1-1两种定义的目的和侧重点有很大的不同。狭义定义想要确定特定金融资产有多大比例是绿色的。其衡量标准有些是程序标准(如测算"环境、社会和治理"管理),有的是事前定义优先支持的绿色产业(技术)的行业标准(如可再生能源、循环、废弃物管理和环境保护)。狭义定义的重点在于评估环境状况,确定绿色金融支持的重点行业、重点技术等。广义定义想要确定金融系统在可持续性方面的整体目标,并提出测量其有效性的方法。根据金融系统的目标设定融资标准,对环境风险有效且高效地进行资本分配。其侧重点在于整个金融系统和宏观经济稳定。

发达国家和发展中国家在"绿色金融定义"上有一个重要差别,就是前者更关注气候,将未来的气候变化和相应的技术调整作为金融机构的主要风险因素。例如,设在挪威奥斯陆的国际气候和环境研究中心在对绿色债券的发行提供评估意见时,将对化石能源的投资定义为"非绿色"。而在中国等发展中国家,只要能够节约化石能源的使用量、降低单位能耗,其投资都属于"绿色"(例如高铁债券在中国被认为属于绿色债券,但发达国家并不认同)。在发达国家,由于已经完成了工业化进程，工业化早期阶段经常出现的环境污染问题已基本解决，因此，在评价一项投资是否"绿色"时，往往不考虑其治污和防污作用；而在中国，这类投资当然被纳入"绿色"范畴。

在全球范围内要想找到一个所有条件下都成立的"绿色金融"的定义几乎是不可能的。无论如何，至少在一国范围内应有一个明确的绿色金融标准，这是政府应当也能够做到的事情。未来在跨越国境的部分区域范围乃至全球，如果能够明确一个被普遍接受的定义和标准，无疑对绿色金融的发展是十分有利的。

2. G20峰会下绿色金融的定义

绿色金融的概念在《美国传统词典》中被定义为：它是实现金融可持续发展的一种金融营运战略，通过金融部门将环境保护作为基本国策，借助金融业务的运作，实现经济的可持续发展战略，达到环境资源保护和经济协调发展的目的，由绿色信贷、保险和证券构成其基本形式。绿色金融是基于环境保护和可持续发展的背景提出的。最初在1970年，世界银行首次设立环境事务顾问，重视环境问题的影响。随后，联合国人类环境会议于1972年在瑞典斯德哥尔摩举行，并于1992年在巴西里约热内卢举办了联合国环境与发展大会，会议通过了联合国《气候变化框架公约》和《生物多样化公约》。

随着G20第十一次峰会的召开，作为轮值主席国，中国首次将"绿色金融"纳入峰会重点议题。由于各个国家和地区绿色金融提出的时间和对其含义的理解不同，关于绿色金融的概念目前还没有统一的认识和界定，但已有一些机构和学者在尝试对绿色金融提供较为明确的定义。

G20绿色金融研究小组认为，绿色金融是一种投融资活动，这种投融资活动能通过环境效益的产生而达到支持可持续发展的目的，可以将减少空气、水和土壤污染，提高资源使用效率，降低温室气体排放，减缓和适应气候变化及协同效应等作用囊括于环境效益之中。

国务院发展研究中心"绿化中国金融体系"课题组对绿色金融进行了狭义和广义的区分，认为狭义的绿色金融侧重过程，用来评估环境管理、生命周期的影响，侧重重点行业、技术以及问题；而广义的绿色金融则侧重于目的，是以形成有助于可持续发展的金融系统为目的，以对经济转型、稳定、增长等产生实际影响为实质的。

我国七部委将绿色金融定义为"为支持环境改善、应对气候变化和资源节约高效利用的经济活动，即对环保、节能、清洁能源、绿色交通、绿色建筑等领域的项目投融资、项目运营、风险管理等所提供的金融服务"。

中国人民银行研究局首席经济学家马骏认为，绿色金融是指一类有特定绿色偏好的金融活动，金融机构在投融资决策中充分考虑环境因素的影响，并通过一系列体制安排和产品创新，将更多资金投向环境保护、节能减排、资源循环利用等可持续发展的企业和项目，同时降低对污染性和高能耗企业及项目的投资，以促进经济的可持续发展，在本质上是一系列金融工具、市场机制和监管安排的加总。

尽管各国对"绿色"的定义有所差异，但绿色投资的项目分类大体上是相同的，包括环保、节能、清洁能源、清洁交通、清洁建筑等具有环境效益的项目。另外，需要着重强调绿色金融体系的概念，它是指通过贷款、私募投资、发行债券和股票、保险、碳金融等金融服务将社会资金引导到绿色产业发展中的一系列政策和制度安排。在中国，建立绿色金融体系的主要目的是提高绿色项目的投资回报率和融资的可获得性，同时抑制对污染性项目的投资。构建绿色金融体系，不仅有助于加快我国经济向绿色化转型，支持生态文明建设，还有利于促进环保、新能源、节能等领域的技术进步，加快培育新的经济增长点，提升经济增长潜力。建立健全绿色金融体系，需要金融、财政、环保等政策和相关法律法规的配套支持，通过建立适当的激励和约束机制解决项目环境外部性问题。同时，也需要金融机构和金融市场加大创新力度，通过发展新的金融工具和服务手段，解决绿色投融资所面临的期限错配、信息不对称、产品和分析工具缺失等问题。

二、绿色金融与传统金融的比较

长期以来，由于体制等方面的原因，政府在资源环境保护工作中出现了失灵现象；金融业出于逐利动机，不愿涉足环保领域，经济增长与人类的可持续发展之间产生了尖锐的矛盾。因此，改变目前的融资模式，将资金导入节能、低耗、无污染的产业已成为当务之急。笔者认为，发展绿色金融、改变金融业的传统考核指标、发行绿色证券等方式是弥补传统金融缺陷、促进人类可持续发展的必然选择，也是未来金融业的发展方向。

（一）市场和政府的双失灵：绿色金融诞生的必然性

随着生产力的发展和现代科学技术的运用，人类对大自然的干预能力越来越强，对自然资源的开发和利用规模也日益扩大，生产的物质产品也越来越丰富。然而，人类在创造物质文明的同时，囿于对自然规律认识的局限性及经济发展的短视等原因，对自然资源往往采取掠夺式的开发和浪费性的使用，使生态平衡遭到了严重的破坏，环境污染问题也越来越严重，给整个社会经济造成了不可估量的损失，人类社会的可持续发展受到了严峻的挑战。因此，消除人类与生态环境之间的矛盾，实现人类与自然的和谐发展，已成为当前一个极其重要而紧迫的议题。

要解决这一矛盾，除了在法律法规、科学研究、价格政策等方面寻求出路外，当务之急是对潜在的行业已造成的环境污染和生态破坏进行积极防治，从资金角度大力支持生态建设和环保产业的发展。但由于生态环境资源属于公共物品，产权不明晰或具有多重性，市场机制在这一领域显然是无能为力的。因此，只能通过政府这只"看得见的手"来引导资源的优化配置。但从我国的实际情况来看，由于生态环境管理一直被视为社会公益事业，由政府一家包揽，政府部门既是监督机构，又是管理部门和执行部门，主要费用由财政拨款，缺乏有效的竞争机制而产生低效，导致资源浪费、环境污染越来越严重，治理和保护的成本越来越高，"看得见的手"在此领域也显乏力。不仅如此，政府制定的某些经济发展目标，如GDP的增长，经济增长速度的提高等，使经济主体片面追求经济总量的增加而忽视质量的提高，无形之中又加重了政府和市场失灵的程度，使"生态赤字"越来越严重。由此可见，必须由更好的投融资手段和政策来取代现行的运作模式，这种新的运作模式既要促进经济增长，还要实现经济的可持续发展，达到人类与自然界的和谐共存。依据这一思路，借鉴发达国家的成功做法，我们跳出传统金融的融资理念，进行融资创新，即大力倡导和发展绿色金融，引导资金流向节能、高效产业和环保产业，投资生态建设，弥补政府和市场失灵留下的空白。

(二)绿色金融的内涵及其与传统金融的区别

自1987年世界环境与发展委员会树立可持续发展的理念以来，人类开始以可持续发展的标准来重新审视自己的经济活动，各行各业都不同程度地推行着"绿色革命"，绿色概念渗透到了国民经济的诸多领域。作为现代经济的金融业，也应顺应历史的潮流，步入绿色的行列，从传统金融向绿色金融转变。

绿色金融的概念目前还没有一个规范的定义，但学术界对此已达成共识：即指金融业在投融资活动中自始至终必须体现"绿色"。具体而言，是指金融机构无论是面向企业、团体的借贷行为还是面向个人的零售业务，都要注重对环境的保护、治理和对资源的节约使用，促进经济与生态的可持续、协调发展，从而促进人类自身的可持续发展。进一步而言，绿色金融应包含如下几层含义：其一，绿色金融的目标之一是帮助和促使企业降低能耗，节约资源，将生态环境要素纳入金融业的核算和决策之中，扭转企业污染环境、浪费资源的粗放经营模式，避免陷入先污染、后治理，再污染、再治理的恶性循环；其二，金融业应密切关注环保产业、生态产业等"无眼前利益"产业的发展，注重人类的长远利益，以未来的良好生态经济效益和环境反哺金融业，促成金融与生态的良性循环。

相比之下，传统金融业考虑的因素要单一得多。以银行业为例，传统的商业性金融在业务的筛选上往往以"盈利性、安全性、流动性"为经营目标，最终的落脚点则是项目的盈利状况，经济利益压倒一切；而传统的政策性金融则往往以执行国家的特定政策为己任，如农业发展银行，其业务范围是办理农副产品的国家专项储备贷款以及粮、棉、油收购和调销贷款，无权涉足其他领域。深入广大农村的合作金融目前大多步入了商业化运作的轨道，其合作的性质逐步退化，而商业化的逐利动机日渐凸显，与商业银行的经营理念几近一致。因此，可以这样认为，传统金融业在对资金的配置方面不是以经济效益为导向，就是以执行国家下达的政策性任务为己任，在社会效益一端仅起到平抑价格、稳定民心的作用，对于资源短缺、生态平衡、环境污染等问题一般不列入决策变量。绿色金融的出现弥补了传统金融的空白。第一，绿色金融的经营理念不是以眼前利润为最终归宿，而是在经营活动中注重人类社会生存环境的利益，始终把"绿色利润"作为自己的目标区，通过运用利率杠杆、制订行业重点扶持政策、改变传统考核方法等手段，达到长远经济效益与维护生态环境的和谐统一，最终促成经济效益与社会效益的双赢；第二，典型的传统金融业不涉及环保产业，污染治理一贯由财政开支，绿色金融则以保护环境、节约资源为己任，将资金输送到与人类健康密切相关的环保产业、生态产业，以求人类社会的可持续发展与繁荣。

三、绿色金融的制度与分类

绿色金融是实现可持续发展的一条重要手段，其内涵包括金融机构投融资活动的"绿化"，即决策时充分考虑环境因素，减少或停止对污染项目的支持，加大对治理环境项目的扶持，而且将环境因素纳入金融机构的风险管理体系，更好地管理中长期风险，实现金融体系自身的可持续发展。

（一）绿色金融制度的理论基础

制度(institution)，是社会科学中的概念。从社会科学的角度来理解，制度泛指以规则或运作模式规范个体行动的一种社会结构。这些规则蕴含着社会的价值，其运行标志着一个社会的秩序。建制的概念被广泛应用到社会学、政治学及经济学的范畴之中。相应地，绿色金融制度则能通过建立新型金融模式，规范投融资活动，达到促进环境保护和资源节约的正效应。

绿色金融制度的经济学理论基础是外部性与产权理论。其中，外部性是绿色金融的重要特征，产权理论是绿色金融制度和政策制定的工具依据。外部性也称外部效应，是由A.马歇尔（Alfred Marshall）和A.C.庇古（Arthur Cecil Pigou）在20世纪初提出的，是指一个经济主体（生产者或消费者）在自己的活动中对旁观者的福利产生了一种有利影响或不利影响，这种有利影响带来的利益（或者说收益）或不利影响带来的损失（或者说成本），都不是生产者或消费者本人所获得或承担的，是一种经济力量对另一种经济力量"非市场性"的附带影响。

外部性分为正外部性和负外部性。正外部性是指经济活动中一个经济主体的行为对另一个经济主体的利益有益（外部经济），负外部性是指经济活动中一个经济主体的行为对另一个经济主体的利益有损（外部不经济）。根据外部性理论，外部性造成了私人边际成本和社会边际成本的不一致，解决这种不一致的策略就是解决外部性的对策：当存在外部性问题时，私人边际净产值总是与社会边际净产值存在差异，所以完全利用市场机制实现资源的最优配置是不可能的，必须采取政府征税或提供补贴的办法才能解决。环境污染是一个典型的外部性实例，环境污染外部性使私人（生产者与消费者）不愿为使用生态环境支付成本，这就可能导致私人对生态环境的过度使用直至边际效益为零，并且不会关心边际社会成本的增加。所以，在环境保护问题上容易出现"市场失灵"，需要依靠政府干预。

解决外部性的基本思路是让外部性内部化，即通过制度安排经济主体的经济活动所产生的社会收益或社会成本转为私人收益或私人成本，是技术上的外部性转为金钱上的外部性，在某种程度上强制实现原来并不存在的货币转让。现代产权理论为弥补市场失灵提供了有效路径，即科斯定理[①]。该理论认为：产权的界定可以有效克服外部性，促进资源的优化配置，这就为解决外部性问题、提高资源配置效率提供了新的思路。

按照现代产权理论的表述，发挥市场机制作用的前提条件是清晰的产权界定和有效的产权制度安排，即只要产权界定清楚、产权制度安排合理，外部性问题就可以通过市场机制得到解决，如政府可创建一种生态环境的新产权（排污权）。如果法律规定保护经济主体向生态环境排污的权利，那么经济主体就可以向政府购买排放这种权利，并可以进行权利的买卖，即进行排污权交易。排污权交易便是依据产权理论所形成的环保权益归属，该理论重新界定了"外部性"所关注的环

[①] 科斯定理：如果存在产权划分，交易成本较低且参与人数较少的时候，人们可以通过私下谈判来解决外部性问题。

保产权,由此衍生出碳排放权交易、水权交易、林权交易、矿业权交易等,且在发达国家取得了良好效果。

现代产权理论也对发展绿色金融提供了方向。其一,为绿色金融通过市场机制实现发展提供了理论依据。例如,政府一旦立法明确了公民的环境权,金融机构就有责任为有利于生态环境的项目融资,也有责任拒绝向环境污染项目融资。其二,由于财政收支缺口日益扩大,政府对绿色金融的支持有时候是力所不能及的。此时发展绿色金融更优的选择可以是在明确界定并保护好产权后,主要依靠市场机制来进行运作,如明确环境债权在全部债权中的优先受偿地位,这样环境债权的信用风险更低,融资成本也就更低,可以吸引更多的投资者;为环境融资设定更低的风险权重,使得生态环境项目的风险比其他项目融资风险更低,从而促使更多金融机构投资生态环境项目;生态产权明晰且生态产权交易市场完善,生态权益配额不足的经济主体就可以从生态权益配额富裕的经济主体那里购买到生态权益配额,不仅有利于经济活动的开展,而且也使生产者有动力通过技术进步减少环境污染或资源的低效利用。

基于以上理论阐述,绿色金融制度构建首先应该着眼于对"绿色"进行清晰的界定。《G20绿色金融综合报告》也认为,当前全球绿色金融制度建设面临的主要障碍便是缺乏对"绿色"一词的清晰定义。

绿色金融作为一种直接融资工具,不仅能够可以融通更多资金支持可持续发展项目,还能够通过提供中长期投融资工具,实现金融系统融资结构的优化,减轻金融体系的期限错配风险。绿色金融制度为高效服务融资,应作为金融系统的一部分看待,包括"三大要素、一个市场、三大功能"。

三大要素,是指资本、政策制度和绿色经营理念以及企业社会责任,分别为绿色金融系统提供了经济保障、政策保障和绿色指引。

一个市场,是指金融市场,其核心功能是实现资金的融通,即通过金融中介和金融工具实现社会总资本的有效循环,满足绿色治理领域的融资需求和激发投资方的绿色投资主动性。

三大功能,是指绿色资本配置、绿色资本供给、环境和社会风险管理。绿色资本配置是绿色金融系统的核心功能,绿色资本供给是绿色金融系统的基础功能,环境和社会风险管理则是绿色金融系统区别于其他金融系统的显著特征。

(二)国外绿色金融相关制度的介绍

为了更好地应对气候变化和环境污染治理,世界各国相继采取了多种措施推动绿色经济的发展,许多国家和地区通过制定绿色增长战略、促进绿色投资、建立循环经济发展计划等,或通过制定法律、法规、标准等来推动金融机构和金融市场减少对污染和高耗能企业的资产配置。在国际社会制度的安排中,大部分制度是以法律、法规等形式出台,具有一定的强制性和稳定性。发达国家和发展中国家的制度安排其侧重点有所不同,发达国家更加注重应对气候变化和新能源开发,发展中国家更侧重于雾霾、水体污染、土壤污染等。

1. 美国的《超级基金法》

美国在进行环境污染治理法律进程中,主要从"历史遗留"的污染土地入手,特别是工业危废填埋场和露天化工废物倾倒场地。1980年美国国会通过了《综合环境处理、赔偿和责任法》(简称《超级基金法》)。该法旨在"确定潜在责任方,按照污染者付费原则承担污染场地的修复费用",减少污染场地对公众健康和环境产生的威胁和危害。

根据《超级基金法》的框架和内容,其显著特征就是"连带性",即任何潜在的污染责任方都必须支付所有的清理费用,包括贷款人。在1996年对《超级基金法》修订前,持有抵押贷款、不参与经营的债权人不承担环境污染治理责任。然而,法院对该条款的保护范围持有不同解读,认为贷款人只要有行使控制权的能力,而不论该控制权有无行使,贷款人都被认为参与经营。因此,在1996年10月重新修订《超级基金法》时,重新定义了贷款人,即不仅包括特定的受监管的银行机构,还包括担保人、所有权保险人等。其次,明确了认定贷款人没有参与管理的条件,包括不再认定有行使控制权的能力为参与管理。这种法律约束极大地提升了银行业对项目环境影响评估的重视程度,推动了银行业向绿色化的转型。大型银行通常将环境因素纳入发放贷款的考虑因素,并设有环境风险管理部门,致力于管控环境信用风险,以及培训银行的贷款人员、信贷人员和贷款管理人员。

《超级基金法》的进步在于对污染环境方有了无限期的追溯权力,形成了严格的制裁力度。《超级基金法》针对有可能伤害人群健康和环境的场地建立了"优先国家名录",定期更新且每年至少更新一次,保证了超级基金制度的实施。

2. 英国的《温室气体排放披露指南》

英国绿色金融制度建设主要聚焦于"应对气候变化"主题,碳排放信息强制披露。2000年前,先后制定了《英国气候变化协议》和《碳减排承诺(CRC)能源效率计划》,规定了英国温室气体排放的主要内容。为了明确企业披露相关碳排放信息,制定了《气候变化法案》《温室气体排放披露指南》和《碳减排承诺》。2013年则修订了《公司法》，要求英国在主要的股票交易市场①上市公司须在年报中详细披露温室气体的排放信息。对于披露的信息，包括量化企业温室气体排放种类和规模。

3. 法国的《格勒奈尔法案》和《能源转型法》

2001年，法国通过《新经济规范法》对上市公司环境、社会和治理的披露框架进行了规定，但仅对上市公司的信息披露做出了规定，而对非上市公司没有要求。2012年，根据格勒奈尔环境论坛所讨论的问题和方案，通过了《格勒奈尔法案》，要求拥有超过500位员工的企业必须公布环境和社会影响，并由董事会批准。但该法案也存在瑕疵，如对不进行信息披露的企业没有相应的处罚措施，设立了"不披露就解释"的准则。

2016年生效了《能源转型法》，在环境信息披露上要求比《格勒奈尔法案》更进一步，其中，第173条规定：银行、借贷方也需要在年报中披露气候变化风险，以及要求机构投资者披露环境、社会和治理中的因素、气候变化的相关风险等。法国也因此成为首个强制要求机构投资者披露气候变化相关信息的国家。

在此法案指导下，多家法国投资者率先披露了气候变化相关信息，如法国安盛（Axa）集团2015年便发布了集团投资项目的碳足迹。《能源转型法》切实推动了投资者投资过程中的环境、社会和治理因素，并在气候报告中进行了详细披露。

4. 欧盟的《环境责任指令》和《循环经济行动计划》

2004年欧盟颁布了《欧盟环境责任指令》，在污染者付费基础上，建立了一套系统的框架。基于该框架，欧盟成员国将出台资金激励性措施推动环境责任相关的资金保障工具和市场的发展。但欧盟成员国的环境责任资金保障范围较窄，主要来源于保险公司开发，其次才是银行担保或其他市场化工具，如债券、基金等。

举例而言，法国保险业1989年在GIE Garpol基础上组建了环境责任再保险共保体，由50个保险人和15个再保险人组成，承保能力高达3 270万美元，主要是为了克服污染风险和灾难性风险单家保险公司无力承保的缺陷，因此由多家保险公司和再保险公司成立联合承保体②。

2014年，有8个欧盟成员国先后出台了强制性环境责任资金保障要求：包

---

① 主要股票交易市场是指伦敦证券交易所、纽约证券交易所、纳斯达克证券交易所等。
② 马骏. 国际绿色金融发展与案例研究[M]. 北京：中国金融出版社，2017：25.

括保加利亚、葡萄牙、西班牙、希腊、匈牙利、斯洛伐克、捷克和罗马尼亚。这些强制性保险资金需要根据相关行业和运营商的风险评估进行赔偿上限确定。葡萄牙、西班牙、希腊的强制性资金保障本应该是2010年生效,但由于基本条款尚在讨论中,资金保障还未实际到位。

2015年,欧盟委员会为了促进欧洲经济转型、促进可持续经济发展等,针对循环经济、废弃物处理等制定了一系列政策和法律条文。其中,《欧盟循环经济行动计划》明确了具体的行动目标和宏伟计划,覆盖了从生产消费到废弃物管理和二手原料市场,目标包括:2030年回收65%的城市垃圾和75%的包装废弃物,为生产绿色产品和再循环方案提供经济激励等。

为支持循环经济发展,欧盟通过多种途径发展循环经济,成立了欧盟凝聚资金,对人均国民收入低于欧盟平均水平90%的国家给予资金支持,对重复使用、维修、改进生产供给、产品设计等中小企业,提供630亿欧元资助。而为了更好地吸引社会资本加入,欧盟专门成立了欧洲战略投资基金,鼓励金融机构资助与循环经济相关的项目。欧盟还制定了"地平线2020计划",在2014—2020年投入共计770.28亿欧元资助研发和创新,其中59.31亿欧元用于安全、清洁和高效能源领域,30.81亿欧元用于气候变化、环境资源效率提升和原材料领域。

5. 巴西的《社会和环境责任政策》

2008年以来,巴西在金融机构的环境保护管理方面采取了一系列有效措施,巴西中央银行将社会和环境因素考虑至监管政策中,主要集中在三个方面的内容:风险缓解、统一金融体系与公共政策、提高行业效率。表1-2总结了部分典型政策。

表1-2 巴西中央银行与社会和环境相关政策[①]

决议通知	受监管业务	简介
决议 3545/2008	农村信贷:亚马孙区域内的环保合规	要求金融机构在向亚马孙区域内的借贷者发放贷款时,须获取环保合规文件
决议 3813/2008	农村信贷:扩张甘蔗种植	禁止金融机构对特定区域的甘蔗扩张项目提供融资
决议 3896/2010	农村信贷:低碳农业	建立减少温室气体排放项目清单
决议 4008/2011	应对和适应气候变化	针对应对和适应气候变化项目融资规定

---

① 马骏. 国际绿色金融发展与案例研究[M]. 北京:中国金融出版社,2017:20.

续表

决议通知	受监管业务	简介
通知 3547/2011	资本充足评估的内部流程	要求金融机构展示如何考虑和计算社会及环境风险的暴露水平
决议 4327/2014	社会和环境责任政策	金融机构环境和社会风险管理

2014年，巴西中央银行正式颁布了《社会和环境责任政策》，所有由巴西中央银行授权运营的金融机构都必须起草和执行《社会和环境责任政策》，对运营中的社会和环境风险进行分类、评估、监测、减缓和控制风险都提供了系统性框架，在该框架下，金融机构必须对新产品和服务的社会和环境风险进行评估。

6. 印度尼西亚的《绿色金融路线图2015—2019》

印度尼西亚负责监管金融业的部门是"金融服务管理局"（Otoritas Jass Keuangan，OJK）。2014年，金融服务管理局对外颁布了关于绿色金融发展的路线图——《绿色金融路线图2015—2019》，对印尼的金融业向绿色转型提供了中期和长期规划，远期规划至2024年。根据该路线图，印尼发展绿色金融的目标可分为两个部分，即中期目标和长期目标。中期目标主要集中在基本的监管框架和报告体系建设，如有关绿色金融的定义、原则和条例，以及绿色金融投资组合的政策法规。长期目标则集中在综合风险管理、公司治理、银行评级、绿色金融产品和综合绿色金融信息系统的建立，如发展绿色债券、绿色指数等。

7. 蒙古的《绿色金融发展原则》

2014年12月，蒙古颁布了《绿色金融发展原则》，为银行在发放贷款和设计新产品时整合环境和社会因素提供了总体框架。《绿色金融发展原则》主要由蒙古国银行业协会、环境与绿色发展和旅游部、蒙古银行制定，主要明确了发展领域，包括农业、建筑和基础设施、制造业、采矿业。《绿色金融发展原则》于2015年1月生效，主要基于下述八项原则：保护自然环境、保护民众和社区、保护文化遗产、促进绿色经济增长、促进金融包容性、促进金融道德和公司治理、促进透明度和问责制、实践特色方案。

8. 尼日利亚的《绿色银行业原则》

2012年，尼日利亚中央银行、商业银行、开发性金融机构共同发布了《绿色银行业原则》，并在2012年9月成为强制性原则。《绿色银行业原则》由九项原则构成，即环境和社会风险治理、环境和社会足迹、人权、妇女经济能力保障、金融包容性、环境和社会治理、能力建设、合作伙伴关系和报告，目的是为了使金融机构在运营中，对社区、环保、文化等起促进作用，并明确了电力、农业、石油和天然气这四个行业的监管准则。

9. 南非的《金融委员会关于公司治理的第三号报告》

南非的公司治理十分强调企业的社会责任、可持续性和领导力，旨在帮助企业提高社会、环境和经济表现。这些准则可以应用在公共企业、私人企业和非营利机构上，并鼓励所有实体采纳《金融委员会关于公司治理的第三号报告》，对社会、环境信息进行披露，南非是全球首个强制要求上市公司采用综合性报告进行社会、环境信息披露的国家。

约翰内斯堡证券交易所也要求公司对于信息披露遵守"不披露即解释"原则，所有在交易所的上市公司都要求遵守该规则。同时，为了避免公司仅限于编制信息披露报告，促进公司将可持续性、环境、社会和治理因素纳入商业决策中，约翰内斯堡证券交易所采用两种方法进行督促：创建社会责任投资指数，以鼓励投资者根据上市公司的环境、社会和治理绩效投资；组织编写年度环境、社会和治理投资者简报，该简报为上市公司提供向机构投资者展示环境、社会和治理绩效、风险的机会。

（三）我国绿色金融的分类

根据近十年的发展，我国已初步形成了较为完整的绿色金融政策体系，不仅包括推动绿色金融自身发展的一系列政策，还包括与其配套的外部政策环境。从基本框架角度分析，可以归纳为两个方面。

一是银保监会、证监会等主要金融领域都在政策层面明确了金融的绿化导向和措施。环保部门和金融监管部门合作，搭建了绿色信贷、绿色证券和绿色保险的政策框架，并且在各自范围内不断完善相关制度建设。2012年2月，银监会印发了《绿色信贷指引》，从组织流程、政策制度、内控管理和信息披露等方面对金融机构的节能减排、环境保护、防范环境与社会风险提出了具体要求。2013年银监会则制定了《绿色信贷统计制度》，对银行业金融机构开展绿色信贷业务进一步加以规范。此外，银监会2012年和2013年分别发文，以便建立绿色信贷实施情况的考核评价体系。这样从业务指引到统计制度到考核评价，绿色信贷的政策体系日趋健全。

二是绿色金融政策作为环境经济政策体系的有机组成部分，注重配套制度建设，其中，环境经济政策体系涵盖的内容十分广泛，包括财税政策、价格改革政策、基础设施建设等。绿色金融的发展需要上位法等其他法律制度的配合，如2015年1月，新《环境保护法》将环境污染责任险制度正式纳入，明确鼓励企业投保环境污染责任险，有利于环责险在全社会范围内推广。同时，2018年正式开征环境税，取代排污费，更有针对性地对污染企业进行超标收费。

1. 绿色信贷

绿色信贷主要包含了三个方面的内容。第一，差异化的信贷政策。根据项目环境风险状况，对节能减排、环保投资等绿色项目予以信贷支持，对"两高一资"行业的信贷供给侧则施行严格的限制甚至不予以贷款。第二，信贷环境信息平台建设。企业的环境行为应纳入中国人民银行征信系统，为银行评估借贷风险以及监管部门监督银行的主要依据。第三，绿色信贷政策效果评估制度，主要由地方政府推动。例如，2010年底山西省发布了由央行太原支行、省环保厅联合制定的《山西省绿色信贷政策效果评价方法（试行）》，评价对象为全省银行业金融机构，主要是对绿色信贷实施效果进行综合量化评分定级，评价结果将作为考核和奖励金融机构的重要依据，按照百分制，90分以上为优秀单位，80～90分为良好单位，70～80分为达标单位，60～70分为基本达标单位，60分以下为不达标单位。

2. 绿色保险

绿色保险制度主要分为三类。其包括高环境风险领域试行的环境污染责任险，这是指以企业发生污染事故对第三者造成的损害依法应承担的赔偿责任为标的的保险。自2007年起，环保部和保监会在部分地区的高环境风险领域试点环境污染责任险，2013年进一步明确涉重金属的企业必须投保环境污染责任险。但2014年新《环保法》对于企业投保环境污染责任险尚未采用"强制"，目前仍存在自愿性。在环境污染责任险的配套制度建设方面推出了环境风险评估技术规范：环保部和保监会陆续针对硫酸、氯碱等行业的环境风险评估技术出台了指南，同时针对环境污染损害责任认定和鉴定评估机制，且从2011年起环保部陆续在河北、江苏、山东、河南、湖南、重庆、昆明五省二市试点，但专门的环境污染损害鉴定评估机构还较少，影响了环境污染评估的鉴定。

3. 绿色证券

在证券领域的"绿色化"主要体现在IPO、环境信息披露等方面。①上市公司环保核查及后续监督：主要针对高污染企业的IPO或再融资，必须根据环保总局规定进行环保核查；未取得环保核查意见的，证监会将不再受理相关融资申请，旨在引导证券市场的投融资行为的绿色化，但效果较差，近年来上市公司的环境污染事故频发。②上市公司的环境信息披露制度：主要分为强制公开和自愿公开，对于可能对上市公司证券及其衍生品种交易价格产生较大影响且与环境事故密切相关的事件，目前上市公司的环境信息披露还不完善，如环境信息披露内容不规范、不全面,所披露信息主要为企业环保认证、环境风险、财务信息等,对于企业主要污染物的排放情况、污染治理措施效果等重要信息披露不足。

4. 绿色债券

绿色债券概念可追溯至"十二五"规划中提出的"开展环境保护债券的政策研究,积极支持符合条件的企业发行债券用于环境保护项目",2012年巢湖市城建公司公开发行债券,总额达到12亿元,筹得资金全部用于巢湖市入湖河道水环境综合治理工程项目建设。根据近年来的案例,绿色债券发布主要集中于两个方面,包括用于节能减排和环保目的的绿色债券和碳债券。

2015年12月22日,中国人民银行发布2015年39号公告和《绿色债券支持项目名录》,在银行间债券市场推进绿色债券,为金融机构发行绿色债券提供了制度指引,对绿色产业项目界定、募集资金投向、存续期间的资金管理、信息披露和独立机构评估或认证等方面进行了引导和规范,强调募集资金只能用于支持绿色产业项目。2016年1月,国家发改委印发了《绿色债券发行指引》,界定了绿色企业债券的项目范围和支持重点,公布了审核条件及相关政策,对绿色债券的发放不设指标限制。2016年3月,沪深交易所发布了《关于开展绿色公司债券试点的通知》,绿色公司债正式进入交易所债市通道开启。2017年3月,证监会发布了《中国证监会关于支持绿色债券发展的指导意见》,引导交易所债券市场进一步服务绿色产业健康有序法,建立了审核绿色通道,适用"即报即审"政策,提升了企业发行绿色公司债券的便利性。中国证券业协会也定期发布了"绿色债券公益榜",将证券公司承销绿色公司债券的情况作为证券公司分类评价中社会责任评价的重要内容,同时要求绿色公司债券募集资金必须投向绿色产业项目。我国第一支绿色债券是由新疆金风科技2015年7月在中国香港市场发行的,总价3亿美元。

此外,绿色债券市场还包括"碳债券"。2014年5月以中广核风电有限公司为主体,浦发银行主承发的10亿元附加碳收益中期票据在银行间市场成功发行,发行期限5年,在产品定价中加入与企业碳交易收益相关的浮动利息收入。

5. 排污权有偿使用和交易相关金融政策

2007年起,财政部、环保部、国家发改委等先后批复了天津、江苏、浙江、陕西等11省(市)作为国家级试点单位,积极探索试行排污权有偿使用和交易制度,财政部下拨数亿元进行污染物排放监测监管与交易平台建设。2008年起,北京、天津、上海等地区陆续成立环境交易所开展排污权交易,但交易量较少。与之相关的金融活动主要由地方商业银行开展,主要金融产品是排污权抵押贷款,如2014年央行石家庄中心支行与河北省环保厅联合出台了《河北省排污权抵押贷款管理办法》,允许通过交易有偿获得的排污权,可作为抵押物进行贷款,但近三年曾发生过重大环境事故或偷排违法事件的企业,不得办理排污权抵押贷款。

6. 绿色金融配套政策

配套政策的目的是建立更加有效的激励约束机制,以及理顺外部发展环境,使得绿色金融开展能够更加法制化、长效化。绿色金融配套政策分为三类:财税政策类、价格政策类和基础设施建设类。

财税政策类:财政领域设置排污收费制度、环保预算投入、政府采购和排污权交易机制。当生态保护、重大环保基础设施市场参与不足时,财政资金可发挥重大作用。税收政策主要通过环境税、资源税等税种引导企业实现绿色发展。

价格政策类:市场化的价格政策有助于社会资金对绿色项目的投资,并且能够抑制"两高一资"行业的投资。实施了差别电价、差别水价、提高污水处理收费、生态补偿基金等,对资源环保产品形成价格机制。

基础设施建设类:针对绿色发展所依赖的基础设施建设设置了包括环境保护综合名录,明确了"高污染高风险"产品、企业环境行为信用评价制度。2013年12月,环保部等联合发布《企业环境信用评价办法(试行)》,建议银行业等金融机构对环保不良企业审慎授信,甚至压缩贷款,建立环境损害鉴定和评估制度,便于金融机构在投融资时对所投项目的污染程度、资源消耗市场价值有清晰的判断。

四、发展绿色金融的重要性

"绿色"与"金融"的有机结合,不仅标志着经济发展理念的转型升级,更将全面改善全球金融系统安全、结构性改革和绿色经济发展的制度架构与功能机制。

(一)绿色金融是全球金融系统安全的前瞻保障

自全球金融危机爆发以来,系统性风险的防范成为各国金融监管改革的重点,宏观审慎监管等政策工具得到了二十国集团的积极推广。但是,后顾性的经验总结难以覆盖新型风险,金融系统的安全还需前瞻性的保障。学术研究表明,随着全球生态系统的日益恶化,自然环境和资源的非预期波动将产生新型的环境风险,并对经济金融系统产生严重冲击。

这一环境风险的传导路径可以分为"三步走":第一,自然环境的波动会对实体企业造成诸多负面影响,例如原料短缺、需求不足等,从而引起实体经济的运营风险；第二，当实体经济受到冲击，相关金融资产的价格也将出现波动，进而将风险传导至各类金融机构，形成金融市场风险；第三，上述负面冲击通过资源价值重置、全球供应链、国际资本流动等渠道，得到进一步扩散，将触发系统性风险。面对新型环境风险，传统政策工具收效甚微，只有对症下药才能防患于未然。

G20 杭州峰会上，中国倡导的绿色金融正是这一前瞻性的药方。通过绿色金融体系，潜在的环境风险将得到合理量化和定价，进而纳入金融机构的微观决策之中。绿色评价机制将成为宏观审慎监管的重要部分，以正确评估和管理环境因素引致的系统性风险。2016 年以来，在中国人民银行绿色金融专业委员会的推动下，中国银行业的环境风险压力测试已取得初步成果，开创性地提出了环境风险的量化方法和管理体系。借助 G20 杭州峰会的历史契机，这些成果正在引领全球环境风险的研究与防范。

(二)绿色金融是全球经济结构性改革的强力引擎

近年来，全球经济弱复苏趋势已成常态，各国刺激政策的作用日益衰减。为了促使全球经济重返长期增长的轨道，推进和深化结构性改革迫在眉睫。在这一过程中，绿色金融体系能够优化资源的配置方向与效率，促进对经济结构的战略性调整，并寻找出新的经济增长点。

一方面，绿色金融产生"引导效应"。利用价格手段，绿色金融产品(绿色信贷、绿色债券等)改变了不同行业的融资成本、方式与便利性，从而引导金融资本配置到绿色低碳产业。

另一方面，绿色金融产生"挤出效应"。借助于金融交易的资产定价功能，绿色金融市场(排放权交易市场等)能够实现负外部性的内部化，将环境成本纳入资源价格，迫使要素生产率低下、环境成本高的部分产业缩减规模、退出市场。

上述效应的充分发挥，需要配套的制度安排和市场建设，而中国的实践步伐已走在世界前列。制度方面，2016 年 8 月 31 日，中国人民银行等七部委联合印发了《关于构建绿色金融体系的指导意见》，进一步明确了绿色金融体系的构建目的、发展途径与监管模式。此外，中国人民银行和英格兰银行共同主持的研究小组已向 G20 杭州峰会提交了《G20 绿色金融综合报告》，以促使各国在绿色金融议题上达成共识。市场方面，银保监会公布的数据显示，截至 2018 年 7 月末，我国绿色信贷余额已经超过 9 万亿元，绿色信贷占比已上升至 9%。2018 年，符合国际绿色债券定义的中国发行额达到 2 103 亿人民币(约合 312 亿美元)，占全球发行量的 18%，为全球第二大绿色债券发行国。2017 年，中国碳排放权交易市场已经启动,截至 2018 年年底,我国碳排放交易量累计接近 8 亿吨,交易额累计超过 110 亿元。

(三)绿色金融是全球绿色经济发展的破局关键

近年的政策实践表明,国际合作的缺失已成为制约全球绿色经济发展的主要瓶颈。首先,节能减排、生态保护等绿色经济政策具有跨越国家的外部性质。在当前全球贸易保护主义、民粹主义和孤岛主义泛滥的背景下,国际合作的不足会加剧各国间的环境利益博弈,催生"搭便车"、以邻为壑的现象,挫伤各国落实绿色经济政策的积极性。其次,全球绿色经济的发展资源存在明显错配。发展中国家具有发展绿色经济的现实需求和强烈意愿,绿色投资空间巨大,但是在资金来源和技术储备上往往不足。发达国家富有资金和技术,但是缺少绿色投资的机会和技术输出的动机。唯有疏通国际合作的渠道,才能实现两方资源的高效配置。

针对以上瓶颈,中国在 G20 杭州峰会顺势而为,以绿色金融突破合作困局。一方面,中国行动凝聚世界共识。本次峰会前夕,中美共同交存了《巴黎协定》批准文书。由此,参加《巴黎协定》的国家上升为 26 个,所占全球排放量份额从 1% 左右骤升至 39% 左右,协定生效的进程大幅加快。此举向全球释放了强烈的政策信号,坚定了各国携手发展绿色经济的信心。另一方面,中国智慧汇集全球合力。《关于构建绿色金融体系的指导意见》率先提出,将在 G20 框架下加强绿色金融的国际合作,撬动民间资本,支持相关国家的绿色投资;通过绿色证券市场的双向开放,引导绿色投资的跨国配置,鼓励设立合资绿色发展基金。类似的构想在《G20 绿色金融综合报告》中也有所体现。这些制度设计将打破全球绿色经济资源的错配格局,为各国的广泛合作奠定切实的机制基础。

五、绿色金融发展所面临的障碍

G20 绿色金融研究小组对银行绿色化、债券市场绿色化和机构投资者绿色化等议题进行了专题研究。绿色金融研究小组的专家估计,目前绿色金融(包括绿色信贷、绿色债券、其他绿色投资)占全球金融活动的比重还非常低。例如,根据一些国家对绿色信贷的定义,只有 5%～10% 的贷款余额是绿色贷款;全球只有不到 1% 的债券是贴标的绿色债券。考虑到绿色发展的巨大资金需求,全球每年需投入几万亿美元,因此绿色金融的发展前景十分广阔。而绿色金融发展的关键是识别和克服所面临的挑战。

G20 绿色金融研究小组分析了绿色金融面临的五大障碍,包括外部性、期限错配、信息不对称、绿色定义缺失和缺乏分析能力。下面简要描述这些障碍,以及金融体系为克服这些障碍而采取的一些措施。

(一)外部性

绿色金融面临的最大挑战是如何有效地内化环境外部性。这种外部性可以是绿色项目带来环境改善的正外部性,也可以是污染项目带来环境损害的负外部性。内化环境外部性的困难会导致"绿色"投资不足和"棕色"投资过度。

(二)期限错配

在不少国家,由于资本市场不发达,许多长期基础设施项目主要依靠银行贷款。而银行由于需要避免过渡期限错配,因此难以提供足够的长期贷款。在全球几个主要市场,银行的平均贷款期限只有两年左右。这就造成了长期资金供给不足的局面,使得一些长期性的项目面临融资难且融资贵的难题。在绿色项目中,许多都是长期项目,包括污水和固废处理、清洁能源、清洁交通(如地铁和轻轨)等,因此也面临着期限错配所导致的融资约束。

在某些情况下,同一部门下的绿色项目比非绿色的传统项目往往更加依赖长期融资,因此期限错配的问题愈加严重。例如,建设一栋节能建筑的前期成本高于普通建筑;与火电站相比,建设太阳能或风能电站的前期资本支出占比更高。对于火电站,项目生命周期的全部成本中很大一部分是用于购买能源的开支,短期融资即可满足需求;而对于可持续性建筑、风能或太阳能项目,情况则不同。

金融部门创新可以帮助缓解由于期限错配带来的问题。这些方法包括发行绿色债券、通过设立绿色基础设施投资收益信托进行融资,以及用未来绿色项目收入作为抵押取得贷款等。

(三)绿色定义的缺失

如果缺乏对绿色金融活动和产品的清晰定义,投资者、企业和银行就难以识别绿色投资的机会或标的。此外,缺少绿色定义还可能阻碍环境风险管理、企业沟通和政策设计。因此对绿色金融和产品的适当定义是发展绿色金融的前提条件之一。每个国家的国情和政策重点是不同的,所以目前难以达成对绿色金融活动的统一定义。但是,若定义太多,比如每家金融机构推出一个自己的定义,交易对手之间没有"共同语言",也会大大增加绿色投资的交易成本。

在中国、孟加拉国和巴西,已经在国家层面上推出了对绿色信贷的定义和指标;国际资本市场协会和中国金融学会绿色金融专业委员会也分别推出了对绿色债券的"国际定义"和"中国定义"。但是不少国家还没有采纳任何一种对绿色金融或对主要绿色资产类别的定义。

(四)信息不对称

许多投资者对投资绿色项目和资产有兴趣,但由于企业没有公布环境信息,从而增加了投资者对绿色资产的"搜索成本",因此降低了绿色投资的吸引力。此外,即使可以获取企业或项目层面的环境信息,若没有持续的、可以信赖的绿色资产"贴标",也会构成绿色投资发展的障碍。在一些国家,由于不同政府部门的数据管理较为分散(如环境保护部门收集的数据不与金融监管机构和投资者共享),也加剧了信息不对称。

目前,解决信息不对称问题的努力已经取得了一定进展。例如,全球超过二十家证券交易所发布了上市公司环境信息披露要求,若干国家或证券交易所已经开始强制要求上市企业披露环境信息。

此外,还有一类重要的信息不对称,如投资者不完全掌握绿色科技是否在商业上可行的信息,以及绿色投资政策的不确定性。这类问题导致投资者在可再生能源、新能源汽车和节能科技等领域存在强烈的避险意识。

一些国家在绿色金融的实践中探索了多种解决上述问题的办法。这些办法包括政府支持的金融机构(如英国的绿色投资银行)或多边开发银行提供的绿色示范项目(可减少私营部门的避险倾向)、提供清晰的可持续发展政策导向(如马来西亚《国家绿色科技政策》和沙特阿拉伯《2030愿景》)、开发银行(如德国KFW)担任绿色债券的基石投资者、由政府机构(如美国能源部)或开发性金融机构(如国际金融公司IFC)提供绿色信用担保等。

(五)缺乏对环境风险的分析能力

金融机构对于环境因素可能导致的金融风险(包括对机构投资者所持有资产的估值风险和对银行贷款的信用风险)已经开始关注,但其理解仍然处于初级阶段。许多银行和机构投资者由于分析能力不足,无法识别和量化环境因素可能产生的信用和市场风险,因而低估"棕色"资产的风险,同时高估绿色投资的风险。最终结果依然是污染性和温室气体排放较多的项目获得了过多的投资,而绿色项目则面临投资不足的问题。对环境风险进行更加深入的分析,有助于更好地应对风险,更有效地将环境外部性进行内部化,进而有利于动员私人资本加大绿色投资。

近年来,部分金融机构和第三方机构已经开发了一些环境风险分析方法。典型的案例包括中国工商银行开发的环境因素对信贷风险的评估模型、《自然资本宣言》对干旱如何影响债券违约率的分析、英格兰银行对气候因素如何影响保险业的评估,以及评级公司(如穆迪)将环境因素纳入信用评级的做法等。

第二节　我国绿色金融发展的宏观背景和现实基础

在经济全球化背景下，发展绿色金融是顺应国际金融市场发展趋势、推动我国经济可持续发展的重要要求。随着经济全球化的不断发展，国际社会和各国政府越来越关注经济增长和生态环境的协调发展。在这种背景下，各国纷纷响应联合国发展绿色经济、保护生态环境的号召，绿色金融的概念也由此被提出。各国开创性地将环保因素引入金融活动过程中，通过创新绿色金融产品和绿色金融服务来保护环境，将经济效益和生态环境效益结合起来，以求实现可持续发展的目标。

一、我国绿色金融的宏观背景

（一）绿色金融的起源与内涵

1. 绿色金融的起源

(1)国际可持续发展理念的兴起

可持续发展的概念最先在1972年瑞典斯德哥尔摩举行的第一届联合国人类环境会议上被正式讨论。该会议通过了《联合国人类环境会议宣言》，确认了全球环境保护7点共同看法以及26项具体原则。1987年，世界环境与发展委员会在《我们共同的未来》中提出了可持续发展战略，把"持续发展"定义为"既满足当代人的需要，又不对后代人满足其需要的能力构成危害的发展"。1997年，日本京都举行的联合国气候变化大会通过了《京都议定书》，确认了减少温室气体排放的三种市场机制——国际排放贸易机制、联合履约机制和清洁发展机制。这三种机制促成了碳排放权交易市场的产生。2009年，联合国气候变化大会在哥本哈根召开，达成了不具法律约束力的《哥本哈根协议》。2015年美国、中国等194个缔约方签署《巴黎协定》，发达国家继续带头减排，并加强对发展中国家的资金、技术和能力建设的支持，帮助减缓和应对气候变化。2017年6月1日美国总统特朗普提出退出《巴黎协定》。

2016年，G20杭州峰会上，中国向其他G20成员发出倡议，推动《巴黎协定》获得普遍接受和早日生效。此外，G20绿色金融研究小组提交了《2017年G20绿色金融综合报告》，指出为支持在环境可持续前提下的全球发展，有必要扩大绿色投融资。

(2)绿色金融的国际起源

绿色金融起源于20世纪70年代的西方发达经济体。1974年，联邦德国便以"生态银行"命名成立了第一家政策性环保银行，专门负责为一般银行不愿接受的环境项目提供优惠贷款。1991年，波兰也成立了环保银行，重点支持促进环保的投资项目。2002年，世界银行下属的国际金融公司联合荷兰银行等几家知名银行召开会议，提出了关于企业社会和环境责任的基本原则。2003年，花旗银行等10家国际性银行接受了"赤道原则"。"赤道原则"要求金融机构在投资项目时综合评估该项目对环境和社会所产生的影响，鼓励金融机构利用金融工具推动环境保护及社会协调发展，强调环境、社会与企业发展目标的统一。

2. 绿色金融的内涵

"绿色金融"的含义最初来源于生态银行[①]。1988年春，世界上首家以保护生态为目的的银行——德意志联邦共和国金融中心在法兰克福成立。这类银行以促进生物和生态事业发展为目的，由于其主要经营自然和环境保护信贷业务，因此它们又被外界称为绿色银行。

随后，伴随可持续发展概念的提出，金融业的绿色革命悄然来临。1987年，世界环境与发展委员会在《我们共同的未来》中为世界各国的环境政策和发展战略提出了"持续发展"的基本指导原则。1992年，联合国环境与发展大会又发布了《里约环境与发展宣言》和《21世纪议程》等文件，标志着可持续发展从理论走向实际。1994年3月，中国政府为履行联合国环境与发展大会上所做出的承诺，在国务院第十六次常务会议上讨论并通过《中国21世纪议程》，议程要求在社会生活中的各方面贯彻实施可持续发展战略。随着可持续发展战略在广泛领域达成共识，倡导绿色观念也逐渐被人们认可。由于当时与环境保护有关的事物都形象地被冠以"绿色"的字样，如国际上的"绿色经济""绿色人居环境"，国内的"绿色消费""绿色食品"等，绿色金融也顺应了这种绿色潮流，被赋予了新的时代内涵。

目前，国外学者对绿色金融进行了多种诠释。Salazar认为，绿色金融连接了金融和环保两大产业，是力求在环境保护中实现经济发展的伟大创新[②]。Cowan指出，绿色金融主要研究的是绿色经济的资金融通问题[③]。Marcel Jeucken在《金融可持续发展与银行业：金融部门与地球的未来》一书中，从银行

[①] 赵静. 实施绿色金融措施保护环境概论——以英国"绿色金融项目"为例[J]. 法制与社会，2009(4)：92.

[②] Salazar, J., Environmental Finance：Linking Two World[J]. Presented at a Workshop on Financial Innovations for Biodiversity Bratislava, 1998, (1)：2-18.

[③] Cowan, E., Topical Issues in Environmental Finance[J]. Research Paper Was Commissioned by the Asia Branch of the Canadian Intenational Development Agency, 1999, (1)：1-20.

等金融机构与可持续发展的关系出发,指出环境问题给银行带来了机遇与风险,银行应制定与可持续发展相适应的战略①。2000年第四版《美国传统词典》将绿色金融定义为一种营运战略,用来研究金融部门如何通过金融业务的运作及多样化的金融工具,如信贷、保险和证券等,实现环境保护和经济的可持续发展。

国内学者也从多个角度对绿色金融进行了研究。2014年,李晓西等发布的《中国绿色金融报告2014》,说明了可持续发展与绿色金融之间的关系:一方面,绿色金融有益于传统产业的绿色改造和现代绿色产业的成长与发展;另一方面,绿色金融又关乎金融业自身营运的绿色特性,将生态观念引入金融,促进金融业的可持续发展。代玉簪和郭红玉认为,绿色金融的核心要点是通过金融机构的管理政策与业务运作实现环境保护和金融机构的可持续发展,进而实现经济的可持续发展②。刘博从国际实践中形成的产品与服务出发,认为绿色金融涵盖两个方面,一是为有利于环保的企业提供的金融产品和服务,二是与碳交易市场和碳金融相关的产品和服务③。

2015年4月23日,中国人民银行发表工作论文《构建中国绿色金融体系》,指出绿色金融体系是通过贷款、私募基金、保险、发债和发行股票等相关金融服务将社会闲置资金有效引领到节能环保、清洁能源、清洁建筑、清洁交通等绿色发展产业的一系列制度、政策安排上。2016年,国务院发展研究中心"绿化中国金融体系"课题组在《发展中国绿色金融的逻辑与框架》一文中指出,国际上对绿色金融大体有狭义和广义两种定义:狭义定义想要确定特定金融资产有多大比例是"绿色"的,重点在于评估环境状况,确定绿色金融支持的重点行业、重点技术等;广义定义想要确定金融系统在可持续性方面的整体目标,侧重于绿色金融对经济转型、经济稳定和经济增长等方面的影响。

2016年8月31日,中国人民银行等七部委联合发布《关于构建绿色金融体系的指导意见》,将绿色金融定义为应对气候变化、支持环境改善、实现资源节约高效利用的一种经济活动,即对节能、环保、清洁能源、绿色建筑、绿色交通等领域的项目投融资、风险管理、项目运营等所提供的金融服务。该定义明确了绿色金融的服务目标和支持领域,对构建国内绿色金融体系以治理环境污染和支持经济转型有重大指导意义。

---

① Marcel Jeucken. Sustainable Finance and Banking: The Financial Seetor and the Future ofthe Planet [M]. London: Earthscan Publications Ltd, 2001.
② 代玉簪,郭红玉.商业银行绿色金融:国际实践与经验借鉴[J].金融与经济,2015(1):45-49.
③ 刘博.国外商业银行绿色金融政策及其借鉴[J].现代管理科学,2016(5):36-38.

第一章　绿色金融的概述

概括来看，尽管国内外学者对绿色金融的认识不尽相同，但在绿色金融的目标上基本能达成共识。绿色金融的目标可归纳为两个方面，一是在可持续发展背景下，金融机构通过环境风险与机遇管理实现自身的可持续经营；二是将社会资金引向污染治理和节能减排等绿色产业，促进产业结构调整，最终实现经济的可持续发展。目前，我国绿色金融侧重于第二个目标。

此外，国际上有许多与绿色金融相近的术语，如可持续金融和环境金融。目前各界对可持续金融、绿色金融以及环境金融这三个概念的区分不是很清楚，对此联合国环境规划署官员亨特先生曾表示，可持续金融是一个平衡环境和社会发展的概念。有学者认为可持续金融主要立足于金融机构，包括两层含义，一是金融机构能够长期有效运营和稳健发展，二是金融机构对可持续发展具有贡献。而绿色金融则主要关注对生态环境的保护，致力于推动金融活动与生态平衡、环境之间的协调健康发展，最终实现经济的可持续健康发展。还有学者认为三者既有相同之处，也有不同的地方。相同之处在于它们都是融资活动机制的安排。不同之处则在于，可持续金融是一个内涵广泛的概念，是由联合国定义的；绿色金融是一个形象的概念，是指所有跟环境保护有关的金融产品和服务；环境金融是一个范围更明确的概念，是指减少排放、环境保护所涉及的相关的产业与事业。

关于绿色金融的定义，目前学术界并没有一个完全统一的认识，而如果参考绿色经济①的概念，绿色金融可以表述为以市场为导向，以传统产业金融为基础，以金融、环境的和谐为目的而发展起来的一种新的金融形式，是产业金融为适应人类环保与健康需要而产生并表现出来的一种发展状态。通俗地讲，绿色金融就是指金融业在投融资行为中要注重对生态环境的保护及对环境污染的治理，注重环保产业的发展，通过对社会资源的引导作用，促进经济的可持续发展与生态的协调发展。可见，绿色金融不仅仅是对传统金融的延伸，更是现代金融发展的一个重要趋势。从金融活动的过程来看，它与传统金融一脉相承，但其更加强调维护人类社会的长远利益及长远发展，把经济发展和环境保护协调起来，减少传统金融业的负面效应，促进经济健康有序发展。

（二）绿色金融的国际背景

随着人类社会的发展和生产力的进步，环境保护问题日渐成为世界关注的主

---

① 英国经济学家皮尔斯1989年出版的《绿色经济蓝皮书》提出"绿色经济"的概念。绿色经济是以市场为导向，以传统产业经济为基础，以经济、环境的和谐为目的而发展起来的一种新的经济形式，是产业经济为适应人类环保与健康需要而产生并表现出来的一种发展状态。

· 25 ·

要议题之一。发达国家的经济发展经历了"先污染、后治理"的模式。20世纪六七十年代，罗马俱乐部基于对发达国家发展方式的担忧和质疑，深入探讨了关系人类发展前途的人口、资源、粮食和生态环境等一系列根本性问题。1972年，该俱乐部发表了著名的研究报告《增长的极限》，提出"地球已经不堪重负，人类正在面临增长极限的挑战，各种资源短缺和环境污染正威胁着人类的继续生存"。"先污染、后治理"的发展模式阻碍了经济的可持续发展，发达国家最终意识到，经济发展要走可持续发展道路。

发达国家推动绿色金融发展，早期主要依靠国际组织和商业机构，它们分别提出了具有代表性的"赤道原则"和"社会责任投资原则"。"赤道原则"由银行机构提出，2003年，花旗银行、巴克莱银行、荷兰银行、西德意志银行等10家国际性银行宣布实行"赤道原则"。随后，汇丰银行、摩根大通、渣打银行等金融机构也宣布接受"赤道原则"。在"赤道原则"的起草中，国际非政府组织发布的《关于金融机构和可持续性的科勒维科什俄宣言》（以下简称《宣言》）对其产生了基础性影响，特别是《宣言》中规定了金融机构应遵守的六项原则：可持续性、不伤害、负责任、问责度、透明度以及市场和管理。

"社会责任投资原则"主要由商业机构，特别是 NPO（Non-Profit Organization，非营利组织）和 NGO（Non-Governmental Organization，非政府组织）等社会力量共同推动。欧美等发达国家通过该原则促使被投资商业机构重视自身社会责任，重视商业机构发展与社会发展、环境保护的均衡，这已成为投资领域一个相当流行的趋势。该原则的理念是将传统经济的"成本—收益"分析方法从单纯的经济层面推广到社会和环境层面，权衡社会环境成本与社会环境效益，要求任何投资行为都应该达到经济、社会、环境的三重底线标准，据此做出的投资决策才符合社会责任规范。

通过自下而上的商业机构和社会组织的不断推动，国际社会对于发展绿色金融已形成共识。2015年12月，《联合国气候变化框架公约》近200个缔约方在巴黎气候变化大会上达成《巴黎协定》，为2020年后全球应对气候变化行动做出安排，标志着全球经济活动开始向绿色、低碳、可持续转型。2016年9月6日，在中国的倡议下，G20绿色金融研究小组正式成立，G20峰会发布的《二十国集团领导人杭州峰会公报》首次将绿色金融写入其中。G20绿色金融研究小组发表的《2017年G20绿色金融综合报告》明确了绿色金融的定义、目的和范围，识别了绿色金融面临的挑战，提出了推动全球发展绿色金融的七个选项，成为国际绿色金融领域的指导性文件。2021年，G20主席国意大利将可持续金融和应对气候变化作为重点工作之一，嵌入全球经济风险分析、疫情后经济复苏、金融监管、基础设施融资等多项议题。在G20的推动下，许多国家开始发布支持本国绿色金融或可持续金融发展的政策框架或路线图，许多国家和地区首次发行了绿色债券，各种绿色金融产品不断涌现，全球范围内开始形成发展绿色金融的热潮。

（三）绿色金融的国内背景

随着经济的高速发展，经济发展方式面临挑战，产业结构调整迫在眉睫，从而对绿色经济发展提出新的要求。中国经济在过去40多年保持了较高速度的增长，GDP平均增长率接近10%，中国的GDP目前位居世界第二，成为仅次于美国的经济总量大国。截至2020年，GDP达到101.6万亿元，占全球经济比重预计超过17%。人均GDP突破1万美元，这标志着我国向高收入国家又迈进了坚实的一步。2019年，全国居民人均可支配收入达30 733元，比2015年增长39.9%，中等收入群体规模持续扩大。2020年，全国居民人均可支配收入达32 189元，比上年增长4.7%[1]。中国已经由改革开放初期的低收入国家发展为中等偏上的收入国家。然而，随着经济的迅猛发展，粗放型的资源消耗出现了爆发式增长，"三高"产业的产能扩张对环境产生了破坏性的影响。有效的环境保护机制并未完全建立，无法有效地遏制环境恶化的趋势，导致污染范围大幅扩大，污染物排放量大幅提高，生态环境迅速恶化，部分地区甚至出现了退化，资源和环境的约束逐渐显现。近年来，雾霾问题、垃圾问题、水污染问题等越发严重，影响范围逐步扩大，有些甚至成为全国性问题。这些问题都是中国粗放型、高消耗型的经济模式发展到一定阶段的必然结果。环境破坏的结果是巨额的环境污染成本。《中国环境经济核算研究报告》显示，近年来，环境污染成本占GDP的比重始终在3%左右；《OECD中国环境绩效评估报告》显示，2020年中国受环境污染影响造成的损失占GDP的13%左右。

严峻的环境形势迫使中国亟须从资源消耗型经济过渡到资源节约型和环境友好型经济，因此，中国进入了经济结构调整和发展方式转变的关键时期。国务院发展研究中心原副主任刘世锦认为，中国经济正在经历的转型包括经济结构、增长动力和增长色彩转变三层含义。所谓增长色彩转变，是指如果过去是灰色或黑色增长，那么未来将是绿色增长，即以清洁、低碳、低耗为代表的可持续增长。这个调整和转变的核心内容包括发展绿色产业以及改造传统产业。绿色产业，即

---

[1] 中华人民共和国2020年国民经济和社会发展统计公报[EB/OL]. http://www.stats.gov.cn/tjsj/zxfb/202102/t20210227_1814154.html.

生产过程中能够统筹环境因素、做到节能减排的产业,在我国以环保新兴产业为主。2010年发布的《国务院关于加快培育和发展战略性新兴产业的决定》中,将"节能环保、新一代信息技术、生物、高端装备制造、新能源、新材料、新能源汽车"七个产业作为现阶段的重点培育对象。对传统产业的改造是将中国大量的、传统的高污染行业,按照可持续发展的方式进行绿色改造。这些行业由于不规范的生产流程而导致对环境影响的潜在成本较高,因此对这些行业进行改造是必须的。例如,中国钢铁生产大省——河北省正在着手准备对其钢铁产业进行重组。另外,各地区在结构调整的过程中也不能忽视技术进步。目前,发展迅猛的互联网技术已把社会改变成信息化社会。因此,在发展过程中,我们需要把绿色发展与科技及文化发展相结合,统筹考虑,使各方互相促进,合理推动社会经济的转型。

二、我国绿色金融的现实基础

(一)生态经济可持续发展为绿色金融提供保障

经济的绿色可持续发展使中国的绿色金融市场获得迅速发展。生态经济可持续发展主要是依据马克思主义的基本原理,科学分析当今世界上客观存在的全球性问题,对人类社会发展特别是进入现代化社会之后的世界经济社会全部因素和整个自然因素相互作用的发展进程的具体情况进行分析得出来的。

1. 生态经济学视野下的现代经济社会是一个有机整体

现代经济社会是一个生态经济有机整体,主要由经济社会和自然生态融合而成。由于古代的生产方式落后、生产工具简陋,人类征服和改造自然的能力有限,因而人类对自然过程的干预还保持在一个有限的范围内。自然界可以依靠自身稳定恢复机制自发调节。但是,随着人口的迅速增加、生产力水平的提高和科学技术的进步,人类与自然的关系发生了戏剧性变化,人类对自然资源进行开发利用,因而人、社会和自然界的依存关系逐渐削弱,经济与地球生态系统的关系日益紧张。越来越多的证据和事实表明,经济发展所必需的一切物质资源归根结底都要来自自然界;人类生存与发展所进行的经济活动和繁衍,总是离不开一定的生态系统,这和一切与物质资料有关的周围的环境存在一个互相平衡和协同发展的问题。

现代生态经济系统是由生态系统和经济系统相互作用而形成的不可分割的统一体。人类必须通过自己的经济活动持续不断地进行生态系统输入、输出物质和能量,调整自身的生态经济行为,以增强生态环境的自我更新能力和自然资源的持续供给能力,进而维持生态系统的动态平衡和持续生产力。

现在人类有了更强的生态意识,认清了经济与地球生态系统的内在依存关系。理论与实践都证明,社会越进步,经济越发展,技术越先进,生物圈、技术圈和智慧圈之间就越相互依存、相互融合、相互作用,成为不可分割的经济有机整体。

2. 生态经济协调发展规律是人类社会经济活动所共有的生态经济规律

生态经济系统的运动过程,实际上是一个旧平衡不断被打破和新平衡不断被建立的过程。人的一切经济活动过程都离不开自然生态系统,其是利用特定的自然环境,改善生态条件,使之适应人类生存和发展的需要而进行的。如果离开了生态、经济两个系统的相互作用,就没有生态经济系统及其运动的规律。人类不仅是社会经济系统的主体,还是自然生态系统的控制者和协调者,推动着生态经济系统按照它本身所固有的规律不断运动、变化,向前发展。

因此,社会经济系统的社会物质再生产和自然生态系统的自然环境再生产之间相互平衡和协调发展,是生态经济系统进化发展的总体趋势。两种再生产相互平衡和发展的规律是支配生态经济发展全局的规律,也是一切经济社会形态下人类社会经济活动所共有的生态经济规律。

对于这个规律,人类已经清楚地认识到,并进一步合理利用该规律为社会经济发展服务,人类正在把一个朝着恶性循环演变的生态经济系统,建设成一个持续、稳定、协调及适度发展的生态经济系统。社会主义制度不断地为生态经济协调发展规律开辟充分发生作用的广阔道路。

党的十八大提出的大力推进社会主义生态文明建设,努力建设美丽中国,实现中华民族永续发展,是中国社会主义经济社会发展的新战略目标,并且,国家把改善人民生活环境、提高人民生活质量规定为经济社会发展的主要奋斗目标。全国生态环境保护大会提出了绿色发展是构建高质量现代化经济体系的必然要求,是解决污染问题的根本之策。必须树立和践行绿水青山就是金山银山的理念,贯彻创新、协调、绿色、开放、共享的新发展理念。这些标志着中国经济社会发展战略转移到人与自然、社会经济与生态和睦相处、协同发展的轨道上来,为绿色金融的发展奠定了基础。

3. 现代经济发展是社会经济系统和自然生态系统的协调发展

现代经济社会再生产是生态经济系统再生产,既包括物质资料再生产和精神再生产,又包括人类自身再生产和自然生态再生产。人口再生产、物质再生产和精神再生产的物质基础就是自然生态再生产。在生态经济系统中,除了需要自然力的投入,还需要人类劳动的投入,即在人的主导作用下,由自然力和人类劳动相结合,共同创造使用价值。这里的关键就在于人工导向的作用力一定要和生态系统相互协调,不能超越生态经济阈的限度。

所谓的现代经济社会再生产过程,实际上就是自然生态过程和社会经济过程相互交织、相互作用的一种生态经济再生产过程,是社会经济系统与自然生态系统不断进行生态耦合、结构整合和功能整合的过程。经济再生产的总需求和生态再生产的总供给的相互平衡、协调发展是生态经济系统再生产实现问题的核心。这种总需求与总供给的严重失衡与极不协调,会进一步导致当代生态经济再生产陷入严重的困境,对人类的生存和发展造成直接的威胁。

(二)生态文明建设为绿色金融发展提供新的机遇

随着对绿色金融认识的深入,环境生态保护等逐渐成为党和国家关注的重点。2007年,党的十七大报告首次提出建设生态文明的目标,提出需要以生态文明为基础来协调环境保护与经济社会发展之间的关系。在2011年开始实施的"十二五"规划纲要中,政府也提出了"绿色发展"的概念,明确了"十二五"规划的首要任务是"实现绿色发展,推动绿色革命,创建资源节约型和环境友好型社会,全面降低能耗,减少温室气体排放,促进发展模式由'黑猫'向'绿猫'转型"[①]。在此之后,党的十八大报告首次单独大篇幅论述生态文明,做出"大力推进生态文明建设"的战略决策,将生态文明建设与经济建设、政治建设、文化建设、社会建设相并列,使之成为建设中国特色社会主义总体战略规划中不可缺少的组成部分,报告中把中国特色社会主义事业总体布局由原来的"四位一体"拓展为"五位一体",这是总揽国内外大局、贯彻落实科学发展观的一个新部署。在党的十八届三中全会审议通过的《中共中央关于全面深化改革若干重大问题的决定》中,提出"建设生态文明,必须建立系统完整的生态文明制度体系,实行最严格的源头保护制度、损害赔偿制度、责任追究制度,完善环境治理和生态修复制度,用制度保护生态环境"[②],明确了需要在耕地保护、水资源管理和环境保护方面建立完善且严格的制度。用制度保护生态环境,这是党的十八届三中全会在生态文明建设方面提出的最重要的一个精神或者说是一条主线。之后,党的十九届四中全会提出,坚持和完善生态文明制度体系,促进人与自然和谐共生。

[①] 中央政府门户网."十二五"绿色建筑和绿色生态城区发展规划公布[EB/OL].http://www.gov.cn/gzdt/2013-04/18/content_2380994.htm.2013-4-18.

[②] 新华社.中共中央关于全面深化改革若干重大问题的决定[EB/OL].http://www.gov.cn/zhengce/2013-11/15/content_5407874.htm,2013-11-15.

在党的十八大明确了生态文明建设的战略方向后,一系列政策法规也陆续出台,为中国生态文明建设添砖加瓦。2014年4月,第十二届全国人大常委会第八次会议表决通过了修订后的《环境保护法》,并规定于2015年1月1日起施行。新的《环境保护法》从法律层面上体现了经济社会发展与环境保护相协调的环境优先原则,明确了政府、企业和公民三方各自应承担的责任,赋予了负有环境保护监督管理职责的部门一定的权力,提出了信息公开和民众参与的要求,公益诉讼主体范围扩大至环保组织。其较为严格的法律条款及责任承担机制也是我国环保领域法律的一大进步。同时,新的《环境保护法》还引入了"生态保护红线"概念,从地域上明确了"红线"的位置。除此之外,国务院从2013年下半年开始陆续发布涉及产业调整、防治大气污染、规划城市可持续发展及实施节能减排低碳发展等多项文件,从多个角度逐渐部署生态文明建设的战略,逐步推进各项与环保相关的政策法规出台,逐步完善与环保相关的法律制度。

从具体实践情况来看,由于雾霾等大气污染的治理需求迫在眉睫,未来政府的主推方向将是清洁能源、工业节能、建筑节能、交通节能、终端能效提高等。国务院总理李克强在2014年4月主持召开的国家能源委员会会议上表示,将重点放在清洁能源项目的建设上,开工建设一批与核电、水电、风电、太阳能等清洁能源相关的项目,并加快推进重点领域和单位节能工程的进程。另外,在农村和较偏远地区,政府对开发利用生物质能、太阳能、风能、地热能等新能源和可再生能源也给予一定的支持。同时,政府还引进先进的风能技术,实施多项技术示范工程,推动风电的发展。政府主要通过市场的手段促进风电的发展,例如开展多项十万千瓦级风电场特许权的试点工作。2018年,我国煤电、水电、风电、太阳能发电装机容量居世界第一,核电装机容量居世界第三、在建规模居世界第一,清洁能源发电装机占比提高到40%左右;建设了西气东输、西电东送、北煤南运等重大通道,形成了横跨东西、纵贯南北、覆盖全国、连通海外的能源管网。2020年12月,国务院新闻办公室发布的《新时代的中国能源发展》白皮书指出,党的十八大以来,中国能源生产和利用方式发生了重大变革,基本形成了多轮驱动的能源稳定供应体系。能源利用效率显著提高,能源消费结构向清洁低碳加快转变。清洁能源占能源消费总量比重达到23.4%,比2012年提高了8.9个百分点。

对于中国来说,未来几年既是经济社会绿色转型的关键时期,也是生态文明建设的重要时期,同时需要避免转型过程中出现不必要的成本,避免旧问题的反复和新问题的产生。尽力解决环境污染的历史问题,将反映环境程度和经济增长的主要指标的优势结合，以实现环境与经济的双赢。在这个历史的转折时期，经济和社会的绿色发展对金融的需求也将日益增长，绿色金融将成为金融领域未来发展的新趋势。政府可以通过金融的资源配置作用，有效引导金融资源的流向，促进产业结构的调整，加速增长模式的转变，且能够化解产能过剩的问题，减少资源环境的约束。目前，绿色债券政策框架思路初步成形，绿色保险覆盖范围逐渐扩大，绿色信贷实施较早并逐步完善，中国"绿色金融"体系雏形已现。

近年来，人们的生活水平不断提高，对环境与资源的要求也在不断提高，绿色环保理念早已深入人心。绿色环保理念对绿色金融的发展具有重要意义。

第三节 绿色金融与低碳经济的关系

为了支持下一阶段的经济发展，中国的金融市场改革已势在必行。与此同时，提高资源生产率、整合供应链、减少污染及支持更有效的气候管理等与中国经济的绿色发展相关的领域，也受到极高的重视。现阶段需要的是对金融市场改革与绿色增长之间关系的政策重视。

一、能源经济发展存在的问题

中国作为经济生产大国自然也就肩负着为世界节能减排的重任。然而低碳经济不仅仅设计能源结构与能源效率问题。政府应该将更多的目光投向于产品的设计、生产、加工与包装环节。现如今，建筑业与汽车制造行业正面临着巨大的转型考验，若全中国的汽车制造行业均能积极响应政府政策，则必在节能减排的历史上迈出巨大的一步。但是，对于国内一些发展水平较高的城市，低碳经济的理念可能并未深入人心。城市经济的高速发展可能让居民不惜牺牲环境与资源为代价，来取得短期的利益。此外，中国现在缺少一套完整的、可实施的环境风险评估和绿色金融指导名目，因此无法长期建立有效的管理机制。所以在各行业才会存在一些阻碍低碳经济发展的能源消耗方式、产品消费方式。在人类生活与工业生产的新一次变革中，中国应以绿色金融为重点，着重宣扬并多方面支持有实力的国企及私企走出去获取资源，为中国经济的可持续发展做出贡献。政府更应积极帮助居民转换观点，从传统的金融消费理念转换到长远的环保意识的提升，以未来的价值重新审视自身的投资及购买行为。在全球关注绿色金融和低碳经济的大背景下，推行高效率、低损耗的生产模式，已成为顺应国际潮流的必然之选。

二、绿色金融与低碳经济的发展前景

随着世界各国政府不断出台政策加强改革的力度,绿色金融及低碳经济的发展得到了越来越多的肯定,环境保护和经济可持续发展的制度也日趋明朗,且国际主流银行与政府已将绿色金融的发展,默认为发展的先决条件之一。此外,中国的环境考核也成为政府的首要任务。由此可见,中国甚至是世界金融界绿色金融的迅猛发展指日可待。

首先,因为政策性金融机构在中国的金融界起带头作用,所以政府应在低碳技术开发、基础设施建设方面投入大量资金,积极引导社会各机构及生产部门的方向和工作。政府应鼓励各生产部门将资金投向于低碳设施建设,积极利用资本市场从而推动低碳企业优先上市并给予税收优惠。通过出台具体政策,鼓励有条件的低碳企业参与资本市场融资。根据李旸学者的观点,"作为一个高能耗国家,我们需要从节能减排、低碳发展的内在规律出发,找到我国巨大社会浪费和环境污染的本源。因此,创新思维,改变观念,从全局观、系统论的角度出发,才能正确认识并加快低碳经济发展"[①]。所以,对清洁能源的利用也应得到重视,诸如风能、太阳能、沼气生物能、水力发电等,它的发展必然会是发展绿色金融的首要选择。

其次,国家还可以指定相关优惠政策以鼓励低碳技术的改良和创新,并促进居民的绿色消费模式。这些政策将会加强对绿色金融机构的支持。例如,国家可以成立专门的基金会,用于奖励积极响应国家政策的企业部门或个人,还可以用于赔偿在恶劣的高碳环境工作中工作的受害人。与此同时,各地方政府部门也应该设立类似的基金或公益组织,将国家的精神灌输入每位公民的心中。从长远的角度来说,这一举措将更有利于国家的可持续发展政策与方针,其长期收益定会高于前期的资本投入。这样一来,社会的责任感,全球的生态经济效益也会得到大幅度提升。通过设立公益组织,推广绿色金融与低碳经济的必要性与紧迫性已深入民心,这会大大减少本国实施环境保护的阻碍,从而将环境保护的规模迅速做大。

三、低碳经济下的绿色金融立法研究

在当今经济全球化的大背景下,环境保护越来越受到人们的重视。低碳经济

---

① 李旸. 我国低碳经济发展路径选择和政策建议[J]. 城市发展研究,2010,17(02):56-67+72.

已是一个被世界各国所接受的概念。其是以低能耗、低污染、低排放为基础，在经济活动的各个环节全面考虑温室气体的减量排放，从而最大限度地减少高碳能源消耗的一种经济发展模式。环境与经济具有辩证统一的关系，金融作为经济的核心，也和环境有着密切的联系，因此在低碳经济下诞生了绿色金融。绿色金融的健康发展必须有完善的法律制度加以保障，为此绿色金融立法应运而生。在国外，国际组织和一些发达国家无论是在绿色金融理论、实践，还是在绿色金融立法上都取得了较大的成就，积累了很多的优秀经验。我国国内的绿色金融起步较晚，关于绿色金融的系统理论研究尚未开始，但有关绿色金融的实践活动已经开始了，主要是绿色信贷方面。在绿色金融立法方面，我国也出台了一系列的规章条例，但目前来看依然存在很多不足。

（一）低碳经济

随着工业化生产与城市化建设的迅速发展，人们在追求经济发展的时候往往忽视了对环境的保护，这不仅引起了资源短缺等资源环境问题，同时导致全球气候变暖。环境与经济有着相互依存、相互影响的关系。在全球经济危机以及气候变暖的大背景下，发展低碳经济已经势在必行，其关乎着人们的生存和发展，而且给商业和金融领域提出了新的挑战和机遇。因此，在发展低碳经济的条件下，研究我国的绿色金融立法，显得尤为迫切。

1. 低碳经济的含义及其产生背景

低碳经济最早是由英国首相布莱尔提出的，其于2003年发表了《我们未来的能源——创建低碳经济》的白皮书，其中宣布：英国将在2050年从根本上发展成为一个低碳经济的国家。由此，低碳经济这个名词被第一次提出。紧接着，低碳经济最终被国际社会认同和接受是在2005年英国召开的"向低碳经济迈进"的高层会议之后。另外，在2008年的世界环境日，联合国环境规划署将其主题定为"转变传统观念，推行低碳经济"。至此，低碳经济成为一个全球性的话题。

低碳经济是以低能耗、低污染、低排放为基础，围绕整个经济活动，在生产和消费的各个环节全面考虑温室气体的减量排放，从而最大限度地减少煤炭和石油等高碳能源消耗的一种经济发展模式。其实质是提高能源利用率，并建立清洁能源结构和清洁能源机制，核心是能源技术、制度的创新以及发展观的根本转变。其可以体现在各个方面，如工业方面，提高能源和资源的利用率，发展清洁生产能源利用方面，加快可再生能源和清洁能源的生产利用交通方面，使用高效燃料、低碳排放的交通工具，倡导和实施公共交通建筑方面，采用高效节能材料以及节能建造方式，推广节能建筑消费方面，提倡绿色消费和资源的回收再利用,推行节约能源。

2. 低碳经济的发展现状

自低碳经济的概念提出以来,世界上许多国家和地区对低碳发展做出了积极的探索。发达国家在这一方面积累了很多的经验。《京都议定书》为发达国家的企业制定了一个具体时间范围内的降低气体排放的目标,其提出了三种减排机制:"国际排放贸易""联合履行"和"清洁发展机制",使得环保和商业之间的关系变成了合作伙伴,而非相互排斥的关系。美国虽然没有参加《京都议定书》,但其已经投入大量的资金和技术力量发展低碳经济。发达国家还通过以下方式来发展低碳经济制定法律法规,限制高碳产业,如日本、德国、美国等国建立能源认证制度,改善能源消费结构,如意大利政府的"绿色证书""白色证书"制度实施财税政策,建立激励机制,如英国的气候变化税、意大利的优惠政策依靠政府投入,发展低碳技术,如日本、美国的巨资开发可再生能源,以及英国政府的碳基金提倡低碳生活,建设低碳社会,如日本的"低碳社会行动计划"、瑞典和丹麦的清洁燃料车的推广等。相对发达国家而言,我国的低碳经济发展却显得相对落后,但在近年来也逐渐得到了重视。江苏南通市环保局与美国环境保护协会积极合作,实现了中国首例二氧化硫排污权的成功交易。目前中国有着很多节能减排项目,并且随着体制和碳基金在中国市场的逐步深入,更多企业开始关注和利用商机,更多投资者也开始在追随碳基金的身影寻求机会。

(二)国际上绿色金融立法的发展

绿色金融立法的概念自提出后,在一些国际组织以及发达国家和地区得到了很好的应用和发展。

1. 国际组织的绿色金融立法发展实践

在西方国家的企业社会责任运动的背景下,金融业内制订了一系列相关的自愿性原则标准。联合国环境规划署发表了《银行业、保险业关于环境可持续发展的声明》,其声明金融机构肩负着可持续发展的社会义务与社会责任。因此,一方面,金融机构必须对环境管理采取谨慎措施,另一方面,金融机构也要培养公众的环境保护意识。世界银行发布了《做出可持续承诺——世界银行环境战略》,旨在促进人们把环境改善作为发展和减少贫困战略及行动的基本内容之一,具体包括吸取和运用经验教训、适应一个不断变化的世界,以及加深我们的承诺三个部分。世界银行下属的国际金融公司与荷兰银行,在伦敦举行了关于项目融资中的环境和社会问题的会议。在此次会议上,花旗银行提出了赤道原则。该原则是国际金融界解决项目融资中的环境和社会问题一个统一的规则,是对金融机构履行社会责任具有约束力的一个自愿性准则。它第一次把项目融资中的环境和社会问题的标准化、具体化。赤道原则为银行评估和管理环境与社会风险方面提供了一个具体的操作指南，其实质是以银行为主的金融机构在项目融资过程中应该遵守的环境准则，旨在用于判断、评估和管理金融机构的环境与社会风险。其有利于商业银行规避环境风险，有利于节能减排、建立生态文明，有利于与国际金融体制接轨，有利于银行保持良好的声誉与形象。

除了制定相关的原则标准外，国际组织还设置了一些环境机构以更好地保障相关政策的实施。目前，世界银行已经建立起了一套比较健全的机构体系，涉及各个部门，主要分为环境总局、地区环境处、法律局副行长室、发展经济学副行长室、世界银行学院及环境委员会等专业类的机构，以及地区副行长和地区管理组、地区专业局和国别管理组。世界银行的环境委员会起核心作用，由各机构的负责人组成。

2. 发达国家及地区的绿色金融立法发展实践

(1) 美国的绿色金融立法发展实践

绿色金融最终诞生于美国。"超级基金法案"拉开了美国绿色金融实践的序幕。该法案要求金融机构必须肩负起社会责任，为其所引起的环境污染承担相应的责任，以促使银行注重防范由于潜在环境问题所导致的各种风险问题，从而催生了绿色信贷和绿色保险制度。在绿色金融立法方面，美国为规范政府、企业和银行的行为以及调整三者之间的关系，从各个方面制定了多部有关绿色金融发展的法律法规。例如，主要针对由于污染而引起的污染清理事件的预防和处置的《资源保护和恢复法案》；规定银行必须对客户造成的环境污染承担责任的《全面环境响应、补偿和负债法案》；用以刺激和促进绿色金融产业的发展的《能源税收法》。美国国内各银行也很注重自身信息技术系统的完善，建立了有效的信息沟通机制。目前，美国已经建立了一整套完整的绿色金融体系，在实践中取得了良好的社会和经济效益。其绿色金融法律制度的建立，则为美国绿色金融的发展提供了法律保障。

(2) 英国的绿色金融立法发展实践

作为绿色金融最积极的倡导者和实践者，一方面，英国制定了一系列的绿色金融法方面的激励机制，如实施气候变化税、气候变化协议，以及规范排放贸易机制。气候变化税是指不同的能源品种征收的税率也不同。政府主要通过"强化投资补贴"项目鼓励企业投资节能和环保的技术和设备、调低被征收气候变化税企业为雇员交纳的国民保险金，以及通过设立碳基金途径将气候变化税的收入返还给企业。碳基金是英国于2001年设立,其是由政府投资,按企业模式运作的介于政府和企业之间的独立公司,主要运用于能马上产生减排效果的活动、低碳技术的开发,以及帮助企业和公共部门提高应对气候变化能力。另一方面,英国在近年来还实施了"绿色金融项目",主要有英国皇家联合保险公司推出了"绿色车险"项目,该项目为了鼓励更多的人购买环保汽车,而为环保型车主提供保险优惠;英国气候安全旅游保险公司推出了"绿色旅游保险"项目,其主要是针对旅客的保险费,具体是指旅游公司在不增加旅客的保险费用的前提下,把自己的部分保险费投进公司的环保项目中;英国的汇丰银行设置了"绿色选择"账户,该账户的顾客会在一定的时间内,向世界自然基金会、地球观察组织以及气候集团捐英镑,其账单将直接通过电子邮件形式邮寄取代纸张邮寄。

(3)德国的绿色金融立法发展实践

德国最早将低碳经济理念融入环境保护立法中。其从20世纪70年代开始制定了一系列的环境保护立法,这些立法主要遵循了预防原则、污染者付费原则以及合作原则。以这些原则为指导,德国制定了绿色保险方面的法律《环境责任保险条款》,其不仅规定了绿色保险种类,即一般环境责任保险和环境治理保险,而且规定了在保单有效期中止三年以内发现的损失,仍由原保单单位负责,从而有利于解决那些深藏、不易被发现的重大环境污染事故的修复和处理。在实践方面,20世纪80年代,德国成立了"生态银行",这是世界上第一家环境保护银行。"生态银行"以绿色金融理念为指导,重点对环保产业给予资金上的资助,以为环保产业的经营活动提供一个更好的运作平台。目前,德国的一些金融机构每年公开发表公司的环境报告,以加强公司的环境管理、减少环境风险。

(三)完善我国绿色金融立法的思考

绿色金融的健康发展需要以法律法规作为制度保障。根据我国目前绿色金融及其立法的发展现状,我们应该借鉴国际组织以及发达国家绿色金融立法的发展经验与趋势,对其进行适时的调整和完善,从而实现经济、社会、环境的和谐统一。因此,我们应该从以下几个方面努力。

1. 确立我国绿色金融法的基本原则

绿色金融法的基本原则就是指贯穿于整个绿色金融法,具有指导和制约整个绿色金融立法和实践的意义准则,具体内容如下。

(1)可持续发展原则

可持续发展原则是指满足当前需要,而又不削弱子孙后代满足其需要能力的发展,其强调人与自然应该和谐相处,要同时兼顾经济、社会以及与人类发展密切相关的生态秩序。因此,绿色金融法应该以可持续发展原则为指导,突破传统的秩序价值观的限制,从而构建经济与环境和谐发展的新的秩序体系。

(2)公平原则

国家在调控社会经济中发生的各种社会关系时,应着眼于社会总体的公平。而这种公平观仅局限于人与人之间、人与社会,与可持续发展下的公平原则有着较大的差距。在坚持可持续发展原则下,公平原则应该主要包括同代人与同代人之间的公平,人与后代之间的公平,以及人类与其他物种之间的公平。环境与资源作为我们生存的物质基础,我们在利用和开发自然以谋求自身发展时,应该遵循公平原则,不损害后代人的利益,要维护后代继续发展的权利。因此,只有坚持公平原则,才能更好地促进经济利益和生态利益的共同实现。

(3)效率和效益原则

绿色金融法的效率与效益原则是将可持续原则与经济学中的效率和效益相结合,在追求社会整体效益的最大价值时,必须反映环境效益。该原则要求在法的制定和实施过程中,既要注重金融效率的提高,也要注重社会效益和环境效益的实现,强调三者的统筹兼顾,既不能置可持续发展的理念于不顾,只注重金融效率,而忽视社会效益和环境污染后果也不能只顾社会和环境效益,而不管效率,以致耗费过多的国家资源,从而损失社会发展能力。其区别于传统的忽视社会公平和生态和谐的多元价值的价值观,能避免与现代社会的发展产生激烈的冲突。所以,要保护环境,就必须树立可持续的效率与效益原则。

2. 我国绿色金融立法基本内容的完善构思

在上述原则的指导下,我们还必须制定一系列相关的具体绿色金融法律来不断地丰富和完善我国的绿色金融法律体系。

第四节 低碳经济背景下我国绿色金融的新思考

当前,"碳中和"已成为一个全球性共同议题,各国都在努力实现"碳达峰"目标。在我国,2020年12月16日至18日的中央经济工作会议首次将其列入新一年的重点任务。2021年4月30日的中共中央政治局会议,又再次强调,要有序推进碳达峰、碳中和工作,积极发展新能源。

应该说,所谓绿色金融,虽然对其含义存在不同认识,但其核心始终围绕环境保护和可持续发展。通常的观点包括:绿色金融是指金融部门将环境保护与资源节约作为目标,在相关政策的配合下,将环境影响的潜在的回报、风险和成本作为重要的因素纳入投资决策和日常业务中,以此引导社会经济资源向保护环境、促进可持续发展的领域集聚的一种创新性的金融模式。

2016年8月,七部委联合发布《关于构建绿色金融体系的指导意见》,对我国建设绿色金融体系做了总体部署,其中指出,绿色金融是指"为支持环境改善、应对气候变化和资源节约高效利用的经济活动,即对环保、节能、清洁能源、绿色交通、绿色建筑等领域的项目投融资、项目运营、风险管理等所提供的金融服务",而绿色金融体系则被定义为通过绿色信贷、绿色债券、绿色股票指数和相关产品、绿色发展基金、绿色保险、碳金融等金融工具和相关政策支持经济向绿色化转型的制度安排。

降碳、环保、可持续发展的绿色金融在我国发展迅速。据统计,截至2020年年末,绿色贷款余额近12万亿元,存量规模居世界第一;绿色债券存量8 132亿元,居世界第二。此外,按照央行的发展思路,一方面在努力拓展"三大功能",包括金融支持绿色发展的资源配置、风险管理和市场定价三大功能;另一方面逐步完善"五大支柱",包括完善绿色金融标准体系、强化金融机构监管和信息披露要求、逐步完善激励约束机制、丰富绿色金融产品和市场体系、拓展绿色金融国际合作空间。

就绿色金融的发展效果来看,供给端,绿色金融产品和服务更加多元、参与主体越来越多、制度规则不断完善;需求端则看到,绿色金融不仅与减少碳排放、减少污染等指标直接相关,而且有助于促进经济增长方式转变、能有效应对疫情,并且深入金融机构文化建设中。综合来看,绿色金融理念在新形势下已经成为国际合作的重要切入点和"多边共识"。

当然也需承认,我国"十四五"期间的绿色金融发展仍然面临挑战,如绿色金融的概念与内涵界定不够清晰、业务缺乏系统性的理论支撑、在发展路径上缺乏操作性强的政策与法律约束、配套中介服务体系不足、政策性与商业性金融支持边界不清等。

对此我们认为,在全面围绕碳中和推动经济金融变革的背景下,需要从以下六个视角重新认识绿色金融。

一是国际政治视角。日益严峻的气候危机是摆在全人类面前的一场大考,不仅对于经济社会影响深远,也是新形势下国际政治的共识"抓手"。实际上,全球已初步形成碳中和共识,截至2020年年底,全球共有44个国家和经济体正式宣布了碳中和目标(包括已经实现目标、已写入政策文件、提出或完成立法程序的国家和地区)。我国在差异中寻求共同点,以绿色发展为抓手,积极响应碳减排号召，谋求多边发展，彰显大国责任与担当。因此，绿色金融发展的大局，离不开助力、服务、支持这一政治共识的总体原则。

二是社会与生态视角。对此，需进行多重目标的梳理与整合。如过去，曾经在此领域有非常多的理论概念，包括可持续发展、绿色发展、循环经济、节能减排等。现在，则需要从"碳中和"出发重新梳理与整合，看一下相关概念的逻辑关系，怎样才能将多重目标统一到新的发展思路中。再如，绿色金融支持碳中和，并不能只依赖"外力"约束，而应从社会与生态视角出发，最终要落到人文与文化共识层面，间接地对金融主体的行为产生内在道德制约。

三是经济视角。例如，必须要探讨在新目标下，银行信贷结构面向行业、产业、地区的调整，究竟带来怎样的影响，如何更有效地引导经济资源合理配置。再如，绿色金融与碳中和目标相配合，还需要考虑经济政策目标的优先次序问题，尤其对于就业、增长和稳定，需要充分权衡短期与中长期目标的协调，以及如何进行适度动态转换。

四是金融自身视角。需要思考三个方面的问题，包括：现有的金融体系如何更有效地支持与"碳中和"有关的经济活动；如何构建有效的碳金融市场，即本质上是把与碳市场有关的要素进行资本化和金融化；金融体系支持"碳中和"项目的风险控制，尤其是结构性冲击、产业风险等问题。特别需要关注的是，绿色金融体系的核心要素包括金融机构、金融产品、金融市场等，现有的"短板"可能更多地体现在非银行金融机构服务和资本市场服务方面，如需要进一步探讨如何利用一级和二级资本市场，以及股权投资基金的作用。

五是机制设计视角。需要基于宏观、行业和微观等层面进行分析。宏观层面上，"碳中和"依然是传统理论的热点问题，在机制设计上需要将各方权利和义务进行有效匹配。行业层面上，完善绿色金融标准、金融监管、金融规则等，都是用外部变量来解决绿色金融活动中的治理机制矛盾。微观层面上，需要将"碳中和"目标分解，落实到具体的金融机构和企业中，实现真正的"激励相容"与机制约束。

六是技术视角。一方面是充分利用金融科技来解决现有绿色金融"成本高、效率低"的问题，既增强了服务效果，又能为金融机构开拓出新的"蓝海业务"。另一方面是全面分析数字经济与数字金融的"碳中和"问题。严格意义上说，并非所有的数字经济模式都是绿色、低碳、低能耗的，这对绿色金融产生了更复杂的影响。同时，伴随着加密数字货币、Defi(Decentralised Finance)等去中心化金融的发展，数字金融模式也衍生出更复杂的形态，其自身如何实现"碳中和"也是绕不开的问题。

　　总之，绿色金融的理论、政策与实践都在不断演进，既有越来越多的共识，也存在值得商榷的难点。本书聚集了政产学研等不同领域中对绿色金融颇有研究心得的专家观点，通过多元化的观点互补与碰撞，试图对绿色金融探索中的基础性、创新性、挑战性问题都有所分析，从而更好地把握新形势下的绿色金融发展趋势。

第二章 我国绿色金融发展的需求和现状

在党的十九大报告中将发展绿色金融作为推进绿色发展的一项内容，强调了发展绿色金融是我国目前发展阶段需要重视的一项建设工作。2018年6月12日至13日，央行组织召开了绿色金融改革创新试验区建设座谈会，座谈会分析了改革试点面临的新形势、新任务，并按照全国生态环境保护大会的要求，研究和部署下一阶段试点工作[①]。2021年4月1日，国新办举行的"构建新发展格局金融支持区域协调发展"发布会宣布，中国人民银行围绕金融支持绿色低碳发展的三大功能(资源配置、风险管理和市场定价功能)积极开展工作，目前已经形成了绿色金融五大支柱，即绿色金融标准体系、金融机构监管和信息披露要求、政策激励约束体系、绿色金融产品和市场体系，以及绿色金融国际合作。可以看出，发展绿色金融是我国实现进一步发展的必由之路。

第一节 我国绿色金融发展的现实需求

一、经济转型对发展绿色金融提出必然需求

(一)发展绿色金融可以促进下一步中国经济转型

改革开放以来，我国经济实现了跨越式增长，但是粗放式的发展模式对环境造成了很大负担，引起了一系列环境问题。如果中国延续旧的发展模式，只会出现"越发展，越污染"的局面。环境破坏带来了巨额的环境污染成本，环境污染损失已经成为经济社会发展的沉重负担。据国内专家测算，中国近年来环境污染成本占GDP的比重始终在3%以上。而美国智库(think tank)兰德研究机构测算，中国仅空气污染成本占GDP比重就达6.5%，水和土壤的污染成本分别占GDP

---

① 央行组织召开绿色金融改革创新试验区建设座谈会[EB/OL]. http://www.gov.cn/xlnwen/2018-06/16/content_5299158.htm.

的 2.1% 和 1.1%①。近年来，中国政府已经逐渐意识到原有模式的不足，但仍未完全摆脱过去"先发展，后治理"的模式。因此，中国亟须从资源消耗型经济过渡到资源节约型和环境友好型经济。可以认为，当前中国正处于经济结构调整和发展方式转变的关键时期，对支持绿色投资和可持续发展的绿色金融的需求正在不断扩大。

调整经济发展结构，实现绿色发展，就要同时推进传统产业升级改造和绿色产业创新发展。从具体实践来看，未来政府的主推方向是清洁能源、工业节能、建筑节能、交通节能、终端能效提高以及治理环境污染（包括消除已经产生的污染和遏制新污染源的产生）等。根据国务院发展研究中心课题组测算，2015—2020年，中国绿色发展的相应投资需求大约为每年2.9万亿元，总计17.4万亿元。年度投资平均规模占各年GDP的比重将超过3%②。国务院发展研究中心的数据显示，2015—2020年，预计我国的财政收入总额为127万亿元左右，绿色发展的总投入将占到预计财政收入的14%以上，大大超出了财政的负担程度。传统环保业务在2015年环保投资体量5 000亿元的基础上每年保持25%的增长，环保行业年投资体量将从4 000亿至5 000亿元上升到1万亿至1.5万亿元。《中国绿色金融发展研究报告2020》显示，绿色金融仍然没有扭转资金缺口逐年增大的趋势。该报告根据中国人民大学绿色金融团队的核算发现，2019年新增绿色金融需求为2.048万亿元，但新增绿色资金供给只有1.43万亿元，新增绿色资金缺口为0.618万亿元。绿色金融资金缺口仍然呈现增大趋势③。一方面，中国金融体系在遵循金融行业本身发展的特征和趋势的同时，通过金融资源的配置作用，有效引导金融资源的流向，促进产业结构的调整，加速增长模式的转变，化解产能过剩，减少资源环境约束，为整个经济的转型发展提供强有力的支撑。另一方面，金融体系自身也需要寻找有别于传统金融的绿色发展模式。相比传统金融，绿色金融能够有效识别和防范环境因素导致的金融风险。因此，使金融向着绿色可持续发展的方向改革变得十分必要，"绿化"中国的金融体系已迫在眉睫。

（二）绿色经济模式转变由实体与虚拟两部分构成

实体经济和虚拟经济是经济形式的两个主要组成部分，实体经济始终是人类

---

① 商业银行构建绿色金融战略体系研究［EB/OL］. http：//www.greenfinance.org.cn/displaynews.php？id=554.

② 我国节能环保产业发展现状、趋势与对策分析［EB/OL］. http：//www.ocn.com.cn/touzi/chanye/201712/obvv004085930.shtml.

③ 绿色金融资金缺口逐年增大2019年新增缺口6180亿元［EB/OL］. https：//finance.slna.com.cn/roll/2020-09-19/doc-iivhuipp5226082.shtml.

社会赖以生存和发展的基础。虚拟经济是相对实体经济而言的，是经济虚拟化（西方称之为"金融深化"）的必然产物。在《新帕尔格雷夫经济学大辞典》（第二卷）中，虚拟资本是指通过信用手段为生产性活动融通资金[①]。由此来看，虚拟经济包括资本市场、货币市场、外汇市场和证券业、银行业、租赁业、信托业等，它是一个涵盖金融业的概念。虚拟经济由于其功能性的特点，是一把"双刃剑"，它既是适应实体经济的需要而产生的，可以推进实体经济的发展，也可能会对实体经济产生较大的负面影响，甚至是破坏性的损害。

实体经济与虚拟经济相互促进、相互依存，在这种相互作用下推动经济模式的转变，一方面可以高效率地推进工业文明的快速到来，另一方面可以促使人类转变自身的财富观。所以，经济发展方式的转变不仅包括实体经济发展方式的转变，同时也应包括虚拟经济发展方式的转变。由于虚拟经济的特殊性，它的转变应具有超前性、前瞻性和实用性，更需要顶层的设计。

（三）绿色金融将成为疫情防控常态化时期全球经济绿色复苏的重要支撑

2020年新春伊始，新冠肺炎疫情暴发，全球经济受到较大影响，疫情对绿色金融发展也产生了不利影响。当前，我国正处于国民经济恢复的关键时期，按照新发展理念，主动探索新的绿色复苏道路，引领疫情防控常态化时期经济绿色变革方向，具有重大现实意义。

绿色金融可成为我国经济绿色复苏的重要手段。绿色复苏是实现经济社会发展与生态环境保护双赢的一种经济发展形态，绿色金融将在绿色复苏中发挥重要作用。从短期看，有利于绿色变革的投资增长是推动复工复产、做好"六稳"工作、落实"六保"任务的有效途径。从中长期看，更多考虑环境、社会和治理因素开展的绿色投资，是培育我国经济新增长点、增强经济发展韧性和可持续性、走向高质量现代化发展的内在要求[②]。

二、生态文明建设对发展绿色金融提出必然需求

（一）发展绿色金融是生态文明建设的内容

党的十九大报告中指出，我国现阶段的一个重要任务是"加快生态文明体制

---

① 约翰·伊特韦尔，等. 新帕尔格雷夫经济学大辞典[M]. 北京：经济科学出版社，1996，（第二卷）：340.

② 陈雨露：绿色金融与绿色发展[EB/OL]. https://www.financialnews.com.cn/jg/dU202008/t20200821_198901.html.

第二章 我国绿色金融发展的需求和现状

改革，建设美丽中国"，这就要求我们要"构建市场导向的绿色技术创新体系，发展绿色金融，壮大节能环保产业、清洁生产产业、清洁能源产业"①。生态文明建设的主要途径是把生态文明建设融入经济建设的各方面和全过程。从广义的角度来看，经济建设包含实体经济建设和虚拟经济建设两个部分。从环境保护的历史来看，我国更注重实体经济部分的环境保护，针对实体经济与生态环境的关系，陆续出台了各项法律、规章、规范和标准等，以期通过对企业生产、技术和管理措施进行约束，推进生态环境与经济的和谐发展。从心理学角度来看，人类可能会认为金融与生态环境之间并无关系，认为生态环境保护是实体经济的责任，金融企业的投融资行为没有参与企业的环境污染和生态破坏过程，所以金融机构对生态环境的改善是以道德的高度来参与环境保护，而不是以责任人的角度参与环境保护。事实上，我们只看到了生产过程的表面，金融机构似乎没有参与治理污染的过程，但我们应该知道，一是资本是生产的前提，生产是在资本的集聚与推动下进行的，资本是生产的基本因素；二是我们不仅仅要看到生产的基本因素组合，更应该看到实质，资本的运行过程实质上是资本升值的过程，生产是过程，利润是实质。资本的所有者是企业经营最后的获利者。在生产过程中，资本的所有者和借贷者从中获得收益，就应对生产过程负责。若只获取利益而不对生产过程负责，则是制度建设的缺陷，是对社会大众的不公。

金融是保证社会发展、社会经济运行的重要动力，金融企业的行为与经济建设、政治建设、文化建设和社会建设紧密相连。从广义的角度来看，经济建设包含实体经济建设和虚拟经济建设两个部分，把生态文明建设纳入经济建设就是把生态文明建设纳入虚拟经济建设。对于金融体系而言这意味着三个大的方向性的改革，一是生态文明思想成为新金融建设的核心思想，在金融业要树立生态优先、生态约束、生态责任和生态风险的思想与观念，以生态思想推进金融业的发展；二是生态文明建设的目标应成为金融行为的目标与指南，金融行为不单是经济利益的行为，还要融合经济利益和社会利益，是两者的结合，是生态、社会和金融的协同发展；三是要把生态文明的思想贯彻到金融行为的全过程，在金融分析、金融评估、金融决策和金融监督中体现生态文明建设的要求。绿色金融的建设是全过程的建设，而非部分或局部的改良，要把生态文明思想深入金融行为的每一个环节。

---

① 习近平：决胜全面建设小康社会 夺取新时代中国特色社会主义伟大胜利——在中国共产党第十九次全国代表大会上的报告[EB/OL]. http：//cpc.people.com.cn/nl/2017/1028/c64094-29613660.html.

(二)生态文明建设与绿色金融制度建设

生态文明建设是我国现阶段的重要任务，主要提出了以下几点要求。第一，建立系统完整的生态文明制度体系，实行最严格的源头保护制度、损害赔偿制度、责任追究制度，完善环境治理和生态修复制度，用制度保护生态环境。第二，引导、规范和约束各类开发、利用、保护自然资源的行为，用制度保护生态环境。第三，完善经济政策。健全价格、财税、金融等政策，激励、引导各类主体积极投身生态文明建设；鼓励公众积极参与；完善公众参与制度，及时准确披露各类环境信息，扩大公开范围，保障公众知情权，维护公众环境权益。

要想推动生态文明建设，发展绿色金融是一个不可或缺的重要部分，在整个生态文明战略中，绿色金融发挥着引导、配置、控制和预警的作用。绿色金融制度建设在生态文明建设的过程中具有特殊的位置，包含以下几个特点。一是绿色金融制度与环境保护制度配合的要求，环境保护制度是绿色金融制度的基础，环境保护制度的建设应包含绿色金融的相关内容，绿色金融制度的建设应以环境保护制度为准绳，是环境保护制度在金融领域的延伸。二是绿色金融政策与环境保护政策和产业政策的衔接。产业政策体现国家对产业发展方向的认可与支持，环境保护政策和产业政策共同体现国家在生态环境保护领域的态度，绿色金融政策是在环境保护政策和产业政策的基础上出台的政策，应与二者进行有机的结合，以期发挥政策的最大效果。三是绿色金融制度具有宏观与微观结合的特点，宏观是指绿色金融制度在生态、经济和社会发展方面起到调节、推进的作用，微观是指绿色金融制度在企业、消费者层面起到约束、激励的作用。

第二节 我国绿色金融发展的重点领域

一、构建并完善中介服务体系，加快绿色金融基础设施建设

由于绿色金融项目的发展通常要以复杂的技术为支撑，其风险也较难全面准确地揭示，因此发展绿色金融项目必须提供专业的技术评估支持。为此，要在发挥现有中介服务机构作用的基础上，加快培育和完善独立的第三方评估机构，建立规范高效的交易市场，完善二级流转市场，提升对绿色金融服务的支持效率。

同时，还应该加快健全绿色金融基础设施建设的步伐。第一，要以政府购买服务的方式，建立公益性的环境成本信息系统，打破目前缺乏项目环境成本信息和分析能力的瓶颈，为决策者和全社会投资者提供依据。可以参考英国 Trucost

公司提出的"自然资本负债"概念，将大气污染排放、水污染、垃圾生成等造成的环境成本尽可能量化，评估未被当前市场价格所反映的"外部性"规模[①]。第二，建立绿色评级体系，尽快开展绿色评级试点，研究绿色因素对中央政府、地方政府和企业评级的影响路径、影响程度等，合理确定评级标准与方法。

二、加强各相关部门、机构协调合作，完善信息协调和共享

发展绿色金融涉及"一行两会"、国家发改委、财税部门、环保部门、金融机构以及社会中介机构等多方主体，需要共同建立稳定的跨部门协调机制，确保绿色金融政策的统一性和稳定性。同时，要构建工业管理部门、环保部门与金融监管部门的双向信息沟通与共享平台，及时了解有关环境保护的技术信息、行业标准以及违法违规处置情况。此外，中央政府和地方政府还应建立与第三方机构的协作机制，充分借用社会监督、社会评估的力量，及时反馈执法和政策落实情况，提高政府工作效率。

三、发展政策性金融机构，发挥其在绿色金融领域的引导作用

第一，对与现有政府相关的各类基金（如社保基金、医保基金、住房公积金等）的投资活动增加社会责任要求，使其更好地发挥政府的投资引领作用。第二，要求现有政策性银行信贷进一步"绿色化"，按照"赤道原则"调整业务流程和产品结构。同时，政策性银行应成为银团贷款牵头行，对贷款用途有更清晰的导向，支持节能环保的投资项目并对被投资企业施加影响。同时在政策性银行内部应设立专门的绿色金融部门，主要负责对信贷对象和信贷组合进行基于绿色金融标准的评估。第三，建立国家级"绿色金融专项基金"，资金部分来自政府（污染罚款、环境税和财政收入划拨等），部分来自社会资本（包括社保基金、保险公司和其他具有长期投资意愿的市场机构），通过引入激励机制，直接在股权层面撬动社会资本。

四、推动绿色金融立法，为绿色金融发展提供法律保障

党的十九大报告中指出，"全面依法治国是中国特色社会主义的本质要求和重要保障"，"坚持依法治国、依法执政、依法行政共同推进，坚持法治国家、法

[①] 解洪兴，黄超妮. 建立公益性环境成本核算体系和数据库[EB/OL]. http：//www.greenfinance.org.cn/displaynews.php? id=184.

治政府、法治社会一体建设"。在全面依法治国的号召下，推动绿色金融立法是必然选择，并在投融资领域加强企业的社会责任。

推动绿色金融立法，可以从以下几个方面入手。一是在对《商业银行法》《证券法》《保险法》等相关法律进行修改时，加入"绿色"元素。二是进一步完善有关环境保护的法律法规和实施细则，明确并加大环境污染者的法律责任。在以国家立法为主的前提下，鼓励各地方政府因地制宜地制定绿色发展的地方法规，促进本地区经济的可持续发展。三是按照"民事责任为主，刑事、行政责任为辅"的原则，强化有关责任部门的执法权力，加大环境保护的执法力度，激发企业保护环境和减少污染的内在动力，促使金融机构自发地承担环境社会责任和推行绿色金融。

五、完善绿色金融政策支持体系，实现投资组合"绿色化"

（一）制定并实施支持绿色金融发展的财政政策

在继续通过财税、价格、土地等政策鼓励和支持企业进行绿色投资的同时，财税政策和财政信用应尽可能地由直接用于满足融资需要本身转向对市场化绿色金融供给的激励上。换言之，财税政策和财政信用除了更集中于必要的领域之外，应更多地用于支持绿色金融供给的渠道拓展和金融产品创新，而不是简单地对绿色金融供给进行替代。

第一，对绿色债券的投资收入减免税收，以支持绿色债券投资和绿色债券市场发展。第二，会同中国人民银行、银保监会研究制定科学、便捷、有效的对绿色投资项目的贴息制度，甚至可以将直接发放给企业的节能奖励转化为信贷贴息，以市场的手段确保财政资金使用的效率性、公平性和普适性。第三，通过政府采购，更多地支持绿色企业发展，以增强绿色金融的稳健性。

（二）制定并实施支持绿色金融发展的银行监管政策

随着越来越多的国家开始重视绿色金融发展，很多国家在建立金融监管体系时将可持续性因素纳入考虑范围。制定适宜的监管体系，应从中国的国情出发，采取一定措施：一是将符合条件的绿色信贷不计入存贷比考核指标；二是引入环境压力测试制度，开发适用于不同类型金融资产组合的环境压力测试的标准、评测体系和方法；三是树立"绿色资产"在抵押担保方面的优惠地位；四是为绿色信贷建立更加便捷的证券化通道。

(三)制定并实施支持绿色金融发展的保险监管政策

1. 建立并完善环境污染损害鉴定评估机制

发展绿色金融,就必须为其提供科学的机制保障,环境污染损害鉴定评估机制就是与之相关的一个重要机制。应该规范环境污染事故的责任认定和损害鉴定工作,健全环境损害赔偿制度。支持和鼓励保险经纪机构提供环境风险评估和其他有关保险的技术支持和服务。

2. 改进和提升环责险制度

具体来说,改进和提升环责险制度包括建立健全与环责险相关的法律法规体系、优化地方政府在环责险发展中的角色定位、出台必要的财税政策支持环责险的业务发展、对环责险制度的效果进行评估等。

3. 拓展和确定绿色保险的定义及范围

现有绿色保险的定义和范围过窄,限制了保险人更好地了解、预防和减少环境风险的潜力及支持环境可持续发展积极性的发挥。绿色保险不仅仅是应对短期环境污染事故风险的工具,更是解决气候变化等长期风险的一种有效机制。拓展绿色保险定义的目的是对环境风险管理形成一套综合方法和各种各样的保险解决方案(如太阳能电池板和风力涡轮机的履约保险、能源和水效率建筑保险、"按里程付费"保险)[①]。

(四)制定并实施支持绿色金融发展的货币政策

货币政策对经济和社会整体有广泛的影响。央行关于利率水平、通胀目标和汇率所采取的行动是投资决策的关键因素。在充分考虑我国国情的基础上,可以采取以下措施。

第一,制定专门的"支绿"再贷款政策。第二,将环境相关风险纳入评估金融稳定性的指标体系和模型,制定一个绿色宏观、微观评估框架,以及一套标准化的环境评估方法,以使监管机构和政策制定者能够测量、评估企业与环境政策目标相关的活动。该框架可以帮助监管机构审查整个金融体系的环境风险影响,评估金融机构在"看似不可能但真实存在的"情境下的弹性,并引导宏观审慎监管进行相应的调整。第三,对货币政策工具进行结构化设计,如将存款准备金率、利率、SLO(短期流动性调节工具)、SLF(常备借贷便利)等常规货币政策工具与绿色金融挂钩,以进一步发挥货币政策定向微调的功能。第四,在调整央行资产结

---

① 国务院发展研究中心"绿化中国金融体系"课题组,张承惠,谢孟哲,等. 发展中国绿色金融的逻辑与框架[J]. 金融论坛, 2016, 21(02): 17-28.

构时，增加"绿色"因素（如购买绿色债券）。在宏观调控需要实施量化宽松的货币政策时，尽可能地形成"绿色量化宽松"政策。未来还需要进一步探寻货币政期。贷款政策与绿色金融的关系包括：央行的决策对绿色和包容性增长的目标产生的重大影响；确定并消除当前货币政策中与绿色金融目标不匹配之处；审核差别存款准备金率要求的应用及其与绿色金融目标相匹配的可能性；提升关于环境退化和资源稀缺可能对价格和金融稳定性产生的影响的认知能力和知识储备；更好地理解利率水平对能源、水和资源安全领域所需长期投资的影响等。

（五）制定并实施支持绿色金融发展的证券市场监管政策

就中国当前的绿色投资发展实际来说，商业贷款是绿色投资实践中最主要的市场化融资渠道。相对于绿色投资的实际需要，这种单一的融资结构的可持续性相对较低。而中国绿色投资资金来源主要是银行贷款，并不是投资主体选择银行贷款的意愿更强，而是由于其他融资渠道存在制度性限制。针对上述问题，未来证券市场的监管政策应重点围绕三个方面推进：一是积极建设绿色债券市场；二是建立上市公司和发债企业环境信息强制披露机制；三是推动建立绿色投资者网络，完善投资者社会责任体系。

中国在发展绿色债券市场的同时，应该加强以下几个方面的工作。第一，需要对什么是与债券挂钩的绿色投资给出明确的标准和定义。应建立一个得到政府认可的定义（可以涵盖可再生能源、能效、低碳交通、水、废弃物管理、可持续农业和气候变化对策等领域），并通过建立政府认可的体系或第三方机构以确保债券的"绿色"，为公司债券发行人提供便捷通道。第二，形成一个以绿色债券为主的债券交易市场需要大量的绿色贷款。相比非绿色贷款而言，对绿色贷款提供差别价格机制（或为绿色债务性产品提供差别银行资本充足率要求）可以有效增加绿色信贷。第三，为绿色债券提供信用增级。第四，在一定范围内对绿色债券投资收入给予免税，以支持对绿色债券的投资。第五，各级政府及其相关机构可以发行具有双重追索权的绿色债券或有政府担保的收益债券，以便为投资者提供分析绿色资产表现的经验，使投资者避免暴露于更高的风险中。随着投资者对绿色资产的表现更加熟悉，市场可以发行绿色资产担保债券。第六，发行绿色城市建设债券。这类债券可用于资助一系列的绿色项目，特别是对于中国城市化发展来说非常重要的交通运输、可再生能源和清洁用水项目。绿色城市建设债券可以在国内市场或以人民币结算的离岸债券市场发行，以吸引更广泛的投资者。

从证券监管方面来看，应该制定一系列符合政策目标，同时可以获得公共部门激励措施的环境友好型基准股票和债券指数产品。这些指数产品可以直接植入股票市场管理规则,也可以与针对资产管理公司的激励措施(如税收优惠)相关联。

第三节 我国绿色金融的发展现状

经过"十三五"的五年实践,我国绿色金融实现跨越式发展。对内,着力完善政策框架和标准体系,不断夯实绿色金融基础设施建设,努力促进绿色金融产品和市场创新,持续深化地方试点和国际合作。绿色金融在全社会范围内逐步实现从蓝图和理念到实践和行动的跨越,日益成为地方政府和市场主体的自发选择,作为"绿水青山"向"金山银山"转化的桥梁和加速器作用进一步凸显。对外,我国秉持大国责任感,积极以绿色金融发展助推人类命运共同体建设。目前,支撑绿色金融体系的"五大支柱"已基本形成。

一、绿色金融标准体系加快构建

绿色金融的关键不是事后"统计绿",而是规则"引导绿"。2018年,人民银行牵头成立中国金融标准化技术委员会绿色金融标准工作组后,重点聚焦气候变化、污染治理和节能减排三大领域,遵循"国内统一、国际接轨"的原则,推动建立和完善跨领域、市场化、具有权威性且内嵌于金融机构全业务流程的绿色金融标准体系。截至2020年年末,1项国际标准已获国际标准化组织可持续金融技术委员会(ISO/TC322)正式立项并完成国际专家组征求意见,1项国家标准经国家标准化管理委员会批准正式立项,2项行业标准正在准备报批稿,3项行业标准已提交送审,4项标准草案在绿色金融改革创新试验区先行先试。

二、信息披露要求和金融机构监管不断强化

监管部门不断推动金融机构、证券发行人、公共部门分类提升环境信息披露的强制性和规范性,着力提升绿色金融市场透明度。中央金融机构气候与环境信息披露试点工作不断推进,中方参与机构扩展至15家,试点经验已初步具备复制推广价值。组织金融机构和部分地区试点开展环境风险压力测试,探索将气候和环境相关风险纳入监管框架。

三、点面结合,激励约束机制逐步完善

在绿色信贷业绩评价基础上探索开展更加全面的绿色金融业绩评价,引导金

融机构增加绿色资产配置，为货币政策应对气候变化预留了空间。环境执法信息主动采集机制逐步完善，加快推进"褒扬诚信、惩戒失信"的社会信用体系建设。绿色金融改革创新试验区积极创新财政支持和监管政策，加大绿色项目投入和精准施策力度，出台一系列政策推动绿色金融改革创新。截至2020年年末，试验区绿色贷款余额达2 368.33亿元，在全部贷款中的占比为15.14%，比全国平均水平高4.34个百分点。

四、绿色金融产品工具和市场体系不断丰富

绿色金融产品服务是直达实体经济、传递政策意图的最直接途径。通过鼓励产品创新、完善发行制度、规范交易流程、提升透明度，我国已形成包括绿色贷款、绿色债券、绿色保险、绿色基金、绿色信托、碳金融产品等的多层次绿色金融产品和市场体系，为绿色项目提供了多元化的融资渠道，服务绿色低碳发展的效率不断提升。截至2020年年末，我国本外币绿色贷款余额达11.95万亿元，存量规模居全球第一；绿色债券存量规模达8 132亿元，居世界第二。绿色金融资产质量整体良好，绿色贷款不良率远低于全国商业银行不良贷款率，绿色债券无违约案例。

五、绿色金融国际合作日益深化

积极利用各类多双边平台及合作机制推动绿色金融国际交往，提升国际社会对我国绿色金融政策、标准、产品、市场的认可和参与程度。例如，人民银行参与发起的央行与监管机构绿色金融网络（NGFS）规模已扩展至83家正式成员和13家观察机构。中国、欧盟等经济体共同发起可持续金融国际平台（IPSF），重点推动全球绿色金融标准趋同等工作。总体而言，我国在绿色金融领域拥有较强的国际话语权，有效引领了绿色金融国际主流化进程。

第四节 我国绿色金融的"十四五"展望

"十四五"是碳达峰的关键期、窗口期。做好金融支持绿色低碳高质量发展工作，是新时期新阶段党中央、国务院赋予金融体系的光荣使命和重要任务。金融部门要聚焦碳达峰、碳中和债券，继续做好绿色金融顶层设计和规划，重点发挥金融的三大支持功能。一是通过货币政策、信贷政策、监管政策、强制披露、绿色评级、行业自律和产品创新等，引导和撬动金融资源向低碳项目、绿色转型项

目、碳捕捉与封存等绿色创新项目倾斜。二是通过气候和环境风险分析及压力测试、绿色和棕色资产风险权重调整等手段,增强金融体系管理和应对气候与环境风险的能力。三是加快推进碳排放权交易,发展碳期货等金融衍生品,通过交易形成合理的、市场化的碳价格。

为实现上述三个功能,持续提升金融体系支持经济复苏、绿色转型和控碳减排的能力,"十四五"时期,我国应围绕完善绿色金融五大支柱,重点做好以下几项工作。

一、构建长效机制,降低经济发展对高碳产业的路径依赖

构建长效机制,完善金融支持绿色低碳转型的顶层设计,降低经济发展对高碳产业的路径依赖,实现经济可持续发展。研究出台金融支持绿色低碳发展的专项政策,在"十四五"金融规划等顶层制度设计中就金融支持绿色低碳发展和应对气候变化做出系统性安排。完善激励约束机制,健全审慎管理,逐步将气候变化相关风险纳入宏观审慎政策框架,推动金融机构开展风险评估和压力测试。充分发挥金融市场配置资源的决定性作用,有效抑制不顾资源环境承载能力、盲目追求增长的短期行为,推动高碳行业全面低碳转型,坚决遏制"两高"项目盲目发展,重点培育绿色建筑、绿色交通、可再生能源等绿色产业。加大金融对绿色技术研发推广、清洁生产、工业部门绿色和数字化转型的支持力度。逐步将绿色消费纳入绿色金融支持范围,推动形成绿色生活方式。

二、完善政策标准,推动绿色金融自身高质量可持续发展

完善政策标准,推动绿色金融自身高质量可持续发展。一是进一步丰富绿色金融政策工具箱。研究出台绿色金融条例等规范性文件。推动建立强制性、市场化、法治化的金融机构气候与环境信息披露制度,不断完善信息披露模板,由易到难、由少到多,逐步实现金融机构计算和披露其资产的碳排放量信息。及时调整和完善金融机构绿色金融业绩评价体系,不断扩展考核结果应用场景,形成对绿色金融业务的有效激励约束。创设碳减排支持工具,利用优惠再贷款鼓励金融机构增加与碳减排相关的优惠贷款投放。开展气候和环境风险分析及压力测试,及时防范化解经济和产业结构调整可能引发的区域性或行业性金融风险。二是以碳中和为约束条件,进一步完善绿色金融标准体系。尽快出台统一的新版《绿色债券支持项目目录》。根据"需求导向,急用先行"原则,制定新一批绿色金融标准清单。推动成熟标准在试验区先行先试。深度参与ISO/TC322项下的可持续

金融标准研究工作，持续推进中欧绿色金融标准趋同。

三、创新产品服务，丰富直达实体的多层次绿色金融市场体系

创新发展绿色资产证券化、绿色资产支持票据等产品。研究推动绿色金融资产跨境交易，提高国内绿色金融产品流动性。创新发展数字绿色金融，加强数字技术和金融科技在环境信息披露和共享等方面的应用，降低金融机构与绿色主体之间的信息不对称性。创新碳金融产品工具，丰富碳市场参与主体，完善碳金融基础设施，健全法律法规和监管，通过碳市场的合理定价，推动资源有效配置和经济绿色低碳发展。鼓励地方政府、相关企业和金融机构出资设立低碳转型基金。丰富绿色保险产品，鼓励保险资金投资绿色领域。

四、推进地方试点，加快绿色金融改革创新试验区有益经验的复制推广

鼓励试验区政府多方筹措资金、创新支持方式，继续探索碳达峰和碳中和新要求下绿色金融创新发展的路径。利用试验区自评价联席会议机制，总结好、推广好试验区形成的成熟、有益经验，切实发挥好试验区先行先试示范作用。适时启动试验区扩容工作，鼓励更多有条件、有意愿的地区率先提出碳达峰目标。

五、深化国际合作，以绿色金融参与和引领全球金融治理

坚持"互利共赢、共同发展"原则，发挥好中国在绿色金融市场规模巨大、政策体系成熟等方面的先行优势，积极发挥G20可持续金融研究小组联合主席的作用，与美国财政部共同牵头，推进G20可持续金融工作。继续通过NGFS、IPSF、中欧、中英和中法等多边和双边平台，积极宣传推广中国绿色金融政策、标准和最佳实践，讲好中国故事，贡献中国智慧，彰显我国负责任的大国形象。

第三章 我国绿色金融政策分析

党的十九大报告指出，绿色金融作为绿色发展的重要环节，为经济可持续发展提供了现实可行的路径。在不懈的探索与实践中，中国逐步建立起与绿色发展理念相适应的绿色金融政策体系。依据各时期经济发展与环保工作的特点不断调整与完善绿色金融政策，在一定程度上维持了经济发展与环境保护的平衡，经济发展趋势与绿色生态发展趋势总体平稳向好。

第一节 我国绿色金融政策

一、绿色金融政策的范畴界定

部分研究指出，绿色金融政策是政府部门制定的、具有奖励性质的制度安排，为各类金融机构、企业制定的用于限制融资条件、规范融资流程以及激励举措的一系列制度安排[1]。张红[2]则认为，绿色金融政策是一种市场激励机制，它包含绿色信贷、绿色证券、绿色保险等制度。基于绿色金融的定义，本研究认为政府制定用于服务和引导金融机构和各类企业更好地实现绿色金融目标的政策统称为绿色金融政策。

面对经济增长与生态保护难以平衡的问题，黄滢等[3]认为，政府是解决该两难问题，实现绿色发展的关键。绿色产业发展涉及行业广且推行难度大，因此，必须依靠政府与市场的协调配合，政府通过合理制定政策，促进市场发挥配置资源的作用，引导资金流向绿色金融领域[4]，更好更快地完善绿色金融政策，推动绿色经济发展。

---

[1] 陈凯.绿色金融政策的变迁分析与对策建议[J].中国特色社会主义研究，2017(05)：93-97，112.
[2] 张红.论绿色金融政策及其立法路径——兼论作为法理基础的"两型社会"先行先试权[J].财经理论与实践，2010，31(02)：125-128.
[3] 黄滢，刘庆，王敏.地方政府的环境治理决策：基于SO_2减排的面板数据分析[J].世界经济，2016，39(12)：166-188.
[4] 中国人民银行研究局.中国绿色金融发展报告(2018)[M].北京：中国金融出版社，2018.

◇ ◇ 低碳经济背景下我国绿色金融发展研究

　　中国绿色金融政策主要由绿色信贷政策、绿色债券政策、绿色基金政策、绿色保险政策、排污权交易政策五类构成[①]。在绿色信贷政策方面，除了银行开展绿色信贷业务面临风险高、收益低、专业能力不强、信息机制不健全等突出问题外，田智宇、杨宏伟[②]还指出，金融创新能力不足、社会信用体系不健全、利率市场化改革尚未完成等问题，都可能成为制约中国绿色信贷发展的重要因素。在绿色债券政策方面，赵晓英[③]认为在绿色债券的界定、认证等方面，绿色债券政策依然存在改进空间。在绿色基金政策方面，安国俊[④]认为，政府应出台较为详细的政策，以解决绿色投融资领域存在的高风险、低收益、期限错配、信息不对称、产品与工具缺失等问题。绿色保险政策方面，任辉等[⑤]认为，绿色保险领域存在的技术不成熟、成本高、配套法律缺失、企业和政府的认识不足等诸多问题，制约了绿色保险的发展。在排放权交易政策方面，高碳排放生产企业容易出现"搭便车"行为，因此需要制定政策，明晰碳排放权及碳排放权市场交易规则，从而有效实现碳减排目标[⑥]。

　　针对绿色信贷政策的效果，当前研究呈现出截然相反的观点。例如，李程等[⑦]研究发现，绿色信贷政策对商业银行经营绩效存在负效应，表明商业银行开展绿色信贷业务损害了商业银行利益；而马萍等[⑧]的研究则将绿色信贷政策的影响分为两个阶段，认为在短期，绿色信贷政策可能会导致商业银行运营成本上升，但是从长期来看，绿色信贷政策有助于增加商业银行的盈利能力。绿色债券是传统三大绿色金融政策中的支柱政策之一，大力发展绿色债券有助于实现经济增长与结构调整目标。但绿色债券的政策支持体系在一致性、政策内容的全面性以及绿色认证的专业性等方面，依然存在一定的改进空间[⑨]。针对绿色基金政策

[①] 中国人民银行研究局. 中国绿色金融发展报告(2018)[M]. 北京：中国金融出版社，2018.
[②] 田智宇，杨宏伟. 完善绿色财税金融政策的建议[J]. 宏观经济管理，2013(10)：24-26.
[③] 赵晓英. 绿色债券发展制度框架[J]. 中国金融，2016(16)：37-38.
[④] 安国俊. 绿色金融助力绿色经济[J]. 银行家，2017(01)：27.
[⑤] 任辉，周建农. 循环经济与我国绿色保险体系的构建[J]. 国际经贸探索，2010，26(08)：75-80.
[⑥] 雷鹏飞，孟科学. 碳金融市场促进区际碳污染转移规避的机制与路径[J]. 社会科学家，2019(10)：34-41.
[⑦] 李程，白唯，王野，等. 绿色信贷政策如何被商业银行有效执行？——基于演化博弈论和DID模型的研究[J]. 南方金融，2016(01)：47-54.
[⑧] 马萍，姜海峰. 绿色信贷与社会责任——基于商业银行层面的分析[J]. 当代经济管理，2009，31(06)：70-73.
[⑨] 赵晓英. 我国绿色债券的发展现状制约因素及政策建议[J]. 中国城市金融，2016(07)：47-50.

的研究，唐亚晖等[①]认为，现有的政策环境不利于绿色基金发展，绿色基金作为新的融资工具，在市场价值发现和传导机制等方面均有巨大潜力。因此，提高绩效和风险报酬率，是解决绿色基金投资困境的有效路径。吕秀萍等[②]认为，绿色保险作为企业污染事故保险补偿机制，良好的保险生态环境能够促进保险业的健康发展，绿色保险对于经济可持续发展具有重要意义。在排污权交易政策方面，大量研究从多个方面论证了碳排放权交易政策的有效性，例如，黄向岚等[③]研究发现，降低能源消费总量和调整能源消费结构是中国碳排放权交易政策实现环境红利的有效途径。

二、中国绿色金融政策体系的构成

中国绿色金融政策体系主要包含五类绿色金融政策。包括绿色信贷政策、绿色债券政策、绿色基金政策、绿色保险政策以及碳排放权交易政策。

首先，通过梳理文献可以发现，中国绿色金融政策的开端可追溯至1981年，国务院首次提出使用"经济杠杆"调节已经失衡的环境与经济之间的关系，标志着中国绿色金融政策发展历程的开启。其次，在环保部、人民银行等部门的配合下建立起绿色金融政策体系主体部分，标志着中国绿色金融政策发展进入第二阶段。再次，绿色金融政策体系进入完善阶段，处于支柱地位的三大绿色金融政策更加细化，一系列绿色金融新政策的出台，使绿色金融政策体系更加完善，用于开发和推广新能源、循环经济、绿色制造、生态农业等的一系列绿色金融工具被创造出来，引导了企业的绿色发展。绿色金融政策发展处于第三阶段。最后，随着政府在不同领域对绿色金融政策的完善，中国已逐渐建立起以绿色信贷政策、绿色债券政策、绿色保险政策为主体，多类绿色金融政策为补充的绿色金融政策体系。

田智宇、杨宏伟[④]认为，政府出台的一系列绿色金融政策使得绿色金融政策体系逐渐完善，有助于实现节能减排的目标，促进经济发展方式转型。杜莉等[⑤]

---

① 唐亚晖，姚志远，肖茜文. 绿色开放式基金绩效与资金流量关系研究[J]. 经济纵横，2019(08)：116-124.
② 吕秀萍，黄华，程万昕，等. 基于可持续发展的绿色保险研究——一个新的视角[J]. 生产力研究，2011(11)：74-75+78.
③ 黄向岚，张训常，刘晔. 我国碳交易政策实现环境红利了吗？[J]. 经济评论，2018(06)：86-99.
④ 田智宇，杨宏伟. 完善绿色财税金融政策的建议[J]. 宏观经济管理，2013(10)：24-26.
⑤ 杜莉，郑立纯. 我国绿色金融政策体系的效应评价——基于试点运行数据的分析[J]. 清华大学学报（哲学社会科学版），2019，34(01)：173-182，199.

则认为，中国所发展的绿色金融政策，适应中国国情，具有中国特色。

虽然中国绿色金融业已经取得了一定进展，但绿色金融发展依然面临着诸多制约因素，需要制定合理的绿色金融政策，保障绿色金融发挥作用。陈凯[1]指出，政策体系尚不健全，当前绿色金融政策对金融机构激励不足，地方政府推动绿色发展动力不足等问题，是阻碍绿色金融政策难以充分发挥作用的关键因素。杜莉等[2]在研究中提出了与此相类似的观点，认为应当注重绿色金融政策的全面发展，使各项绿色金融政策充分发挥作用。杨淇钧等[3]认为，中国绿色金融相关的法规政策体系还不够健全。以上研究共同表明，绿色金融政策的完善是一项系统性工程，绿色金融政策应当均衡、全面发展。

中国绿色金融政策体系是由简单到复杂、由部分到整体逐步建立起来的。目前，国务院、人民银行、各级政府部门以及绿色金融相关研究文献均指出，中国绿色金融政策主要包含绿色信贷政策、绿色债券政策、绿色保险政策、绿色基金政策以及排污权交易政策五大类绿色金融政策。这些政策共同构成了中国绿色金融政策体系[4][5][6]。

三、绿色金融政策特征

（一）我国绿色金融政策特征

通过前文对中国绿色金融政策的梳理，可以对中国绿色金融政策演进的特征加以总结。

从分类来看中国绿色金融政策是中国各类绿色金融政策的总称，其中包括绿色信贷政策、绿色保险政策、绿色债券政策、绿色发展基金政策、绿色要素市场政策等。不同类型的绿色金融政策主要针对的行业和领域各有不同，其对经济绿色化发展的作用机制也各不相同。

绿色信贷政策是由中国人民银行、银保监会等专司银行类金融机构管理的，

---

[1] 陈凯．绿色金融政策的变迁分析与对策建议[J]．中国特色社会主义研究，2017(05)：93-97，112.
[2] 杜莉，郑立纯．我国绿色金融政策体系的效应评价——基于试点运行数据的分析[J]．清华大学学报（哲学社会科学版），2019，34(01)：173-182，199.
[3] 杨淇钧，任宣羽．我国绿色金融发展过程中的问题及政策措施[J]．改革与战略，2017，33(06)：76-78，96.
[4] 中国人民银行研究局．中国绿色金融发展报告(2018)[M]．北京：中国金融出版社，2018.
[5] 马骏．绿色金融不是"造概念"[J]．支点，2018(01)：19.
[6] 杜莉，郑立纯．中国绿色金融政策质量评价研究[J]．武汉大学学报（哲学社会科学版），2020，73(03)：115-129.

政府部门会同其他部门共同出台的,针对经营信贷类业务金融机构的政策。企业生产事故等通常会引发严重的环境污染与破坏,但保险具有保障性,对于风险防范、灾后重建、损失补偿具有明显效果。所以国务院、银保监会等部门对绿色保险政策十分重视。绿色保险是针对经营保险类业务的金融机构制定的政策。绿色债券政策是政府出台用于促进市场绿色债券发展的一类绿色金融政策,通过发行债券为具有绿色性质的项目筹措资金。绿色PPP模式是绿色发展基金中最具代表性的政策。中国人民银行、财政部等七部委联合印发的《关于构建绿色金融体系的指导意见》指出应当建立绿色发展基金,以政府与社会资本合作的(PPP)模式动员社会资本参与国家绿色发展。碳排放权交易政策是碳金融政策领域和绿色要素市场政策中的一大创新。各级发改委作为中国推动碳金融政策发展的主要部门,出台了碳排放权交易试点政策及其后续电力行业推广政策。该政策的主要特点在于可通过限定行业总体二氧化碳排放量促进行业整体技术升级,淘汰落后产能,从而达到节能减排的目的。

完善的政策支持是绿色金融发展的核心。20世纪80年代起,我国在政策层面就生态环保颁行了相关金融政策。例如,1981年2月,国务院发布《关于在国民经济调整时期加强环境保护工作的决定》,将环境因素正式纳入信贷管理,成为专门针对生态环保工作的金融政策。截至当前,我国已经成为全球首个拥有较为完善的绿色金融政策体系的国家[1],不仅初步确立了"三大功能""五大支柱"的绿色金融发展政策思路[2],而且形成了中央顶层设计全面统筹勾勒绿色金融发展整体框架、国家各部委政策安排制定绿色金融发展具体进路、地方政策因地制宜贯彻落实绿色金融上层规划,即"顶层设计—中间支柱—底层基石"的政策体系架构,这为我国构建绿色金融体系提供了保障,也成为我国推进绿色金融发展并成为绿色金融全球引领者的重要优势。而总体来看,我国绿色金融政策呈现出以下几个特征。

1. 战略化

2012年11月,党的十八大报告中专章阐述了生态文明建设并将其写入党章,这为我国绿色金融政策的推动奠定了战略基础。2015年4月,中共中央、国务院在《关于加快推进生态文明建设的意见》中提出要"健全价格、财税、金融等政策,激励、引导各类主体积极投身生态文明建设"。同年9月,中共中央、

---

[1] 王遥,徐洪峰.中国绿色金融研究报告(2020)[M].北京:中国金融出版社,2020.
[2] 马梅若.绿色金融"三大功能""五大支柱"助力实现"30·60目标"——访全国政协委员、经济委员会副主任、人民银行副行长陈雨露[J].中国金融家,2021(3):31-33.

国务院印发的《生态文明体制改革总体方案》中明确指出"建立绿色金融体系"，这标志着绿色金融正式成为我国的国家战略。之后，在2016年8月发布的《关于构建绿色金融体系的指导意见》中，从国家层面对绿色金融体系做出了总体规划。当前，我国绿色金融不仅从经济政策上升为国家战略，且近年来战略化的程度也在不断提升：一是绿色金融的制度保障从国家政策规定上升至法律约束层面，其主要标志是2021年3月《深圳经济特区绿色金融条例》的正式实施，这是我国首部绿色金融法律法规，也是全球首部规范绿色金融的综合性法案；二是绿色金融的战略目标，从环境保护的单一目标上升到调整经济结构、转变发展方式、培育新经济增长点、提高经济增长潜力等多元目标。

2. 整体化

一方面，遵循绿色发展理念统筹安排绿色金融发展相关政策。绿色发展理念是党对发展规律的科学认识和积极回应，而绿色金融是绿色发展理念在金融领域的具体践行，其相关政策安排均以绿色发展理念为思想指导。另一方面，依据所处阶段统一部署制定绿色金融发展重点任务。我国绿色金融的政策制定内嵌于国家发展整体规划之中，并结合绿色金融发展进程统一部署不同阶段发展重点任务。例如，在连续两个五年规划中，对绿色金融发展做出了不同的阶段性要求。在2016年3月发布的"十三五"规划纲要中，提出要"建立绿色金融体系，发展绿色信贷、绿色债券，设立绿色发展基金"；而在2020年3月发布的"十四五"规划和2035远景目标中，提出要"大力发展绿色金融。健全自然资源有偿使用制度，创新完善自然资源、污水垃圾处理、用水用能等领域价格形成机制"。

3. 协同化

绿色金融政策的制定和实施往往涉及财政、环保及产业等部门，只有多部门联合协同才能减少政策实施过程中部门之间的行政和业务壁垒，从而形成政策合力。特别是一些重大决策的推进，从相关政策起草制定到颁布实施，都需要部门之间的协作。例如，我国绿色金融体系建设最全面的指导性政策文件《关于构建绿色金融体系的指导意见》（2016年8月），是由中国人民银行、财政部、发展改革委、生态环境部、银监会和证监会七部委联合发布，因为其中涉及的内容需要七部门联合开展推动。再如，为促进生态保护者和受益者之间的协调互动关系，国家发展改革委等9部门联合印发《建立市场化、多元化生态保护补偿机制行动计划》（2018年12月）；为提升对民营节能环保企业的绿色金融专业服务水平，国家发展改革委、工业和信息化部发布《营造更好发展环境支持民营节能环保企业健康发展的实施意见》（2020年5月）；为支持可再生能源融资，国家发展改革委、财政部、中国人民银行、银保监会、国家能源局联合发布《关于引导加大金融支持力度促进风电和光伏发电等行业健康有序发展的通知》(2021年3月);为鼓励和规范金融债流向绿色项目,中国人民银行、国家发展改革委、证监会发布《绿色债券支持项目目录(2021年版)》(2021年4月)等。

(二)绿色金融政策体系的阶段性特征

通过前文对中国绿色金融政策的分析,依据政策特点和完善程度,可以将中国绿色金融政策体系发展划分为三个阶段。

绿色金融政策体系萌芽阶段。中国绿色金融政策相对单一,且以原则性、纲领性、指导性文件为主。其中,以国务院提出的以"经济杠杆"治理环境问题这一思想最为符合当今绿色金融核心思想。在此时期中国绿色金融政策体系尚处于萌芽阶段。

绿色金融政策体系初建阶段。中国绿色金融政策中绿色信贷、绿色债券、绿色保险政策先后出台,构成了中国绿色金融政策体系主体框架的三大支柱。中国绿色金融政策体系轮廓初步展现,这一阶段是中国绿色金融政策体系初建期。

绿色金融政策体系完善阶段。在中国绿色金融政策体系中的主体政策得到细化和完善的同时,出现了一批新型绿色金融政策,其中以绿色发展基金、绿色要素市场政策等为代表的绿色金融政策成为绿色金融政策体系的有益补充。中国绿色金融政策体系和构成日渐完善,这一阶段是中国绿色金融政策体系完善期。

(三)绿色金融政策与绿色金融政策体系阶段分析

依据中国绿色金融政策具有的特点,可以将中国国内绿色金融政策完善的整体过程划分为三个阶段,并以此为依据可将中国绿色金融政策体系的完善进程划分为三个阶段与之相对应。第一阶段,环境问题日益凸显,环境保护问题越发受到政府重视,国家首度提出以"经济杠杆"治理环境污染的思想,并出台了多部具有铺垫意义的政策,成为中国绿色金融政策体系的萌芽期;第二阶段,政府认为绿色信贷是发展绿色金融的重点,所以首先完善了有关绿色信贷的政策,在政府意识到绿色保险和绿色债券的重要性后,启动了这两大领域的政策制定工作,自此中国绿色金融政策体系轮廓初步构建;第三阶段,绿色金融是推动国家绿色发展的重要手段,日益受到政府重视并明确提出建立中国绿色金融体系,在此背景下绿色金融政策逐渐丰富,对原有绿色金融政策体系形成了有益补充。

中国的绿色金融实践、理论和政策体系经过不断实践积累得到了完善。但是依然存在着很多制约绿色金融发展的因素。中国绿色金融发展在可持续性上存在缺乏长效发展机制的问题，因此需要通过完善立法、加强引导、强化监管等一系列的手段，形成一套完整的可供企业遵循的绿色金融制度。

三、绿色金融政策内容相关研究

现有绿色金融政策相关研究从不同视角对绿色金融政策进行了研究。一部分学者就构成绿色金融体系的各模块及其发展的政策建议开展了系统性研究。在以绿色信贷政策、绿色债券政策、绿色保险政策为主体框架的绿色金融政策体系初步形成后，相关研究逐渐增加。随着绿色金融体系深入发展，出现了绿色基金、碳排放权交易等新型绿色金融工具，作为传统三大绿色金融工具的有益补充，针对其的研究也逐渐开展起来。

（一）绿色信贷政策相关研究

杜莉等[1]研究发现，采纳"赤道原则"是国际银行业的发展趋势，也是中国国有商业银行发展的内在要求和方向，国有商业银行落实绿色金融政策既是对其软实力的提升，更有助于提升其硬实力；李淑文[2]同样认为发展绿色金融是大势所趋，在其研究中以中国最早遵循"赤道原则"的兴业银行为研究对象，通过分析其内部运行与管理机制得出可供其他银行借鉴的有益经验；杜莉、周津宇[3]提出政府持股比例不同对于金融机构资源配置影响的相关研究较少，通过基于银行业的实证分析发现，大型国有控股商业银行的绿色化水平显著高于一般股份制商业银行，且目前金融机构资源配置具有典型的绿色化倾向，应从满足国有企业开发性需求、投融资需求、风险分散需求等层面优化商业银行的行为；苏冬蔚等[4]对绿色信贷政策中的《绿色信贷指引》政策进行了实证分析，结果表明绿色信贷政策对重污染企业的投融资行为产生了积极影响，且国有企业污染排放下降最为显著；

---

[1] 杜莉,张鑫.绿色金融、社会责任与国有商业银行的行为选择[J].吉林大学社会科学学报,2012,52(05):82-89,160.

[2] 李淑文.低碳发展视域下的绿色金融创新研究——以兴业银行的实践探索为例[J].中国人口·资源与环境,2016,26(S1):14-16.

[3] 杜莉,周津宇.政府持股比例与金融机构资源配置的"绿色化"——基于银行业的研究[J].武汉大学学报(哲学社会科学版),2018,71(03):107-116.

[4] 苏冬蔚,连莉莉.绿色信贷是否影响重污染企业的投融资行为?[J].金融研究,2018(12):123-137.

张晨、董晓君[1]实证分析了 2011—2016 年中国 10 家商业银行数据，结果发现绿色信贷与银行绩效之间存在倒 U 形关系，随着绿色信贷占比的提升，银行绩效会出现先上升中间稳定最后下降的趋势；廖筠等[2]实证研究了 2008 至 2017 年中国十间银行公开数据，发现绿色信贷对银行经营效率有长期显著的正向促进作用，且这种促进作用在短时间内会逐渐增大，长期将趋于平稳。

(二) 绿色债券政策相关研究

曹明弟[3]指出，2016—2017 年中国绿色债券发债总量快速提升，引领世界绿色债券发行规模屡创新高，其研究认为开发银行的柜台债发债形式拓宽了公众参与绿色投资的渠道，并且指出绿色金融发展一方面有助于产业机构调整推动可持续发展，另一方面有助于资源优化配置实现节能减排的目标；陈淡泞[4]使用事件研究法剖析 2016 至 2017 年中国上市公司因发行绿色债券而引起的短期市场效应，并认为绿色债券对于发行方具有积极影响，通过研究可以发现绿色债券受到市场广泛认可，从而得出了绿色债券市场具有广阔前景的结论。

(三) 绿色基金政策相关研究

蓝虹等[5]认为 PPP 模式在环保领域的应用是一大突破，但急需通过制度设计解决经验少、融资难、周期长这三大难题；在此研究的基础之上，危平等[6]从绿色基金着手研究中国资本市场对绿色投资的认可程度，结果表明中国绿色基金的投资表现要显著低于市场平均水平，且绿色基金投资者的收益敏感性不高，从而证实了蓝虹等[7]的观点。

(四) 绿色保险政策相关研究

任辉等[8]分析了绿色保险对于循环经济的作用，指出当前绿色保险行业依然

---

[1] 张晨，董晓君. 绿色信贷对银行绩效的动态影响——兼论互联网金融的调节效应[J]. 金融经济学研究，2018, 33(06): 56-66.
[2] 廖筠，胡伟娟，杨丹丹. 绿色信贷对银行经营效率影响的动态分析——基于面板 VAR 模型[J]. 财经论丛，2019(02): 57-64.
[3] 曹明弟. 发展态势良好的绿色金融体系[J]. 中国科技论坛，2018(04): 1-2.
[4] 陈淡泞. 中国上市公司绿色债券发行的股价效应[J]. 山西财经大学学报，2018, 40(S2): 35-38.
[5] 蓝虹，任子平. 建构以 PPP 环保产业基金为基础的绿色金融创新体系[J]. 环境保护，2015, 43(08): 27-32.
[6] 危平，舒浩. 中国资本市场对绿色投资认可吗？——基于绿色基金的分析[J]. 财经研究，2018, 44(05): 23-35.
[7] 蓝虹，任子平. 建构以 PPP 环保产业基金为基础的绿色金融创新体系[J]. 环境保护，2015, 43(08): 27-32.
[8] 任辉，周建农. 循环经济与我国绿色保险体系的构建[J]. 国际经贸探索，2010, 26(08): 75-80.

存在大量问题亟待解决，提出发展好绿色保险业对于中国建立循环经济发展有重要作用，并从法律、模式、理念等角度为更好建立绿色保险制度提出政策建议；卓志等[1]使用博弈论原理构建了政府、保险公司和消费者三方演化博弈模型，并得出政府的补贴力度、保险公司的溢出效应、消费者自行投入的减灾成本以及消费者的风险感知都是影响巨灾保险市场均衡的重要因素；肖攀等[2]基于2000－2011年中国31个省份的面板数据研究发现，中央财政农业保险补贴政策对于增加粮食产量与改变粮食生产结构具有显著影响。

（五）碳排放权政策相关研究

关于碳排放权交易方面的研究有：杜莉等[3]在深入研究国外和国内碳排放权交易政策后发现，当前中国碳排放权交易市场依然存在地区发展不均衡、地区政策差异大、缺乏奖惩机制等问题。针对碳排放权交易市场存在的问题，在构建全国统一碳排放权交易市场过程中有关政策要做到取长补短、科学设计、阶段发展和管控价格，以后发优势构建高质量的统一碳排放权交易体系。刘海英等[4]认为理论上用能权交易与碳排放权交易可以降低二氧化碳排放，两项政策同时实施有助于绿色发展，但也会出现相互掣肘的状况。刘传明等[5]以及杜莉等[6]的研究以碳排放权交易试点政策为切入点，实证分析了该政策对地区二氧化碳排放量的影响，发现试点地区二氧化碳排放上升趋势相较于非试点地区出现了显著的减少。

（六）其他绿色金融政策相关研究

陈凯[7]认为中国绿色金融政策发展可以分为三阶段，并根据发展过程中存在的不足，从法律保障、激励政策、政府推动三个方面加以解决。随后，王凤荣

---

[1] 卓志，邝启宇．巨灾保险市场演化博弈均衡及其影响因素分析——基于风险感知和前景理论的视角[J]．金融研究，2014(03)：194-206．

[2] 苏静，肖攀，阎晓萌．社会资本与农村金融对农户家庭多维贫困转化的影响研究——基于CFPS微观面板数据的分析[J]．经济问题，2019(09)：73-80．

[3] 杜莉，万方．中国统一碳排放权交易体系及其供需机制构建[J]．社会科学战线，2017(06)：86-93．

[4] 刘海英，王钰．用能权与碳排放权可交易政策组合下的经济红利效应[J]．中国人口·资源与环境，2019，29(05)：1-10．

[5] 刘明明，孙喆，张瑾．中国碳排放权交易试点的碳减排政策效应研究[J]．中国人口·资源与环境，2019，29(11)：49-58．

[6] 杜莉，郑立纯．我国绿色金融政策体系的效应评价——基于试点运行数据的分析[J]．清华大学学报(哲学社会科学版)，2019，34(01)：173-182，199．

[7] 陈凯．绿色金融政策的变迁分析与对策建议[J]．中国特色社会主义研究，2017(05)：93-97，112．

等[1]基于2010—2015年中国制造业上市企业数据进行研究,发现政府制定的绿色金融政策依然存在不足,在当前的绿色金融政策指导下尚未构建起完善的绿色金融市场,绿色财政政策效果十分有限,而且绿色监管政策的缺失抑制了金融发展对绿色金融配置效率的正向作用。

宋晓玲[2]通过对于西方银行业绿色金融政策的研究,并结合中国实际国情提出了针对性的政策建议。李溪[3]对国外绿色金融政策进行研究,通过分析国外成功经验,将其合理部分用于指导国内绿色金融政策制定。

绿色金融政策对污染物排放趋势影响的相关研究文献中,王印红[4]、赵细康[5]、任力[6]、祝志勇[7]等学者将环境库兹涅茨曲线假说与中国实际相结合,从不同角度出发,认为中国经济增长与环境、能源、污染物排放等多种因素都呈现出倒U型关系。林伯强等[8],厉以宁[9]学者的研究均认为中国二氧化碳排放与经济增长呈倒U形关系,从而为本研究使用环境库兹涅茨曲线探讨绿色金融政策质量提供了主要依据。

四、绿色金融政策效果研究

绿色金融政策效应相关的文献相对较少,且集中于特定政策或特定领域。其中,丁杰[10]将双重差分法引入到对绿色信贷政策有效性的研究中,证明了绿色信贷抑制了重污染企业的信贷融资。夏少敏[11]、李勋[12]、剧宇宏[13]等人的研究充分认

---

[1] 王凤荣,王康仕."绿色"政策与绿色金融配置效率——基于中国制造业上市公司的实证研究[J].财经科学,2018(05):1-14.
[2] 宋晓玲.西方银行业绿色金融政策:共同规则与差别实践[J].经济问题探索,2013(01):170-174.
[3] 李溪.国外绿色金融政策及其借鉴[J].苏州大学学报(哲学社会科学版),2011,32(06):134-137.
[4] 王印红.中国海洋环境拐点估算研究[J].中国人口·资源与环境,2018,28(08):87-94.
[5] 赵细康.关于海洋旅游与休闲渔业发展两点思考[J].新经济,2018(08):25-27.
[6] 任力,朱东波.中国金融发展是绿色的吗——兼论中国环境库兹涅茨曲线假说[J].经济学动态,2017(11):58-73.
[7] 祝志勇,幸汉龙.环境规制与中国粮食产量关系的研究——基于环境库兹涅茨倒U型曲线[J].云南财经大学学报,2017,33(04):64-72.
[8] 林伯强,蒋竺均.中国二氧化碳的环境库兹涅茨曲线预测及影响因素分析[J].管理世界,2009(04):27-36.
[9] 厉以宁,朱善利,罗来军,等.低碳发展作为宏观经济目标的理论探讨——基于中国情形[J].管理世界,2017(06):1-8.
[10] 丁杰.绿色信贷政策、信贷资源配置与企业策略性反应[J].经济评论,2019(04):62-75.
[11] 夏少敏.论绿色信贷政策的法律化[J].法学杂志,2008(04):55-58.
[12] 李勋.发展绿色金融的法律研究[J].兰州学刊,2009(08):141-146.
[13] 剧宇宏,赵园园.绿色经济与绿色金融法律制度创新[C].生态文明与环境资源法——2009年全国环境资源法学研讨会(年会)论文集,2009:104-108.

识到绿色金融政策对解决环境问题的重要性,所以提出应当尽快立法,以法律的形式为其提供支撑和保障。杜莉等[①]等研究通过双重差分法分析碳排放权交易试点政策及其效应,该方法的特点在于适用于分析单一政策尤其是适用于试点政策效应的分析。此外,暴方圆[②]认为商业银行落实绿色金融政策对中国发展具有重要价值,并指出了商业银行在落实绿色金融政策过程中可能存在的风险,从而提出在管理层面加强制度建设等对策建议。孟科学等[③]认为,商业银行管理层的管理者年龄、性别、学历、任期、薪酬、持股六大因素可能对于银行业绿色信贷业务产生影响,并且基于16家上市商业银行公开公布的数据,通过面板数据模型进行实证分析,得出目前中国商业银行薪酬设计方式是阻碍中国银行业落实绿色信贷政策的重要因素。

此外,也有少数学者就绿色金融政策质量进行了相关研究。例如,王凤荣、王康仕[④]认为,正是由于有高质量的绿色信贷政策,才使得金融配置效率得到了提高。龚玉霞等[⑤]认为,绿色债券取得的全方面发展正是由于有较高质量绿色债券政策的大力支持。孙穗[⑥]认为,绿色基金政策对于促进绿色PPP发展起到了一定作用,但依然存在较多问题,需要通过完善绿色基金政策加以改善。方悦[⑦]认为,中国绿色保险依然处于起步阶段,需要通过政策倾斜促进绿色保险发展。杜莉、郑立纯(2019)[⑧]通过实证研究发现,碳排放权交易政策对于减少二氧化碳排放起到了显著作用。绿色信贷政策、绿色债券政策、绿色基金政策、绿色保险政策以及碳排放权交易政策是绿色金融政策体系中最为重要的五类政策。在发展过程中由于各种因素造成了绿色金融政策发展失衡,因此有必要继续完善各类绿色金融政策,使其更好地发挥此类金融工具所具有的优势。

[①] 杜莉,郑立纯. 我国绿色金融政策体系的效应评价——基于试点运行数据的分析[J]. 清华大学学报(哲学社会科学版),2019,34(01):173-182,199.

[②] 暴方圆. 商业银行绿色金融实施的管理者效应与政策启示[J]. 现代商业,2018(33):67-68.

[③] 雷鹏飞,孟科学. 碳金融市场促进区际碳污染转移规避的机制与路径[J]. 社会科学家,2019(10):34-41.

[④] 王凤荣,王康仕."绿色"政策与绿色金融配置效率——基于中国制造业上市公司的实证研究[J]. 财经科学,2018(05):1-14.

[⑤] 龚玉霞,滕秀仪,赛尔沃,等. 绿色债券发展及其定价研究——基于二叉树模型分析[J]. 价格理论与实践,2018(07):79-82.

[⑥] 孙穗. 基于绿色金融视角的PPP模式融资创新研究[J]. 技术经济与管理研究,2019(05):81-85.

[⑦] 方悦. 完善我国环境污染责任保险制度的对策[J]. 经济纵横,2016(03):97-100.

[⑧] 杜莉,郑立纯. 我国绿色金融政策体系的效应评价——基于试点运行数据的分析[J]. 清华大学学报(哲学社会科学版),2019,34(01):173-182,199.

第二节　我国绿色金融政策的理论基础

一、外部性问题

单独的经济单位从其经济行为中产生的私人成本和私人利益可能并不等同于该经济行为造成的社会成本和社会利益，某个个体的经济活动给社会其他成员带来好处，但自己却未得到补偿，个体所获得的私人利益要小于这项经济活动产生的社会利益，称为外部经济。相反，某个个体的经济活动给社会其他成员带来危害，但自己却未付出成本，个体经济活动的私人成本要大于这项经济活动的社会成本，称为外部不经济。

二、庇古税

环境污染这种负外部性的存在，造成了环境资源配置的低效率与不公平，这促使人们去设计一种制度规则校正这种外部性，使外部性内部化。

按照庇古的观点，市场配置资源失效的原因是经济当事人的私人成本与社会成本不一致，私人的最优非社会的最优。因此，纠正外部性的方案是政府通过征税或者补贴矫正经济当事人的私人成本和私人收益。只要政府采取措施使得私人成本和私人利益与相应的社会成本和社会利益相等，则资源配置就可以达到帕累托最优状态。这种纠正外在性的方法也称为"庇古税"方案。

三、环境库兹涅茨假说

库兹涅茨曲线（Kuznets curve），最初由美国经济学家西蒙·史密斯·库兹涅茨（Simon Smith Kuznets）于1955年提出的，原本是用于研究收入分配状况与经济发展之间关系的理论（金寄石[①]）。经格罗斯曼（Grossman）等学者研究和发展，逐渐形成环境库兹涅茨曲线（Environmental Kuznets Curve，EKC）假说，成为当前用于分析经济发展与环境质量关系的重要工具。EKC假说通常情况下以人均经济发展和人均污染物排放、环境破坏程度或资源消耗为研究对象，并认为存在随着经济增长，污染物排放、环境破坏程度与资源消耗等呈现出先增加后稳定、最后下降的阶段性特征。

---

① 金寄石．西蒙·史密斯·库兹涅茨[J]．世界经济，1979(08)：76-77．

环境库兹涅茨假说是由格罗斯曼将库兹涅茨提出的库兹涅茨曲线进行推理和研究而得出的,国外一些学者均证实了经济增长与能源强度呈现倒 U 形关系;厉以宁等[1]及众多学者的研究将环境库兹涅茨曲线假说与中国实际相结合,从不同角度出发,认为中国经济增长与环境、能源、污染物、二氧化碳排放等多种因素都呈现倒 U 形关系。

第三节 我国绿色金融政策体系的发展

中国绿色金融政策体系是随着绿色金融政策的完善而逐渐建立起来的。它经历了一个由点到面、由部分到整体逐步完善的过程。其建立过程几乎与中国改革开放的伟大实践是同步的,对平衡经济发展与环境保护间的关系起到了重要作用。随着对绿色经济发展了解的不断深入,中国政府在改革和试验中持续提高政策的完善程度,已逐步建立起由绿色信贷政策、绿色债券政策、绿色基金政策、绿色保险政策和碳排放权交易政策为主的绿色金融政策体系。尽管绿色金融政策体系日趋完善,但在绿色金融快速发展的过程中仍然存在诸多问题,亟待从完善政策等方面进行系统性改革(饶淑玲等[2])。如何更好地以绿色金融政策促进绿色金融发展,已经成为金融研究领域持续关注的焦点。根据中国绿色金融政策完善程度,以及政府对环境保护问题认识的深入程度,本研究将中国国内绿色金融政策体系的演化过程分为三个阶段,包括绿色金融政策萌芽阶段、绿色金融政策初建阶段、绿色金融政策完善阶段。此外,在国际层面,中国政府部门经过长期实践积累,逐渐开启了绿色金融政策国际合作(杜莉等[3])。

中国政府在实践中意识到经济建设与环境保护间的关系失衡,因此提出以"经济杠杆"治理环境污染的工作思路。中国绿色金融政策在探索中发展,这一阶段也是中国绿色金融政策体系的萌芽阶段。

建立绿色金融政策体系第二阶段的重点是以优化信贷资源配置引导企业绿色发展。在这一阶段,多类型绿色金融政策陆续出台,为绿色金融体系主体框架的形成奠定了基础,使得绿色发展理念初步确立。中国绿色金融政策主体已经确

---

[1] 厉以宁,朱善利,罗来军,等. 低碳发展作为宏观经济目标的理论探讨——基于中国情形[J]. 管理世界,2017(06):1-8.

[2] 饶淑玲,陈迎,马骏. 纵深发展绿色金融[J]. 中国金融,2018(18):55-56.

[3] 杜莉,郑立纯. 我国绿色金融政策体系的效应评价——基于试点运行数据的分析[J]. 清华大学学报(哲学社会科学版),2019,34(01):173-182,199.

立,这一阶段也是中国绿色金融政策体系的初建阶段。

当前一段时期是建立绿色金融政策体系的第三阶段,中国政府深刻认识到绿色金融在可持续发展中的重要意义。继续完善绿色金融行业的相关政策,以绿色信贷政策、绿色债券政策、绿色保险政策为主体,以绿色发展基金政策、排污权交易政策等绿色金融政策为辅助的绿色金融政策体系已经建立起来,进而中国政府开启了以完善中国现有绿色金融政策和工具为中心的绿色发展工作。中国绿色发展理念自上而下逐渐推广,逐渐深入人心,中国绿色金融政策日趋完善,这一阶段也是中国绿色金融政策体系的完善阶段。

此外,中国绿色金融政策发展出现了国际合作新趋势。例如2016年二十国集团领导人杭州峰会的召开,在中国的倡议下将绿色发展理念融入G20议程并获得通过,这也标志着中国在兼顾国内绿色发展的同时,也在双边、多边合作机制和框架下积极引领世界绿色发展,为世界经济绿色化发展贡献中国力量。此次杭州G20会议所提出的绿色发展理念深刻地影响了后续的G20会议。绿色发展理念在此后的数次G20会议中都得到了肯定和提倡。

一、绿色金融政策及体系萌芽阶段

中国绿色金融政策及体系的萌芽阶段为1981至1994年。在此期间,环境问题日益突出,环境保护问题越发受到政府重视。国务院于1981年制定了首份具有绿色金融思想的文件,即《国务院关于在国民经济调整时期加强环境保护工作的决定》(以下简称《决定》),《决定》明确提出推动节能减排和环境保护工作应借助经济手段,利用"经济杠杆"促使企业主动治理污染,提高资源利用率,从而达到合理开发和利用自然资源,保护好人民赖以生存的环境的目的,为中国可持续发展、经济繁荣提供物质保障。

1984年,国务院等部门根据《国务院关于在国民经济调整时期加强环境保护工作的决定》联合发布《关于环境保护资金渠道的规定的通知》,明确环境保护资金八大来源,从而为有效解决污染治理、废物处理、环境保护、维修改建、技术研发等问题提供物质保障。

这一时期是中国绿色金融政策发展的初级阶段。在此阶段,中国绿色金融政策尚处于探索当中。政府在意识到环境问题的同时,也充分认识到解决环境问题决不可只依靠国家财政的力量,由此国务院创造性地提出利用"经济杠杆"解决环境问题的指导思想。但是对于中国未来绿色金融发展方式,乃至污染治理模式,尚存在着路径方案不明确、目标较为模糊等问题,并且政策文件多以原则性和纲领性文件为主,缺少具体措施和有效的行动。由于这一时期中国环境问题并未成为制约经济发展的重要因素,因此相关文件的落实并未成为政府工作的重点,但需要说明的是,任何事物的发展都需要循序渐进的过程,遵照利用"经济杠杆"解决环境问题这一思想,中国将在实践中逐渐探索发展模式和发展方向。

二、绿色金融政策及体系初建阶段

中国绿色金融政策及体系的初建阶段为1995—2011年。政府出台绿色金融政策,通过金融优化资源配置治理环境污染问题,为构建中国绿色金融体系积累经验。

1995年,根据《中华人民共和国环境保护法》和《信贷资金管理暂行办法》两份文件所做出的有关规定,为进一步通过信贷政策促进环境保护工作,央行在绿色金融领域率先发布《关于贯彻信贷政策与加强环境保护工作有关问题的通知》,(以下简称《通知》)。《通知》要求,各级金融部门在提供信贷过程中需要重视资源保护、生态环境、污染防治等问题,做到贷前严格把关、贷中严格管理、贷后严格审查,以促进经济建设和环境保护事业两者协调发展。中国人民银行所下发的《关于贯彻信贷政策与加强环境保护工作有关问题的通知》这一重要文件,其关于绿色金融发展的指导思想在同时期十分先进,较西方国家提出"赤道原则"雏形早7年。

1995年,为配合各级金融部门充分运用信贷政策实现环境保护,国家环境保护总局下发《关于运用信贷政策促进环境保护工作的通知》,(以下简称《通知》)。《通知》要求,将《环境影响报告》向当地人民银行和有关金融机构通报,这一制度有助于金融机构在做出决策前获得专业、准确的环境影响信息,兼顾环境保护与发展需要。

2001年,证监会制定的《公开发行证券的公司信息披露内容与格式准则第9号——首次公开发行股票并上市申请文件》,对于污染较重的企业通过二级市场融资提出环保要求。企业在融资前需先得到省级环保部门的确认文件,且募集的资金应用于符合环保要求的项目。同年,国家环境保护总局根据证监会文件要求,发布《国家环境保护总局关于做好上市公司环保情况核查工作的通知》。该通知针对地方环保部门做好上市公司的环保情况核查工作提出了具体要求,避免上市公司不合理使用所募集的资金,进而导致因环境破坏所带来的市场风险,从而切实保障投资者的合法权益。

2004年,国家发展和改革委员会、科学技术部、外交部根据中国政府批准的《联合国气候变化框架公约》和核准的《京都议定书》做出的规定，同时立足于中国基本国情，在兼顾清洁发展和权益维护的前提下，为实现相关项目有序开展，共同制定了《清洁发展机制项目运行管理暂行办法》，（以下简称《暂行办法》）。《暂行办法》要求发展清洁能源项目时必须符合中国法律法规以及可持续发展战略，并有助于国民经济和社会发展。

2005年，国家发展和改革委员会、科学技术部、外交部连同财政部共同制定《清洁发展机制项目运行管理办法》，废止《暂行办法》。新《办法》相较于《暂行办法》在内容上做出两处修改（第十五条和第二十四条），对清洁项目所产生的减排量及其产生的收益分配规则进行了明确规定。

党的十六大后，保险业改革进展明显，为更好发挥保险业促进社会主义和谐社会建设的作用，国务院于2006年正式发布《国务院关于保险业改革发展的若干意见》。该意见提出，发展环境污染保险应采取先试点、后推广的方式，积极推动环境污染责任保险业务在实践中逐步得到完善。环境污染责任保险具有降低企业风险、保护第三方权益与减轻政府负担的作用。

气候变化问题举世瞩目，归根结底是发展的问题。中国目前是世界上最大的发展中国家，同时作为一个积极承担国际责任的负责任大国，中国致力于同世界各国一道，共同保护气候系统、应对气候变化。2007年6月，国家发展和改革委员会会同有关部门制定《中国应对气候变化国家方案》。《方案》主要涉及中国在应对气候变化问题中的原则立场等五大部分内容，文件虽未明确提及绿色金融，但通过金融助推环境保护等事业发展的绿色金融的思想已逐渐清晰。《方案》认为，应当加大对节能产品的政府购买力度，对节能环保、资源节约型项目提供资金、补贴、贴息或政策等方面的支持。

2007年7月，为更好地落实《国务院关于落实科学发展观加强环境保护的决定》和《国务院关于印发节能减排综合性工作方案的通知》的相关要求，经过国家环境保护总局、中国人民银行与中国银行业监督管理委员会三个部门的研究后，联合发布了《关于落实环保政策法规防范信贷风险的意见》，通过严格信贷环保要求，促进企业减少污染物排放。《意见》指出，利用信贷保护环境具有重要意义。

2007年11月，为配合国家节能减排战略，通过调整和优化信贷结构，中国银行业监督管理委员会出台《节能减排授信工作指导意见》，明确授信政策有关细节。《意见》提出一方面要大力支持节能减排项目，另一方面不得为国家政策明确要求淘汰的高耗能、高污染的行业提供信贷支持。《意见》要求，要制定措施确保收回在落后产能行业已投放的信贷，通过控制信贷达到推动节能减排项目快速发展和加速落后高污染产能退出的目的。

2007年12月，在国务院先后出台《国务院关于落实科学发展观加强环境保护的决定》《国务院关于保险业改革发展的若干意见》《关于印发节能减排综合性工作方案的通知》三份文件。为落实相关精神和加快环境污染责任保险制度的建立健全，国家环境保护总局制定《关于环境污染责任保险工作的指导意见》（以下简称《意见》）。《意见》强调充分肯定环境污染责任保险对于社会的重大意义，并提出推动环境保险发展应依靠政府推动，注重市场运作的原则，坚持抓住重点、由易到难、加强监管、稳健经营、合作共赢、互利互惠等指导思想，从而为2015年在全国范围内推广环境污染责任保险发挥了积极作用。

2008年1月，绿色信贷受到国家多部门重视。国务院、中国人民银行等部门均提出发展绿色信贷。在此背景下，《绿色信贷指南》（以下简称《指南》）在国家环保总局与世行国际金融公司共同合作下应运而生。《指南》以中国国情为基础进行制定，适于为深化绿色信贷在中国良性发展提供保障。同年2月，绿色证券试点工作快速开展，政府部门希望通过更为绿色的直接融资减少环境污染。

2008年2月，上市公司对环境保护工作的重要影响逐渐受到政府高度重视。国务院、证监会等部门均提出，有必要加强上市公司环境信息披露、加强上市公司环保核查的相关要求。因此，国家环境保护总局发布《关于加强上市公司环境保护监督管理工作的指导意见》（以下简称《意见》）。《意见》在完善环保核查制度、探索环境信息披露机制、开展上市公司环境绩效评估研究与试点、加强对上市公司的环境监督与检查力度等方面提出了具体要求，并明确提出政府在引导上市公司履行社会责任方面要发挥积极作用，给众多的中小企业起到表率作用。

2010年3月，环境保护部连同世行国际金融公司经过两年的合作研究，取得了丰硕的成果。《促进绿色信贷的国际经验：赤道原则及IFC绩效标准与指南》一书是该合作项目早期成果之一。该书详细介绍了"赤道原则"的内涵，解释了社会和环境可持续性的绩效标准，并制作出六十二个行业在融资过程中需要考察的标准，其中包含对环境、社会、多样性等众多方面产生的影响。

2011年8月，国家发展和改革委员会、科学技术部、外交部、财政部共同发布《清洁发展机制项目运行管理办法（修订）》，并废止了《清洁发展机制项目运行管理办法》。此次修订是对本管理办法的第二次完善，明确了各机构权责及办事流程。首先由项目审核理事会负责项目审核，待审核后将审核意见提交到国家发展和改革委；随后国家发展和改革委负责清洁发展机制项目的审批、监管以及领导其他相关业务的具体实施。

2010年环境保护部环境与经济政策研究中心发布的《中国绿色信贷发展报告(2010)》显示,企业环境数据无法实时共享是阻碍绿色信贷政策广泛实施的根源。基于此,2011年9月,环境保护部环境与经济政策研究中心联合中国人民银行和中国银监会共同进行基于证据的绿色信贷政策评估的研究工作,重点工作包括:建立可供商业银行实时查询的企业环境绩效数据库,并监测相关商业银行的环境绩效;在积累数据的过程中发现问题并逐一解决,逐步建立适用于中国国情的绿色信贷政策体系。

2011年10月,国家发改委向北京市、天津市、上海市、重庆市、广东省、湖北省、深圳市发展改革委下发《国家发展改革委办公厅关于开展碳排放权交易试点工作的通知》(以下简称《通知》),这也是中国绿色要素市场政策的典型代表。为了建立中国统一碳排放交易市场,《通知》决定设置七个各自独立的碳排放权交易试点,通过试点的方式积累有益经验,为后续工作做好前期准备。

2011年11月,按照"十二五"以及国务院关于节能减排、环境保护的相关要求,环境保护部印发《"十二五"全国环境保护法规和环境经济政策建设规划》。该规划提出,要积极探索绿色金融、排污权有偿使用和交易等一系列环境经济政策经验,科学评价政策实施效果,并将经过实践检验的环境经济政策上升为法律法规。

中国经济发展进入快车道,经济发展的同时,随之而来的环境问题、污染问题、能源问题等社会问题日渐凸显,成为制约中国发展的瓶颈。众多社会问题日益显现,中国经济发展过程当中的不可持续性因素一一暴露出来。虽然这一时期中国政府更加重视环境问题,以多部门分别或联合出台文件配合环境保护部为特点,从顶层设计的高度加以规划,多角度共同治理环境污染,却始终只能在单一或部分领域采取一些效果有限的行动,并未对中国环境状况产生实质性影响。需要注意的是,建立中国绿色金融政策体系作为一项系统性工程,需要在通过实践探索和加深认识的基础上,逐步建立起通过金融支持绿色发展的新模式。

三、绿色金融政策及体系完善阶段

中国绿色金融政策体系的完善阶段为2012年至今。在这一阶段,政府更加重视并明确提出要建立中国绿色金融体系,在此背景下绿色金融产品类型逐渐多样化、完善化。

2012年2月,按照"十二五"规划及国务院相关指数,中国银监会制定《绿色信贷指引》。《绿色信贷指引》要求,银行业金融机构重视绿色信贷,并将其提升到战略高度，以优化信贷结构促使发展结构转变。

在全面建设小康社会的同时，要抓紧生态文明建设不放松。2012年11月，党的十八大提出发展要实现绿色、循环、低碳，将节能环保绿色发展理念融入空间、产业、生产、生活当中，从而使之发生根本改变，表明应将环境保护工作落实到生产生活中的每个环节，让节能环保、绿色发展理念不仅融入企业发展，改变整体产业结构，更要融入民众的日常生活当中，从人的思想上进行转变，使之生产生活方式同样符合节能环保、绿色发展理念。

2013年12月，在国务院对于环境保护工作以及社会信用体系建设提出要求的背景下，环境保护部、国家发展和改革委、人民银行以及银监会共同制定《企业环境信用评价办法（试行）》（以下简称《办法》）。《办法》明确提出，要建立环境保护的"守信奖励和失信惩戒"制度，并制定出一套详尽的评价与管理办法，为污染排放企业、金融机构、政府管理部门提供一套可供具体执行和参考的评价办法。这套评价办法出台的意义在于，通过将污染排放量化、评价制度化、流程标准化，从而给予企业公平的评级。在此基础上，一方面通过政策性奖励与惩罚措施影响企业，另一方面该评级将直接影响商业银行为不同企业提供信贷的意愿，从而达到通过金融调控企业污染物排放的问题。

2014年4月，全国人民代表大会审议通过《中华人民共和国环境保护法》。制定本法律的主要目的包括推进生态文明建设，促进经济社会可持续发展。可持续发展的前提是建设良好的生态文明，良好的生态文明有助于促进经济高质高速发展，两者相互影响不可分割；同时，经济发展所取得的成果应当用于更好地改善环境，两者互为促进关系。此次通过的《中华人民共和国环境保护法》刚好反映出"我们既要绿水青山，也要金山银山。宁要绿水青山，不要金山银山，绿水青山就是金山银山"这一重要论断。这一指导思想通过新环境保护法融入人民群众的日常生活当中，成为公民共同遵守的行为准则之一。

2014年6月，为贯彻国务院"十二五"期间对于节能减排与环境保护的要求，并落实《绿色信贷指引》有关规定，中国银监会办公厅制定《绿色信贷实施情况关键评价指标》。该指标是专门为银行业金融机构量身定做的评价体系。该指标要求各机构内部开展全面绿色信贷自评价。通过相关评价指标可以发现，银监会要求将绿色信贷融入银行业金融机构的发展战略当中，包括内部各级管理层中专门设立绿色信贷负责人；各机构根据国家环保法律法规、产业政策、行业准入政策等规定，在内部制定支持绿色信贷发展的具体措施。此外，在绿色信贷落实方面，银监会对银行业金融机构做到尽职调查、合规审查、授信审批、合同管理、贷后管理等流程都做出详细要求，并且明确给出"两高一剩"参考目录，通过测算"两高一剩"行业贷款额与节能环保项目贷款额占总贷款额比例、增减趋势等定量评价指标，评价银行业金融机构绿色信贷发展程度，以达到促进银行业金融机构信贷发放整体向绿色信贷倾斜的目的。

在这一阶段，绿色发展基金中的PPP模式逐渐受到重视并发展起来。2014年12月，财政部、发改委等部门陆续出台多份引导绿色PPP模式发展的文件，包括《政府和社会资本合作模式操作指南（试行）》《发展改革委关于开展政府和社会资本合作的指导意见》《关于政府和社会资本合作示范项目实施有关问题的通知》等。从目前的PPP模式取得的成果来看，主要集中在环保类PPP项目，其中又以水污染治理和水环境综合治理为主，配合"水十条"、河长制等政策强力推进。根据环保部统计，截至2017年，长江经济带沿线11个省市490个饮用水水源地95%的环境违法问题已完成整改，全国地表水国控断面Ⅰ-Ⅲ类水体比例，增加到67.8%，大江大河干流水质稳步改善。

2015年4月，《中共中央、国务院关于加快推进生态文明建设的意见》正式发布。在推广绿色信贷方面，支持符合条件的项目通过资本市场融资；探索排污权抵押等融资模式；以环境污染责任保险试点工作所取得的经验为基础，研究建立巨灾保险制度。该意见中所提出的绿色信贷、绿色债券、环境保险金融项目等都在实践中得到检验，并发展成为中国绿色金融体系的主要组成部分。

通过金融引导企业绿色发展的思想意识经过34年的探索和实践检验逐渐落实成为各项具体政策。2015年9月，为了使中国生态文明制度体系更为系统、完整、协调，中共中央、国务院设计中国首套《生态文明体制改革总体方案》（以下简称《方案》）。《方案》首次明确提出了"建立我国的绿色金融体系"。同时，明确肯定了绿色信贷的作用，并提出以财政贴息的方式扶持绿色信贷发展，并鼓励发展其他配套辅助工作。

2015年12月，在绿色债券发行量大幅度增长的背景下，为更好地规范绿色债券市场促进其良性发展，中国人民银行发布《银行间债券市场发行绿色金融债券有关事宜的公告》及《绿色债券支持项目目录》（以下简称《目录》）。《目录》将绿色债券分为节能、污染防治、资源节约与循环利用、清洁交通、清洁能源、生态保护和适应气候变化六大方面，在逐一细化的基础上，配合说明或界定条件、对国民经济行业分类名称和代码及备注进行详细说明。这样一来就将原本较为模糊的绿色债券进行明确界定，为银行间债券市场发行绿色金融债券提供可供参考的绿色产业项目范围。当月，国家发展和改革委员会办公厅发布《绿色债券发行指引》，明确指出绿色信贷适用范围和支持重点、审核要求、相关政策等具体细节。中国绿色债券发行制度得到完善。

2016年3月，《中华人民共和国国民经济和社会发展第十三个五年规划纲要》正式发布，绿色信贷、绿色债券、绿色发展基金正式被确立为中国绿色金融体系的主体。

2016年3月至4月，上交所、深交所先后发布《关于开展绿色公司债券试点的通知》和《关于开展绿色公司债券业务试点的通知》，指出绿色公司债券是指募集的资金用于支持绿色产业的公司债券，并对发行的流程和监管做出规定。

2016年8月，中国人民银行、财政部等七部委联合印发《关于构建绿色金融体系的指导意见》（以下简称《意见》）。《意见》指出绿色金融体系是通过绿色信贷、绿色债券、绿色股票指数和相关产品、绿色发展基金、绿色保险、碳金融等金融工具和相关政策，支持经济向绿色化转型的制度安排。《意见》首次明确定义中国绿色金融，并将绿色金融体系的内涵加以丰富。

2016年12月，国务院印发《"十三五"生态环境保护规划》，其中两次提及绿色金融。在肯定其市场机制的同时，该规划提出，要注重完善绿色金融体系当中评价、核算、评估等制度设计，大力支持绿色信贷、绿色债券及绿色发展基金开展相关投资产品金融创新工作。

2017年10月，《决胜全面建设小康社会 夺取新时代中国特色社会主义伟大胜利——中国共产党第十九次全国代表大会上的报告》大篇幅提及加快生态文明体制改革，并提出建设美丽中国等任务和目标；政府充分认识到绿色金融对于推进绿色发展的重要性，以及对于建设人与自然和谐共生的现代化经济体系的重要意义；提出不仅要将绿色理念融入环保产业、能源改革、资源节约中，更要融入创建节约型机关、绿色家庭、绿色学校、绿色社区和绿色出行等行动中去。

自2011年起，国家发改委在北京、天津、上海、重庆、广东、湖北、深圳七个省市开展碳交易试点工作，为建设全国统一的碳市场积累经验。2017年12月，国家发改委宣布启动全国统一碳排放交易体系建设工作，并印发《全国碳排放权交易市场建设方案（发电行业）》，进一步完善了中国绿色要素市场政策。经过试点工作发现，在试点区域内二氧化碳排放呈现逐年下降态势，证明了该市场的有效性。起步阶段，该方案将电力行业重点排放单位纳入交易主体，待条件成熟后再将其他高耗能高排放行业纳入其中。优先纳入电力行业的考量在于其产品单一（主要是热和电）、数据最完整、碳排放占比大等因素。此外，采取成熟一个行业纳入一个行业的改革方式较为稳健。全国统一碳排放市场建立的启动标志着中国节能减排工作进入全新阶段，同时也为全世界应对气候变化做出重要贡献。经测算，中国碳市场规模将超过欧盟成为全球最大碳市场。

2018年4月，中共中央、国务院提出《关于支持海南全面深化改革开放的指导意见》（以下简称《意见》）。《意见》要求，海南全岛作为经济特区发挥好国家生态文明试验区的优势，支持海南建立碳排放权等交易场所是完善中国绿色要素市场政策的重要举措。

在这一阶段绿色金融政策体系在不断探索中快速建立健全，是中国绿色金融政策体系形成的加速期。通过前期实践积累了大量的有益经验，中国实现了绿色金融政策体系跨越式发展。可持续发展正式成为中国的发展理念，不仅体现在政策当中，更融入企业的发展战略当中。在这一时期，绿色金融体系三大支柱外的绿色金融行业在相应政策的引导下逐渐建立起来，政府部门抓住主要矛盾集中颁布政策进行攻坚。在中国绿色金融政策体系的引领下，绿色金融以市场为导向，将金融资源配置到绿色产业、污染治理等行业中，改变了中国过去粗放的发展模式，逐渐形成了一批绿色、清洁、低碳、环保的高新产业。中国绿色金融发展既达到节能减排的效果，又有助于实现中国经济转型，最终实现中国可持续发展战略。

四、绿色金融政策国际合作新趋势

2016年9月，在中国和英国的共同倡导下，G20议程中创造性地加入了绿色发展理念。并且在中国的倡议和推动下，二十国集团成立了G20绿色金融研究小组。小组提交的《二十国集团绿色金融综合报告》在2016年二十国集团领导人杭州峰会上得到通过，并成为全球绿色金融领域的引领性文件。此次二十国集团领导人杭州峰会对之后数届峰会产生深远影响，绿色金融议题持续成为2017年与2018年G20峰会的重要议题。

在东盟与中日韩（10+3）框架下，中国积极推动在亚洲债券市场倡议下的绿色金融合作。2018年4月，东盟与中日韩财政央行副手会议正式发布《推动绿色本部债券发展，支持10+3基础设施建设》研究报告，并获得2018年5月财长和央行行长会议的积极评价。

"建设美丽中国"这一梦想和各国人民建设祖国的梦想是相通的。作为一个开放包容的国家，中国的发展也为世界发展创造了机遇。中国政府在领导中国人民进行绿色发展，在国内积极践行绿色发展理念的同时，还在联合国、G20等双边和多边合作机制下积极承担大国责任，参与全球环境治理，倡导可持续发展。经过数十年的积累，中国绿色金融取得的成就举世瞩目。世界各国越来越理解中国理念、倾听中国智慧、重视中国方案，以中国的发展机遇为自身的发展机遇。虽然中国通过开展国际绿色金融合作取得了一定进展，但是依然不够广泛和深入，因此本书在对策建议部分提出了相关合理化建议。

我国绿色金融实践是沿着国内、国际两条线索而展开的，即面向国内，通过创新探索实现从构建体系到完善机制的发展历程，而面向国际，则是通过交流合作从而实现绿色金融的追随者到引领者的角色转换。

（一）国内——从构建体系到完善机制

1. 完善绿色金融体系

近几年来，我国绿色金融体系构建和完善取得了较大进展。第一，绿色金融产品和服务不断创新，市场规模逐渐扩大。绿色金融从单一信贷向多元化发展，体现为：一是初步形成包括绿色贷款、绿色融资租赁、绿色信托、绿色信用卡、绿色债券发行与承销在内的绿色信贷产品体系；二是"绿色信贷+"等金融服务模式不断创新；三是绿色保险保障功能不断提升，环境污染责任保险已覆盖重金属、石化、医药废弃物等20多个高环境风险行业，31个省（区、市）开展环境污染强制责任保险试点工作；四是绿色投融资业务持续推进，标准化债务融资工具、资产证券化业务等快速发展。在规模上，截至2020年年末，国内21家主要银行绿色信贷余额达11.59万亿元，规模居世界第一位；绿色债券存量8 132亿元，居世界第二位。

第二，绿色金融制度日益完善，绿色投资决策支持工具逐步完善。目前，我国绿色金融在统计制度和监管制度建设、绿色金融标准制定、环境信息披露的强制性和规范性以及多元绿色投资主体培育等方面均取得了较大进展。另外，指标、排名、评级和标准等指导绿色投资的决策支持工具逐步完善，特别是绿色金融标准体系逐渐统一。例如，在绿色信贷分类标准上，已经出台《绿色信贷指引》《绿色信贷实施情况关键评价指标》《关于建立绿色贷款专项统计制度的通知》《关于开展银行业存款类金融机构绿色信贷业绩评价的通知》《绿色产业指导目录（2019年版）》《绿色债券支持项目目录（2021年版）》等；在环境信息披露上，颁布了《环境信息公开办法（试行）》《企业信息公示暂行条例》《企业事业单位环境信息公开办法》《清洁生产促进法》《关于共同开展上市公司环境信息披露工作的合作协议》《关于构建现代环境治理体系的指导意见》《环境信息依法披露制度改革方案》等。最后，在完善绿色金融政策框架和激励机制方面，我国已将绿色债券和绿色信贷纳入央行贷款便利的合格抵押品的范围，并且将创立支持碳减排的工具，用以激励金融机构为碳减排提供更多资金。

2. 推进碳排放权交易市场建设

作为全球制造业大国，我国碳排放量也位居世界第一位，因此减少碳排放成为近年来我国绿色发展的一项重要工作。碳交易市场建设的目的在于以碳排放权的交易来控制碳排放总量，是利用市场机制控制和减少温室气体排放、推动绿色低碳发展的一项重大制度创新，也是实现碳中和的重要政策工具。2011年，我国在北京、天津、上海、重庆、湖北、广东、深圳等7个省份开展了碳排放权交易试点，正式启动碳排放权交易制度建设工作。这些试点区域横跨我国不同地区，在碳排放配额的分配方式（免费或允许拍卖）、分配原则（祖父法或基准线法）和分配频率（每年分配或一次性分配）等分配机制上采取了不同探索，为建立全国统一碳市场提供多层次参照和经验。从试点绩效来看，试点市场合计覆盖了电力、钢铁、水泥等20多个行业、近3 000家重点排放单位。截至2021年6月，试点省市碳市场累计配额成交量4.8亿吨二氧化碳当量，成交额约114亿元。此外，重点排放单位履约率较高，市场覆盖范围内碳排放总量和强度双降，这为全国碳市场建设积累了宝贵经验[①]。2021年7月16日，全国碳排放权交易在上海环境能源交易所正式开市，首批纳入2 225家发电行业重点排放单位（占全国碳排放40%以上），成为全球覆盖温室气体排放量规模最大的碳市场。据统计，上线首日全国碳市场碳排放配额（CEA）挂牌协议交易成交量410.40万吨，成交金额达到2.1亿元人民币。

3. 探索不同空间绿色金融发展模式

(1) 国家层面：绿色金融改革创新试验区

金融改革创新试验区是根据生态与经济条件对绿色金融发展的全域考量，承担了我国绿色金融在不同空间布局中的政策实践，也是我国"自下而上"探索绿色金融改革创新的一个体现。从政策初衷来看，是以金融创新推动绿色产业发展为主线，以制度创新为重点，以发挥市场的决定性作用为导向，建设各有侧重、各具特色的绿色金融改革创新试验区，为构建中国绿色金融体系探索出可复制推广的、能够适应不同地区的方案。目前试验区具体包括6省（区）的9个地区（见表3-1），分布于我国东、中、西部。试验区自2017年设立至今取得了较快发展：一是绿色金融规模显著增加，截至2020年年末，试验区绿色贷款余额为2 368.3

[①] 国务院新闻办公室. 国新办举行启动全国碳排放权交易市场上线交易国务院政策例行吹风会（全文实录）[EB/OL]. [2021-07-14]. http://www.mee.gov.cn/ywdt/xwfb/202107/t20210714_846936.shtml.

亿元,占其全部贷款余额的15.1%,绿色债券余额为1 350亿元,同比增长66%[①];二是以绿色项目库、绿色金融统计和检测机制、绿色信用信息体系、绿色金融标准体系等为主要内容的绿色金融市场基础设施建设进一步加强;三是立足市场化原则,推动了绿色金融激励机制、风险防范机制的完善。

表3-1 我国绿色金融改革创新试验区

批次	省(区)	地区	文件名称
首批 2017年6月	贵州省	贵安新区	《贵州省贵安新区建设绿色金融改革创新试验区总体方案》
	浙江省	衢州市	《浙江省湖州市、衢州市建设绿色金融改革创新试验区总体方案》
		湖州市	
	江西省	赣江新区	《江西省赣江新区建设绿色金融改革创新试验区总体方案》
	广东省	广州市花都区	《广东省广州市建设绿色金融改革创新试验区总体方案》
	新疆维吾尔自治区	昌吉州	《新疆维吾尔自治区哈密市、昌吉州和克拉玛依市建设绿色金融改革创新试验区总体方案》
		哈密市	
		克拉玛依市	
第二批次 2019年11月	甘肃省	兰州新区	《甘肃省兰州新区建设绿色金融改革创新试验区总体方案》

(2)省际层面:跨区域绿色金融协调发展试点

在粤港澳大湾区和长三角一体化的区域发展战略中,绿色金融已经成为一项重要内容。其一,粤港澳大湾区绿色金融发展。2019年2月,在中共中央、国务院印发的《粤港澳大湾区发展规划纲要》(以下简称《纲要》)中提出,支持香港打造大湾区绿色金融中心,建设国际认可的绿色债券认证机构;支持广州建设绿色金融改革创新试验区,研究设立以碳排放为首个品种的创新型期货交易所;研究在澳门建立绿色金融平台;加强深港绿色金融和金融科技合作。2020年5月,在中国人民银行等4个部门发布《关于金融支持粤港澳大湾区建设意见》中指出,要推动粤港澳大湾区绿色金融合作,依托广州绿色金融改革创新试验区,建立完

---

① 中国人民银行货币政策分析小组.中国区域金融运行报告(2021)[EB/OL].[2021-06-08]. http://www.pbc.gov.cn/goutongjiaoliu/113456/113469/4264899/index.html.

善粤港澳大湾区绿色金融合作工作机制，包括碳排放交易、区域内绿色金融相关标准统一、绿色金融开放等。此外，作为加快落实《纲要》内容迈出的重要一步，2020年9月，广州、深圳、香港、澳门4地联合成立粤港澳大湾区绿色金融联盟。该联盟是在中国金融学会绿色金融专业委员会指导下，由广东金融学会绿色金融专业委员会、深圳经济特区金融学会绿色金融专业委员会、香港绿色金融协会和澳门银行公会自主发起、自愿结成的非法人、非营利性工作协调组织，主要聚焦于探索如何推动绿色金融发展以及实现跨境协同合作等内容。

其二，长三角一体化示范区绿色金融发展。2020年2月，中国人民银行、银保监会、证监会、外汇局和上海市政府联合发布《关于进一步加快上海国际金融中心建设和金融支持长三角一体化发展的意见》，提出金融支持长三角一体化发展中要提升金融配套服务水平，包括推动长三角绿色金融服务平台一体化建设，在长三角推广应用绿色金融信息管理系统，推动区域环境权益交易市场互联互通，加快建立长三角绿色项目库等。同年4月，长三角一体化示范区执委会会同央行上海总部等12个部门牵头起草《关于在长三角生态绿色一体化发展示范区深化落实金融支持政策推进先行先试的若干举措》（简称"示范区金融16条"），目的是探索长三角生态绿色一体化发展示范区金融服务的"同城化"，其中第6条"推进一体化绿色金融服务平台建设"包括：建立一体化示范区绿色金融支持政策超市；加快建立一体化示范区绿色发展项目库，鼓励国内外及社会资本设立的绿色发展基金支持一体化示范区内的绿色项目、绿色产业发展；鼓励绿色信贷发放以及重大项目专属绿色金融产品的开发。同年7月，上海市、江苏省、浙江省人民政府联合印发《关于支持长三角生态绿色一体化发展示范区高质量发展的若干政策措施》，将"大力发展绿色金融"作为主要内容，提出要支持示范区发展各种绿色金融产品，开展绿色金融创新业务，有效对接国家绿色发展基金，充分发挥国家级政府投资基金和项目的示范引领作用，鼓励社会资本设立各类绿色发展产业基金等。

(3) 城市层面：绿色金融中心

全球绿色金融指数（GGFI）是由英国著名智库集团发布的关于绿色金融发展的城市排名，衡量了绿色金融服务和产品在金融中心内的流行程度以及提供绿色金融产品和服务的质量。该指数自2018年3月发布第1期以来，每半年更新一次，截至目前已经发布了7期。在2021年4月发布的最新一期排名中，囊括了对124个金融中心的评价，其中我国排在前30位的有4座城市，分别是北京、上海、广州和深圳，反映出了我国绿色金融资源和市场较为集中的城市。近几年来,上述城市凭借国际金融中心的金融基础优势,大力推进绿色金融的发展,不仅在绿色金融创新及市场机制等方面展开了积极探索,而且作为金融中心也对周边绿色金融发展发挥了一定的辐射和带动效应。

(二)国际——从追随者到引领者

我国属于最早参与和践行全球绿色发展倡议的国家,自1998年5月签署《京都议定书》后,2007年银监会采纳了"赤道原则"理念并印发《节能减排授信工作指导意见》,2016年4月又率先签署了《巴黎气候变化协定》。然而,环境和气候问题具有全球属性,很难由一国单独解决,因此需要开展密切的国际合作与交流。同样,作为绿色转型发展的重要机制,绿色金融的发展也离不开世界各国的共同参与,它不仅有助于形成绿色发展国际共识,而且能够优化全球绿色金融资源配置,缓解信息不对称和投融资需求间的不匹配等问题。为此,近年来我国在政策的推动下,积极开展绿色金融国际合作交流,已经从以往学习国外经验、吸纳国际标准,转向与国际接轨、推动和引领国际绿色金融发展,绿色金融国际合作的重要政策文件及内容见表3-2。

表3-2 绿色金融国际合作的重要政策文件

发布时间	政策文件	主要内容
2016年8月	《关于构建绿色金融体系的指导意见》	将"推动开展绿色金融国际合作"作为构建绿色金融体系的重要组成部分,并围绕"广泛开展绿色金融领域的国际合作""积极稳妥推动绿色证券市场双向开放"以及"推动提升对外投资绿色水平"三个方面提出了具体措施
2020年10月	《关于促进应对气候变化投融资的指导意见》	强调"引进国际资金和境外投资者"以及"积极借鉴国际良好实践和金融创新",如在政策文件中规定政府绿色基金与社会资本合作模式、强制性信息披露机制等内容
2021年2月	《关于加快建立健全绿色低碳循环发展经济体系的指导意见》	将"支持金融机构和相关企业在国际市场开展绿色金融。推动国际绿色金融标准趋同,有序推进绿色金融市场双向开放"作为我国当前建立健全绿色低碳循环发展经济体系的重要内容

1. 建立绿色金融国际合作机制，引领和推动全球绿色金融发展进程

近年来，我国通过建立有效的国际合作机制，在绿色金融发展进程中发挥了引领者和推动者的角色，一是G20绿色金融研究小组，二是央行与监管机构绿色金融网络（NGFS）。

2016年，我国在担任第八届G20轮值主席时，首次将绿色金融引入G20议题，并发起成立了G20绿色金融研究小组，由人民银行和英格兰银行共同主持，旨在研究识别绿色金融发展所面临的体制和市场障碍，以及提升金融体系动员私人部门绿色投资的能力。研究小组将有关政策建议纳入G20峰会成果，推动了绿色金融国际共识的形成。2019年G20取消了该研究小组，但在2021年2月轮值主席国意大利重新恢复设立可持续金融研究小组，除了研究应对气候变化带来的金融风险、加强气候相关信息披露以及支持绿色转型外，还将就业、收入分配等其他可持续发展要素纳入其中，而中国人民银行担任研究小组联合主席。

为推动主要国家央行和金融监管机构之间在宏观金融层面就应对气候变化和环境相关的金融风险开展合作，2017年年底，中国人民银行与法国央行、荷兰央行、德国央行、瑞典金融监管局、英格兰银行、墨西哥央行、新加坡金管局等8家机构共同成立了央行与监管机构绿色金融网络。截至2020年12月14日，央行与监管机构绿色金融网络共发展有83家成员和13家观察员。

2. 推动与全球主要绿色金融标准趋同，促进绿色金融领域跨国投资

各国之间由于经济发展水平、政策重点、资源禀赋不同，其绿色金融标准也存在差异，阻碍了绿色资本的跨境流动，甚至全球绿色金融市场的未来发展。所以，提升绿色标准的可比性和一致性应该成为绿色金融国际合作的重要内容，因为只有统一国际绿色金融标准，才能有效降低"识绿"成本，促进绿色金融领域的跨国投资，提升绿色金融服务合力。欧盟是绿色金融标准制定和实践最早的经济体，我国绿色金融标准与欧盟一样，均是以行业为维度进行分类，具有实现标准统一的基础。2017年3月，中国人民银行与欧投行联合发表声明，建立联合绿色金融倡议，比对中国和欧洲市场关于绿色的定义标准，目前《中欧绿色金融共同分类目录》的制定也在有序推进中。此外，2019年10月，我国与欧盟共同发起构建可持续金融国际平台（IPSF），重点关注绿色金融分类标准、绿色标签标准及可持续信息披露3项工作，其成员由最初的8家财政部和中央银行已经扩大至15家。

第四节 绿色金融政策阶段性效应

一、环境库兹涅茨假说原理分析

通过分析大量实证研究的文献可以发现，在不同收入水平下的资源利用效率与各类污染物排放之间具有明显的阶段特征。Ang[1]的研究发现，经济增长和能源利用效率之间存在倒 U 形关系。随着经济发展水平的提升，能源消耗和污染水平指标通常呈现出先上升，随后逐渐达到顶峰，而后下降的趋势。张丽华[2]从高耗能行业产生大气污染物的角度出发，证实了中国地区环境污染和经济发展符合倒 U 形关系，原因在于治理环境污染的过程中存在规模报酬递增现象；杜婷婷等[3]通过统计拟合中国经济发展与二氧化碳排量之间的关系，认为二者间具有倒 U 形关系。林伯强和蒋竺均[4]、厉以宁等[5]学者的研究均认为中国二氧化碳排放与经济增长呈倒 U 形关系；王印红[6]、任力[7]、祝志勇[8]等分别从海洋环境、绿色金融、环境影响等多方面多角度开展研究，表明中国经济增长与环境等多种因素普遍存在倒 U 形关系。

二、数据选取

由于中国经济与污染物排放存在环境库兹涅茨曲线所描述的特征。其中就二氧化碳排放而言，随着收入的增长，二氧化碳排放的收入弹性是沿着由正到 0，

---

[1] Ang B W. Monitoring changes in economy-wide energy efficiency：From energy-GDP ratio to composite efficiency index[J]. Energy Policy，2006，34(5)：574-582.

[2] 张丽华. 漓江上游金龟河小流域非点源污染研究[D]. 桂林理工大学，2018.

[3] 杜婷婷，毛锋，罗锐. 中国经济增长与 CO_2 排放演化探析[J]. 中国人口·资源与环境，2007(02)：94-99.

[4] 林伯强，蒋竺均. 中国二氧化碳的环境库兹涅茨曲线预测及影响因素分析[J]. 管理世界，2009(04)：27-36.

[5] 厉以宁，朱善利，罗来军，等. 低碳发展作为宏观经济目标的理论探讨——基于中国情形[J]. 管理世界，2017(06)：1-8.

[6] 王印红. 中国海洋环境拐点估算研究[J]. 中国人口·资源与环境，2018；28(08)：87-94.

[7] 任力，朱东波. 中国金融发展是绿色的吗——兼论中国环境库兹涅茨曲线假说[J]. 经济学动态，2017(11)：58-73.

[8] 祝志勇，幸汉龙. 环境规制与中国粮食产量关系的研究——基于环境库兹涅茨倒 U 型曲线[J]. 云南财经大学学报，2017；33(04)：64-72.

然后再变为负数的轨迹运动,并且这种关系已经得到众多文献的证实(厉以宁等,2017)[1]。所以本研究以 EKC 假说为理论基础,考虑到数据的可获得性等因素,本部分以 1981—2017 年中国国内绿色金融政策阶段为研究对象,选择人均 GDP 和人均二氧化碳排放量为经济发展水平和污染物排放的测度指标,证明不同阶段绿色金融政策对中国环境发展具有异质性影响。利用中国 1981—2017 年人均 GDP 数据、人口数据与二氧化碳排放量,通过选择适当的模型构建 EKC 曲线。

1981 年以来,中国人均 GDP 呈现出持续增加的趋势,并且基本保持了较高的年均增长速度。具体如图 3-1 所示。

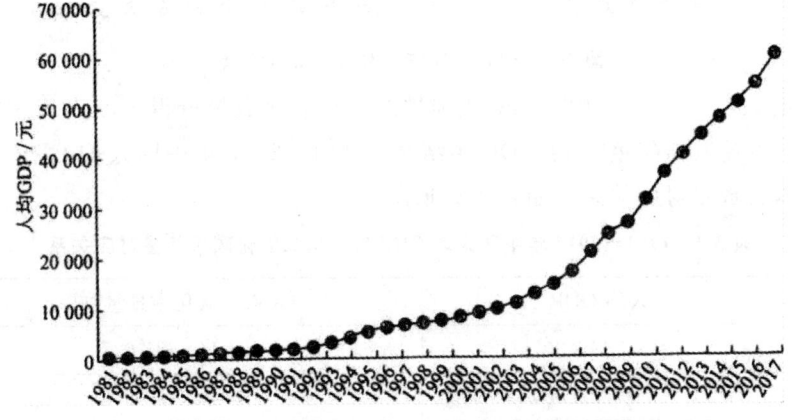

图 3-1　1981—2017 年中国人均 GDP 增长趋势[2]

图 3-2 为中国人口数量及增长趋势。中国人口总体呈现出增长趋势,但增速也在不断下降,1987 年增长率最高,达到 1.67%,而到了 2010 年前后,中国人口增长率仅为 0.48%。

---

[1] 厉以宁,朱善利,罗来军,等. 低碳发展作为宏观经济目标的理论探讨——基于中国情形[J]. 管理世界,2017(06):1-8.

[2] 数据来源:万得资讯。

低碳经济背景下我国绿色金融发展研究

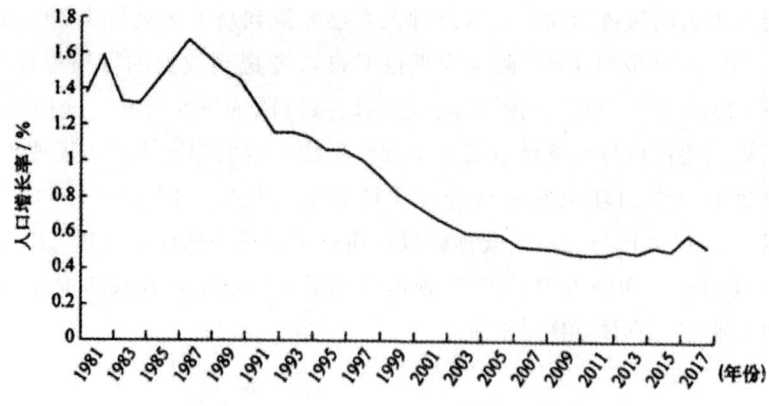

图 3-2　1981—2017 年中国人口增长率①

根据 1981—2017 年中国二氧化碳排放量与人口数量可得年度人均二氧化碳排放量，并将其与年度人均 GDP 相结合，1981—2017 年中国人均 GDP 与人均二氧化碳排放量对应关系，如表 3-3 所示。

表 3-3　1981—2017 年中国人均 GDP 与人均二氧化碳排放量对应关系

年度	人均 GDP(元)	人均二氧化碳排量(吨)
1981	497.00	1.449 381 625
1982	533.00	1.489 497 859
1983	588.00	1.562 509 762
1984	702.00	1.662 749 776
1985	866.00	1.735 098 406
1986	973.00	1.785 483 783
1987	1 123.00	1.889 103 776
1988	1 378.00	1.994 872 908
1989	1 536.00	2.051 772 111
1990	1 663.00	2.029 401 538
1991	1 912.00	2.117 001 349
1992	2 334.00	2.196 805 466
1993	3 027.00	2.347 642 213

① 数据来源：万得资讯。

续表

年度	人均GDP(元)	人均二氧化碳排量(吨)
1994	4 081.00	2.440 991 315
1995	5 091.00	2.489 879 159
1996	5 898.00	2.589 222 446
1997	6 481.00	2.551 245 047
1998	6 860.00	2.526 535 382
1999	7 229.00	2.606 527 02
2000	7 942.00	2.625 275 962
2001	8 717.00	2.731 517 022
2002	9 506.00	2.965 492 456
2003	10 666.00	3.478 905 332
2004	12 487.00	4.070 976 207
2005	14 368.00	4.633 255 945
2006	16 738.00	5.063 621 968
2007	20 505.00	5.457 612 377
2008	24 121.00	5.536 015 016
2009	26 222.00	5.766 362 730
2010	30 876.00	6.039 569 651
2011	36 403.00	6.491 941 526
2012	40 007.00	6.621 871 519
2013	43 852.00	6.764 239 102
2014	47 203.00	6.730 789 132
2015	50 251.00	6.666 016 256
2016	53 935.00	6.591 088 470
2017	59 660.00	6.641 762 545

三、变量设置

EKC模型是基于EKC假说所建立的，其体现出的是经济发展与环境污染之间存在的二次曲线关系。本模型中包含的两个基本变量为：决定环境污染的变量，表征环境变化的变量。其中，一般以人均 GDP 作为决定环境污染的变量，以土地、水、森林、能源等资源人均消耗量或各类污染物人均排放量作为表征环境变化的变量。所以在本模型中，将以人均二氧化碳排放量作为表征环境变化的变量。该模型是单方程计量模型，其回归方程为

$$y = \alpha_1 + \alpha_2 x^2 + \varepsilon \tag{1}$$

其中：y 环境质量，本研究选取人均二氧化碳排放量作为被解释变量；x 为人均 GDP；α_1 参数，其数值大小影响方程位于坐标系当中的位置；α_2 为参数，其正负性可以决定方程整体趋势为先下降后上升或先上升后下降，并且其取值大小可决定图形整体形态为平缓或陡峭；ε 为常数项。

四、回归结果

在这一部分的实证分析中，本研究将使用前文中所提出的中国绿色金融政策体系的三阶段划分方式，并且将 1981—2017 年总共划分为三个阶段（第一阶段 1981—1994 年，第二阶段 1995—2011 年，第三阶段 2012—2017 年），从而对相应阶段中国绿色金融政策加以分析。通过数据及回归模型，将各阶段曲线加以描述并得出相应的二次函数，从而得到三个阶段分别构建的模型，以及整体模型。

中国绿色金融政策体系第一阶段，使用中国 1981—1994 年人均 GDP 与人均二氧化碳排放量数据进行回归分析，如图 3-3 所示。其对应的二次函数关系为

$$y_1 = -9 \times 10^{-8} x_1^2 + 0.000\,6 x_1 + 1.215\,(R^2 = 0.981\,8)$$

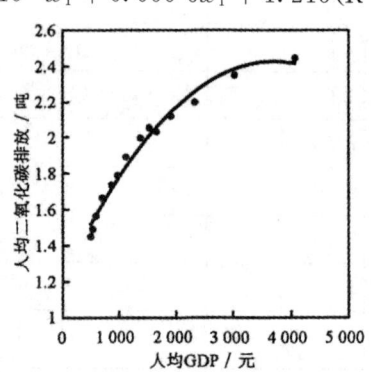

图 3-3　中国绿色金融政策体系第一阶段（1981—1994 年）

中国绿色金融政策体系第二阶段，使用中国 1995—2011 年人均 GDP 与人均二氧化碳排放量数据进行回归分析，如图 3-4 所示。其对应的二次函数关系为

$$y_2 = -4 \times 10^{-9} x_2^2 + 0.000\,3 x_2 + 0.065\,6\,(R^2 = 0.975)$$

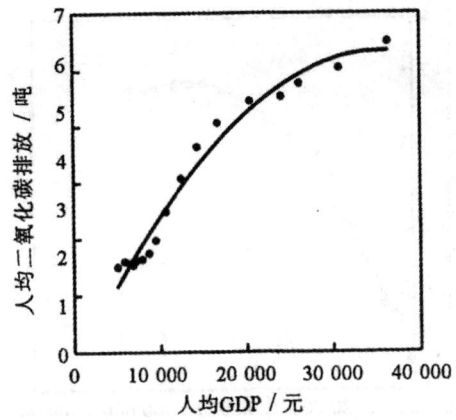

图 3-4　中国绿色金融政策体系第二阶段（1995—2011 年）

中国绿色金融政策体系第三阶段，使用中国 2012—2017 年人均 GDP 与人均二氧化碳排放量数据进行回归分析，如图 3-5 所示。其对应的二次函数关系为

$$y_3 = -5\times 10^{-10}x_3^2 + 5\times 10^{-0.5}x_3 + 5.642\ 4(R^2 = 0.238\ 6)$$

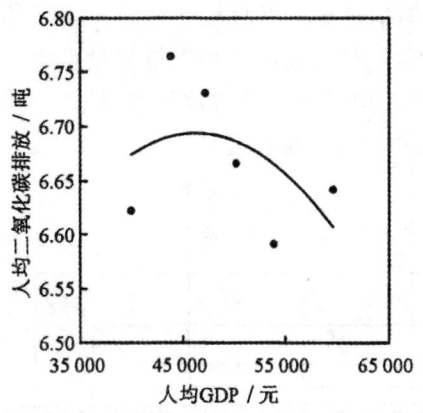

图 3-5　中国绿色金融政策体系第三阶段（2012—2017 年）

中国绿色金融政策体系整体部分，使用中国 1981—2017 年人均 GDP 与人均二氧化碳排放量数据进行回归分析，如图 3-6 所示。其对应的二次函数关系为

$$Y = -2\times 10^{-9}X^2 + 0.000\ 2X + 1.486\ 4(R^2 = 0.984\ 4)$$

且通过计算可知 $maxy_1 = 2.215$；$maxy_2 = 6.281$；$maxy_3 = 6.892\ 4$；$maxY = 6.486\ 4$。

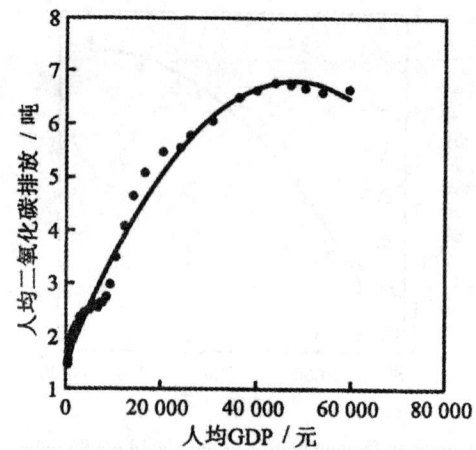

图 3-6 中国绿色金融政策体系整体部分(1981—2017 年)

五、研究结论

根据绿色金融政策阶段特征,本研究将1981—2017年以人均GDP为依据划分为三个阶段(A、B、C),将构建的人均碳排放量模型与人均GDP相对应,再以不同阶段人均GDP与人均二氧化碳排放量相对应。可以得到对应图3-7按年度划分的人均GDP、人均二氧化碳排放量。

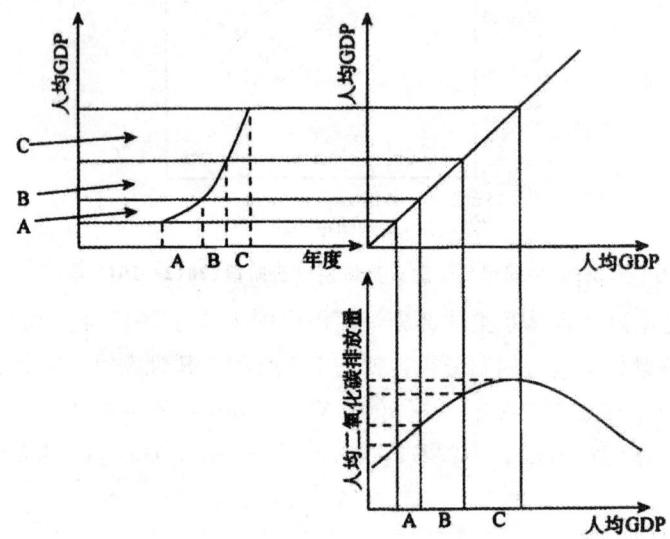

图 3-7 按年度划分的人均GDP、人均二氧化碳排放量

通过上述实证可得出如下结论。

(一)第一阶段结论

就第一阶段(A)而言,人均 GDP 增长速度较慢,人口增长速度快,污染物排放所造成的影响尚不明显,人均二氧化碳排放量增加较为缓慢。其回归模型二次项系数为 -9×10^{-8},在三个阶段分别构建的模型中处于最高水平,代表在其他条件不变的情况下,人均 GDP 的增长带来的人均二氧化碳排放量峰值将是三个阶段分别构建的模型当中最为平缓的。本模型中 $maxy_1=2.215$,表明在其他条件不变的情况下,人均 GDP 的增长带来的人均二氧化碳排放量峰值为 2.215 单位,为三个阶段分别构建的模拟结果中的最低值,但与之相符合的经济年均增速也必须始终处于较低水平。显然,这种发展路径虽然在很大程度上规避了环境污染问题,但却会导致国民经济长期处于较低水平,这与人民群众对美好生活的向往这一要求并不相符。

(二)第二阶段结论

就第二阶段(B)而言,人均 GDP 增长速度较前一阶段出现了明显提升,随之而来的是人均二氧化碳排放量也进入迅速增长态势。虽然第二阶段相较于第一阶段中国出台了更多的绿色金融政策,但先期制定的多为纲领性、指导性的政策,随后一段时期需将这些文件和精神进一步细化为可实施性强的具体政策。所以政策效能尚未完全发挥出来。而且应该注意到中国人口增速在本阶段出现明显下降,在经济增速不断上升的背景下,人口增速下降在客观上也表明人均二氧化碳排放量有所提升。回归模型二次项系数为 -4×10^{-9},在三个阶段分别构建的模型中处于最低水平,代表如果在其他条件不变的情况下,随着人均 GDP 的增长带来的人均二氧化碳排放趋势为三个阶段分别构建的模型中最为陡峭的。即便如此,就这一阶段回归曲线的趋势而言已经出现了从迅速上升转为逐渐平缓的迹象。本模型中 $maxy_2=6.281$,表明在其他条件不变的情况下随着人均 GDP 的增长带来的人均二氧化碳排放量峰值为 6.281 单位,为三个阶段分别构建的模型模拟结果的中间水平。这样的经济增长模式过于激进,在经济增长的同时过度透支了环境和资源,产生了大量污染,属于不可持续的发展模式。在发展的过程中,中国政府和人民日益感受到污染问题逐渐成为亟待解决的社会问题。政府部门将绿色发展作为解决中国当前面临众多问题的重要方法。

(三)第三阶段结论

就第三阶段(C)而言,人均 GDP 依然保持中高速增长,人均二氧化碳排放量增长势头已经发生根本性转变,前期绿色金融政策效应逐渐显现,当期绿色金融政策逐步细化、落实。其回归模型二次项系数为 -5×10^{-10},在三个阶段分别构建的模型中处于中间水平，代表在其他条件不变的情况下，随着人均 GDP 的增长带来的人均二氧化碳排放量峰值相对其他两模型而言更为均衡。本模型中 $maxy_3=6.8924$，表明在其他条件不变的情况下随着人均 GDP 的增长带来的人均二氧化碳排放量峰值为 6.8924 单位，为三个阶段分别构建的模型模拟结果的最高水平。而且必须指出的是当前阶段人均碳排放量出现下降，稳中有降的背景是中国人口增速下降约 0.5% 的水平所取得的成就。就这一阶段而言，由于受到数据可获得性等方面的限制，且 $R^2=0.2386$，所以二次项系数与 $maxy_3$ 值不能准确地对本阶段特征进行描述，还需将以上三个阶段分别构建的模型结合起来进行判断。

（四）三阶段总体结论

就整体（A+B+C）而言，中国人均 GDP 始终呈现出增长趋势且增速体现为先加快后驱稳的态势，中国人均二氧化碳排放增速也呈现出类似趋势，这与中国对绿色发展的认识程度高度相关，中国发展已从粗放型发展转为集约型发展，绿色金融政策质量日益提高。将第三阶段（C）放入整体来研究可以发现中国人均二氧化碳排放量已经逐渐接近顶峰乃至短期内一度呈现出下降趋势。整体回归模型二次项系数（-2×10^{-9}）介于第二阶段回归模型二次项系数（-4×10^{-9}）与第三阶段回归模型二次项系数（-5×10^{-10}）之间，其 $maxY=6.4864$ 表明整体上中国人均二氧化碳排放最大值为 6.4864 单位，该值介于 y_2 与 y_3 之间，且相差最大仅为 0.406 单位，表明三个阶段分别构建的模型基本趋势与实际相符。

第四章　我国绿色金融产品的发展与建议

第一节　我国绿色债券的发展与建议

在国际及我国绿色发展战略的大背景下，绿色经济正成为全球可持续发展的主要驱动力量。绿色债券则是推动绿色经济起航的强劲动力。近年来，绿色债券在国际及国内绿色金融市场中呈现"井喷式"发展，作为一支同时兼顾"债券"和"绿色"特点的融资工具，绿色债券的高速发展有利于减缓气候变化、减少环境污染的环境效益。

一、绿色债券的概述

（一）绿色债券的概念

绿色债券通常指政府部门、金融机构或企业等向社会募集资金，专项用于符合规定条件的绿色项目或者为这些项目进行再融资，同时承诺按一定利率支付利息并按约定条件偿还本金的债权债务凭证。绿色债券是绿色金融领域大力发展的融资工具，绿色债券区别于其他债券的核心特征就是其募集资金用于实现绿色环境效益。

绿色债券品种主要包括绿色金融债、绿色公司债、绿色债务融资工具、绿色企业债、绿色熊猫债和绿色资产支持证券（ABS）等。绿色债券在兼顾债券本身自有的特性外，其最大的特点便在于"绿色"的概念：绿色债券要求发行人募集资金须投放于具有环保效益的绿色项目。

（二）绿色债券分类

按照发行主体分类有绿色金融债、绿色公司债、绿色企业债、绿色债务融资工具、绿色熊猫债、绿色资产支持证券等。

1. 绿色金融债

绿色金融债是指银行等金融机构通过债券融资后，再以信贷投放的方式将资金借给最终使用企业投入绿色项目，绿色金融债由中国人民银行核准发行和监管，是金融机构法人募集资金用于支持绿色产业并按约定还本付息的有价证券,所募资金只能用于支持绿色产业项目,具体涉及资源节约、生态保护和污染物削减等,应符合由中国金融学会绿色金融专业委员会制定的绿色债券项目支持目录。

2. 绿色公司债

绿色公司债券是公司债券的一个子类,由证监会负责监管,重点支持节能、污染防治、资源节约与循环利用、清洁交通、清洁能源、生态保护和适应气候变化等绿色产业,应符合中国金融学会绿色金融专业委员会制定的绿色债券项目支持目录。

3. 绿色企业债

绿色企业债券主要用于支持节能减排技术改造、绿色城镇化、能源清洁高效利用、新能源开发利用、循环经济发展、水资源节约和非常规水资源开发利用、污染防治、生态农林业、节能环保产业、低碳产业、生态文明先行示范实验、低碳试点示范等绿色循环低碳发展项目,应符合国家发展和改革委员会制定的《绿色债券发行指引》中的产业分类[①]。

4. 绿色债务融资工具

绿色债务融资工具是银行间市场交易商协会负责监管的,主要包括面向具有法人资格的非金融企业在银行间债券市场发行中期票据、短期融资券、项目收益票据、资产支持票据等债务融资工具,募集资金用于环境改善、应对气候变化等绿色项目。

5. 绿色熊猫债

绿色熊猫债指境外实体在中国内地发行的人民币债券,募集资金专门用于绿色资产或绿色项目。绿色熊猫债的发行应兼顾熊猫债和绿色债的相关指引。

6. 绿色资产支持证券

资产证券化是指以基础资产未来所产生的现金流为偿付支持,通过结构化设计进行信用增级,在此基础上发行资产支持证券(Asset-backed Securities,ABS)的过程。其主要模式包括央行和银监会主管的信贷资产证券化、证监会主管的企业资产证券化,以及交易商协会主管的资产支持票据。随着绿色金融市场的不断完善,绿色资产证券化已进入快速发展阶段。

(三)发行与承销

1. 绿色债券的发行

绿色债券的发行主要包括以下三个环节。

---

① 新版本目录推出后将实现绿色产业分类的统一标准。

首先,确认所发债券是否具备绿色属性。发行人应根据所发债券的类型,查看相应的参考文件,确认所投项目是否在官方认定的范围内且达到认定标准。发行人可提供由独立的专业评估机构或第三方认证机构出具的认证报告,就募集资金拟投项目的属性进行评估与认证。其次,绿色债券的发行流程类似于普通债券,但更加重视治理、可追踪性和透明度,发行人募投项目确认投向绿色产业项目后,应根据项目特征和需要去选择绿色债券发行方案。设计发行方案、期限、选择权、还本付息方式等都有着较大的发挥空间。最后,在发债类型的选择过程中,要综合考虑包括企业性质、资产规模、募集资金用途、募投项目建设期、项目回收期、项目预测现金流情况等在内的多重因素。

2. 债券承销

企业在进行债券融资前,承销商会负责债券的准备和发行相关工作,根据债券的性质和要求向发行人提供多方面的建议,以实现最优筹资。监管机构对不同种类债券的承销商资格制定了不同的规定。根据《公司债券承销业务规范》,发行公司债券应当由具有证券承销业务资质的证券公司承销。由于交易所市场是公司债的发行场所,因此在交易所市场上主承销商均为证券公司。对于金融债、企业债以及中期票据等非金融企业债务融资工具,各相关文件均规定应由金融机构承销,对于各金融机构的业务资格没有明确的要求,但是各类债券的承销人资质存在一定的差别,《全国银行间债券市场金融债券发行管理办法》明确规定,发行金融债券时,发行人应组建承销团。

(四)市场主体与参与者

1. 绿色债券各方主体

绿色债券的发行主体:金融机构、政府、企业单位等。

债券交易所:银行间市场、交易所(沪深两市、新三板)、机构间私募产品报价与转让系统、券商柜台、银行柜台。监管机构和债务类型:针对上述不同交易所,监管机构与债券类型不同。人民银行、银保监会主管发行债券,财政部发行国债和地方政府债,发改委批准发行的企业债。证监会审核公开发行债券和非公开发行债券。登记结算和托管机构:中央国债登记结算有限责任公司、上海清算所;中国证券登记结算有限责任公司;中国证券登记结算有限责任公司及证监会认可的其他机构。

2. 一级市场参与者

(1)发行人

发行人是债券一级市场的供应者,为债券市场提供了品种多样的固定收益产品。随着金融市场不断发展和完善,发债主体从开始的财政部发展成为包括中央政府、中央银行、政策性银行、金融机构和企业等类型不同、多层次的发行人结构。

随着人们环保意识的增强和发达国家投资者对绿色债券需求的增长，专用于绿色投资的绿色债券投资基金于2010年前后成立，债券的发行更加针对主流投资者。与此同时，绿色债券的发行人、发行品种和投资者类型逐渐多样化，更多的新兴市场（如中国、印度等）也逐渐参与其中。发行主体方面，由最初的单一银行主体，发展为如今的银行、企业、SPV（特殊目的载体）、市政机构、开发性金融机构等多类主体。绿色债券发行币种由最初的美元和欧元逐渐扩大到人民币、加元、英镑、卢比、卢布、韩元等25种币种。

越来越多的国家积极参与绿色债券发行，如立陶宛、哥伦比亚均发行了首只绿色债券，斐济发行了首只发展中国家绿色主权债券，美国的住房贷款担保机构房利美（FannieMae）发行了一只金额高达249亿美元的绿色住房抵押贷款证券（MBS），直接促使美国成为2017年全球最大绿色债券发行市场。

绿色债券的投资者多为偏好长期投资和较低风险的投资者。随着绿色债券市场的发展，也逐渐出现了绿色债券指数和专注于绿色债券投资的绿色债券基金。个人投资者对于绿色债券的直接投资都会受限，但是可以通过认购绿色债券基金来参与绿色债券投资。

（2）投资人

债券一级市场投资人即债券认购者也就是购买债券的投资者，主要有社会公众团体、企事业法人、证券经营机构、非营利性机构、外国企事业机构和个人投资者等。由于大部分债券采用承购包销的形式，因此在一级市场的主要投资人是机构投资者，特别是资金实力雄厚的金融机构。

（3）中介机构

随着市场发展的日趋完善和机构专业化程度的加强，为了保证债券发行的顺利进行，一级发行后存续期间交易流通的安全有效，中介服务机构提供了专业化的服务支持。中介服务机构主要有以下三类。

第一类是承销商，一方面是债券的投资人，另一方面也承担着为发行人进行产品设计和推介的工作。第二类是信息咨询类机构，如信用评级机构、律师事务所、会计师事务所等，为债券发行及存续期间提供评估及信息支持。在绿色债券发行过程中，与普通债券不同，必须有专业的绿色债券认证机构在债券发行前出具认证报告及存续期跟踪评估认证报告、专项审计报告等。第三类是登记托管类机构，托管登记结算机构通过进行注册登记和证券账户的管理，记录债券的要素，并协助发行人及认购人明确各自的权利和义务关系，并为债券存续期间的有

第四章　我国绿色金融产品的发展与建议

关活动提供必不可少的基础性支持。

除发行人和认购人外，在债券一级市场上的其他参与者我们都可称之为中介服务机构，这些机构基本并不直接参与债券的认购，也并不以筹资或是以取得利息或资本收益为目的。这类机构主要提供的是服务支持，有效地沟通和连接了债券和资金的供需双方。中介机构与金融工具、市场主体三者相互依存互为条件，共同构成债券市场的有机整体。构建科学合理的一级市场服务体系，充分发挥中介服务机构的作用将进一步促进债券一级市场的健康有效发展。

①承销商。现有的各类债券中，国债、政策性金融债等发行规模较大、信用级别高的债券基本采用承销团方式。在这种方式下承销团成员承担义务和权利，包括：按照发行人制定的有关规划，在债券招标发行中参与招标标的要素的确定；发表自主认购一定数量债券的意愿，并在债券进入二级市场流通前可将投标确定的债券额度进一步分配给其他投资人。

对于企业债、短期融资债券和中期票据等信用产品来讲，多采用主承销商制度。对于主承销商来说，除前面所讲义务和权利外其必须具备对发行人的发现、推荐的功能。在新的核准方式下，主承销商的这个功能尤为突出。另外，作为主承销商，统筹协调绿债认证机构、会计师事务所、信用评级机构、律师事务所等中介机构的团队合作，合理安排各个中介机构的进场时间，这些具体的工作程序也显得十分重要。同时，随着债券发行规模化扩容，对承销商的销售能力提出了更高的要求。此外，承销商在一级市场中具有双重身份，其本身是债券的投资人，同时也承担着为发行人提供协调、推介和销售等中介服务的功能。

随着信用产品占比的不断提高，发债主体也呈现出从金融机构向非金融类机构拓展、高信用级别债券向不同信用级别债券范围拓展的趋势。有很多新的发债主体对于债券市场及自身的债券产品缺乏认识和专业设计，具体工作包括：以行业公认的业务标准和道德规范，对债券发行人进行全面尽职的调查，充分了解发行人的经营情况及其面临的风险和问题；为发行人提供必要的专业服务，确保发行人充分了解有关法律制度和市场管理政策，以及所应承担的相关责任；会同律师事务所、会计师事务所核查发行人申请材料的真实性、准确性和完整性；督促发行人按照有关要求进行信息披露，并会同律师事务所、会计师事务所核查信息披露文件的真实性、准确性和完整性；按照签订协议，做好债券推介和销售工作。

②信息咨询类服务机构。信息咨询类服务机构主要包括评级机构、会计师事务所和律师事务所等、第三方评价机构。信息咨询类服务机构的产生和发展是社会信用水平发展、金融市场规范化发展的产物。在目前的债券发行过程中，评级

报告、法律意见书及财务报告等文件都是重要的信息披露文件,是社会认识债券产品及发行人的重要途径。

信用评级机构。信用评级的综合内容主要包括产业分析、财务分析,筹资投向分析和履约能力分析。具体就债券而言,信用评级机构主要依据发行者的偿债能力、发行者的资信和投资者承担的风险等方面进行评级。目前,任何机构发行证券时都十分重视债券的评级,债券等级的高低直接影响债券的发行价格、市场销路和筹资成本。信用评级制度是债券市场重要的市场化机制之一,独立、公正、客观的信用评级制度对债券市场的发展和培育良好的社会信用环境有很大的促进作用。

会计师事务所。会计师事务所作为证券市场上从事证券服务的中介机构,其承担的任务有:对证券发行人的会计科目、会计报表等做常年会计查账验收工作;为公司证券发行上市出具审计报告;为上市公司出具中期或年度审计报告等。目前,证券市场的有关审计工作很大一部分是由注册会计师完成的,证券业务的审计就是由专职机构和人员实施的为证券的发行和交易服务的,对被审计单位的财政、财务收支及其他经济活动的真实性、合法性和效益性进行审查和评价的独立性监督活动。通过会计师事务所的有关工作可以真实客观地解释主体的经营和财务情况,从而为投资人提供决策的依据。

绿色债券认证机构。绿色债券区别于其他债券的最大特点就是绿色属性,但投资者普遍缺少环境方面的专业知识,很难对其绿色资质进行准确判断。同时,投资者对发行人在募集资金使用和管理、绿色项目类别、信息披露的真实性等问题存在疑虑。因而,引入外部机构对绿色债券进行评估认证,增强绿色债券的公信力,逐步成为发行绿色债券过程中不可或缺的步骤(关于第三方认证机构将在第二章详细讲解)。

③登记托管类机构。登记托管类机构是指依法设立的为证券交易提供几种登记、存管与结算服务的,不以营利为目的的中介服务机构。登记是指专业机构根据委托维护持有人名册,从而确认证券权属状态的行为。证券登记的目的是对证券持有人持有证券的事实及权属状态予以确认。登记服务包括:初始登记即首次发行的登记;变更登记即权属状态发生变更的登记。

债券的存管、托管是托管登记机构的核心业务,债券存管是指登记托管机构发挥其簿记功能,保存证券头寸的电子记录。托管机构对其存管的证券负有保管责任、必须确保交存证券的安全。

登记托管机构从市场建设角度讲属于证券市场的基础性服务机构。与其他中介不同,登记托管机构在一定程度上承担着维护市场秩序、保证市场安全正常运转的职责,因此肩负更多的社会责任。该类机构的建设和发展是衡量金融市场发达程度的重要指标之一。就债券市场而言，目前中央国债登记公司作为债券市场的总托管机构，为国内大部分债券提供了登记、托管及结算服务工作。在一级市场中，除极少数的公司债券外，其他债券基本都由中央结算公司完成债券的要素注册和初始登记及交易流通前的一系列变更登记工作。

二、发展绿色债券的国际经验

（一）《绿色债券原则》要点

为了能够在一定程度上使得绿色债券信息披露的透明度有所提高，并进一步促进绿色债券市场健康发展，国际资本市场协会（ICMA）联合130多家金融机构共同出台了《绿色债券原则》(*Green Bond Principles*，GBP)，指出绿色债券是绿色基础设施融资的一个不可或缺的主要工具，是将所得资金专门用于环境保护、可持续发展或减缓和适应气候变化等绿色项目融资或再融资的债券工具，如图4-1所示。

1. 募集资金用途
发行人应当在债券法律文件中对募集资金用途进行恰当描述，并对绿色项目的可持续环境效益进行明确、量化的评估

2. 项目评估流程
发行人应列出确定项目符合条件的具体流程，包括判断这些项目如何符合《绿色债券原则》中合格绿色项目定义的流程，使项目符合使用绿色债券收益的标准以及环境可持续发展的目标

3. 募集资金追踪管理
绿色债券净收益应该记在专门账户中，并计入发行人的投资组合，或者由发行人以一个适当的方式进行追踪并且通过正式的内部流程来表明这些资金用于绿色项目的投资和运作

4. 出具年度报告
除了对筹集资金的使用情况进行报告，发行人还应提供至少一年一次的绿色债券项目清单，包括项目支出总额以及环境可持续发展影响简要介绍

5. 担保可选
发行人应该运用外部担保来确保绿色债券关键性特点的真实准确性，包括第二意见、审计以及第三方认证等

图4-1 《绿色债券原则》要点

可持续交通、可再生能源、水利、生物发电、城镇垃圾及污水处理、能源效率改进(建筑和工业领域)等绿色项目以及其他城市绿色基础设施建设都是绿色债券的投向所包括在内的。

(二)国际绿色债券市场发展概况

从国际的具体经验来看,支持城市绿色转型的资金主要是来自政府支出、金融机构融资以及私营部门投资。由于绿色债券发行主体不同,所以绿色债券又可以进一步分为绿色市政债券、绿色金融债券、绿色企业债券等不同品种。从投资者类型来看,绿色债券投资者兼顾各国央行和官方机构、银行、资产管理公司和保险公司,呈现一种多元化的分布方式。

绿色债券作为近年来国际社会开发的一种新型金融工具,具有清洁、绿色、期限长、成本低等显著的特点。

1. 全球绿色债券的起步阶段(2007—2012年)

从2007年至2012年的6年间,全球绿色债券累计发行量仅100亿美元左右。欧洲投资银行(European Investment Bank,EIB)于2007年发行的"气候意识债券"为全球第一只绿色债券,之后的绿色债券市场总体来说较为平静,总融资额每年都不超过10亿美元。在此期间,由欧洲投资银行、国际金融公司和世界银行等开发银行主导全球绿色债券市场。

(二)全球绿色债券的快速发展阶段(2013年至今)

全球绿色债券市场自2013年以来,呈现出一种快速发展的势头,发行方以国际金融机构和政府为主。国际金融公司与纽约摩根大通共同发行了IFC绿色债券,各国的公司与地方政府也于2013年正式进入该市场。

2013年11月,法国电力公司开了企业发行绿色债券之先河,发行了19亿欧元的绿色债券。美国能源信息署推行住房清洁能源机制,通过发行绿色债券筹集资金,以推动居民住房及商用住房的绿色化改造;瑞典的哥德堡于2013年9月发行了绿色市政债券,募集资金指定用于环保项目,包括公共交通、水资源管理、能源和废弃物管理项目。

2020年,国际绿色债券发行量延续了2013年以来的增长趋势。根据气候债券倡议组织(Climate Bonds Initiative,CBI)的统计(如图4-2所示),2020年全球绿色债券发行规模达到2 695亿美元(约1.74万亿元),创下新的全球纪录,发行规模较上年(2 665亿美元)继续提升。

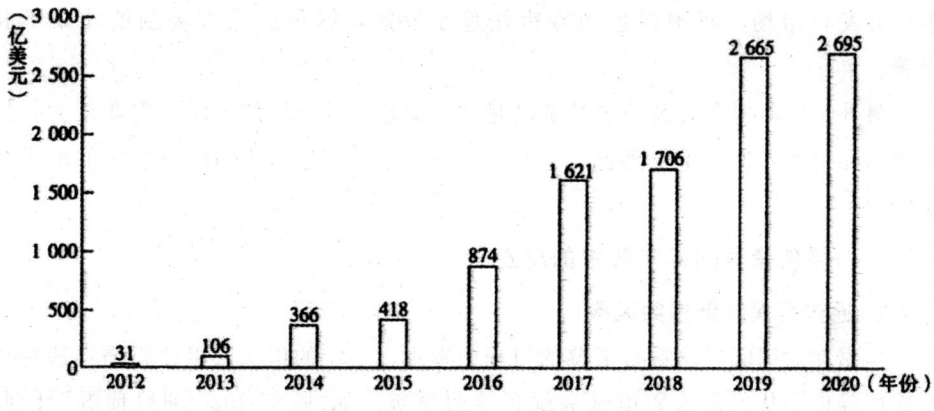

图 4-2 2012—2020 年全球绿色债券年度发行规模①

在市场规模不断增长的情况下,绿色债券的发行人和投资者也呈现多样化的发展趋势。绿色债券存量主要来自政府部门的相关发行,具体而言,主要包括地方政府、多边开发银行、国有企业等。

这组发行人包含市场中最大的发行人——中国铁路总公司、英国国营铁路公司(Network Rail)、欧洲投资银行(EIB)、欧洲铁路车辆设备融资公司(EUROFIMA)及纽约大都会运输署(Metropolitan Transportation Authority)。中国进出口银行作为中国三家政策性银行之一,于 2016 年 12 月初发行了第一只绿色债券。

联合资信发布的《2019 年度绿色债券运行报告》显示,2019 年,国际绿色债券参与主体继续扩大,新发绿色债券共涉及 51 个国家和地区,其中有 8 个为新增国家,绿色债券发行期数、发行家数和发行规模均大幅增加;绿色债券期限以 3 年期和 5 年期为主,AAA 级集中度有所上升;国有企业仍是绿色债券的主要发行人;募集资金主要投向清洁交通、清洁能源和污染防治领域。展望未来,国际绿色债券发行量有望稳步增长,国内绿色债券市场也将进一步发展和完善。

不仅如此,国际绿色债券的发行货币种类也逐渐增多,贴标绿色债券的发行货币中美元和欧元依旧占比较大,同时还存在以人民币、加拿大元、英镑、卢比、卢布、韩元等 25 种货币标价的债券。截至 2020 年,美国、德国和法国地区的发行规模在全球绿色债券市场中排名前三。2016 年,中国成为全球最大的绿

---

① 资料来源:《2020 年度绿色债券运行报告——我国绿色债券标准将迎来统一,绿色债券发行期数稳步增长》,https://max.book118.com/html/2021/0224/6233010101003110.shtm。

色债券发行市场,我国绿色债券市场稳步发展,绿色债券市场制度体系不断完善。

另外,保险投资者及养老基金已是贴标绿色债券市场的一股主要驱动力,扮演着国际投资者这一重要角色,它们将会在各个国家进一步刺激绿色债券的发行量增长。

(三)绿色债券国际实践中的特点

1. 通过担保降低违约风险

本书在对国际经验进行借鉴的过程中发现,一定的担保可以使得债券违约风险有所降低,从而最大限度地为绿色项目增级。如"欧洲 2020 项目债券"计划,旨在为能源、交通、信息和通信网络建设融资的债券由项目的负责公司承担发行责任,并由欧盟和欧洲投资银行通过担保的方式提高信用级别,以吸引更多的机构投资者。在金融危机发生之后,美国绿色市政债券市场持续升温,并发行了第一只绿色担保债券。

2. 绿色市政债券被广泛应用

绿色信贷和绿色投资的资金可以由绿色债券以较低的融资成本为其提供,并能够使得期限错配的风险得以减少。从国际的主要经验来看,绿色市政债券的发行可以很好地来解决地方政府城镇化环保产业投融资的问题。如美国很大一部分绿色市政债券用于环境工程和能源建设,而日本和英国的污水处理融资很多是来自绿色市政债券。

瑞典的哥德堡作为全球绿色城市债券联盟的一员,于 2013 年 9 月正式发行了绿色市政债券,募集资金指定用于环保项目,其中具体包括公共交通、水资源管理、能源和废弃物管理项目。该债券制定并公布的《绿色债券框架协议》主要包括债券发行期、投资者范围、资金使用投向等信息,能使投资项目相关信息的公开透明得以确保。

绿色债券作为城镇化融资的一个重要工具,还得到了更为广泛的具体应用。如美国能源信息署推行住房清洁能源机制,通过发行绿色债券筹集资金,以推动居民住房及商用住房的绿色化改造。房主仅需支付小额首付,剩余改造费用可以采用分期付款方式在 10~20 年付清。该债券以被改造的住房为抵押,并将分期付款与财产税绑定以对违约风险进行相应防范。

三、我国绿色债券的发行条件和流程

(一)绿色债券的发行条件

1. 绿色金融债券

中国人民银行于2015年12月22日正式出台《中国人民银行公告》(〔2015〕第39号)及《绿色债券支持项目目录(2015年版)》,在《中国人民银行法》《全国银行间债券市场金融债券发行管理办法》的基础上,对绿色金融债券的发行提出特殊的要求,具体包括发行主体、申报材料、第三方认证、募集资金、信息披露等方面的规定。绿色产业项目范围主要参照《绿色债券支持项目目录(2015年版)》。

(1)发行主体相关规定

金融机构法人在发行相应的绿色金融债券时,其具体条件与发行普通金融债券略有差异:一是绿色金融债券发行人最近一年应为盈利状态(开发性银行、政策性银行除外),这与《全国银行间债券市场金融债券发行管理办法》的规定有所不同;二是具有完善的绿色产业项目贷款授信、风控、营销等制度规定和成熟的业务团队。

(2)申报材料要求

金融机构法人在进一步申请发行绿色金融债券的过程中,除了要满足财务报告、审计报告等要求外,还应当额外向中国人民银行报送以下相关材料:一是发行绿色金融债券申请报告;二是绿色金融债券募集说明书,其中应当包括募集资金拟投资的绿色产业项目类别、项目筛选标准、项目决策程序和环境效益目标以及绿色金融债券募集资金使用计划和管理制度等;三是募集资金投向绿色产业项目的承诺函。

(3)鼓励第三方认证

根据《中国人民银行公告》(〔2015〕第39号),除了要在绿色金融债券发行时鼓励发行人提交独立的专业评估或认证机构出具的评估或认证意见以外,还在绿色金融债券的存续期内鼓励发行人按年度向市场披露第三方认证报告,对绿色金融债券支持绿色产业项目发展及其环境效益影响等实施持续跟踪评估。

尽管在相关的法规中,并未对第三方认证进行强制要求,仅是以鼓励的方式提出,但市场上大多数绿色金融债券进行了第三方认证,向市场表明其债券绿色属性的可靠性。如果缺乏第三方认证,在信息不对称的情况下,市场将怀疑发行人所发行的绿色金融债券同普通金融债券的区别,导致发行人可能无法享受到绿色金融债券相对于普通金融债券的优势。

此外,在绿色金融债券发行后,第三方认证机构会持续参与评估过程,可以让市场检验绿色金融债券发行后的成效,保障相关信息的公开透明,这一举动也是有助于发行人后续发行绿色金融债券的。

(4)募集资金管理

①资金账户。在资金账户方面,绿色金融债券的发行人应当开立专门账户或建立专项台账,进一步加强对绿色金融债券募集资金的到账、拨付及收回的管理,最大限度地保证资金专款专用,在债券存续期内全部用于绿色产业项目。这一规定是为了能够有效地保证绿色金融债券所募集资金投入绿色项目。而混用账户将导致难以对资金进行动态跟踪,将对绿色金融债券发挥其绿色功能形成一定的阻碍。

②资金用途。在资金用途方面,绿色金融债券的发行人应当在募集说明书承诺的时限内将募集资金用于绿色产业项目。募集资金闲置期间,发行人可以适当地将募集资金投资于非金融企业发行的绿色债券以及具有良好信用等级和流动性的货币市场工具。

(5)信息披露要求

绿色金融债券发行人应当按季度向市场披露募集资金的具体使用情况。发行人应当于每年4月30日前对上一年度募集资金使用情况的年度报告和专项审计报告,以及本年度第一季度募集资金使用情况做相关的披露,并将上一年度绿色金融债券募集资金使用情况向中国人民银行报告。

(6)政策支持

在得到相关政策的支持下,发行人在发行绿色金融债券时,可以在一定程度上按照具体的规定进一步纳入中国人民银行相关货币政策操作的抵(质)押品范围。

2. 绿色公司债券

上海证券交易所和深圳证券交易所分别于2016年3月16日和4月22日发布《关于开展绿色公司债券试点的通知》和《深圳证券交易所关于开展绿色公司债券业务试点的通知》。

2017年3月2日,中国证监会出台《中国证监会关于支持绿色债券发展的指导意见》,在《证券法》《公司债券发行与交易管理办法》《公司债券上市规则》《非公开发行公司债券业务管理暂行办法》的基础上,对绿色公司债券的发行提出特殊的要求，具体包括发行主体、申报材料、第三方认证、募集资金、信息披露等方面的规定。绿色产业项目范围主要参照《绿色债券支持项目目录(2015年版)》。

(1)发行主体相关规定

在对发行主体的相关规定中，绿色公司债券的发行主体除了要符合现行公司债券的发行条件外，原则上不得属于高污染、高耗能或其他违背国家产业政策导向的行业。

另外，还应该重点支持以下主体发行绿色公司债券：一是长期专注于绿色产业的成熟企业；二是在绿色产业领域具有领先技术或独特优势的潜力企业；三是致力于中长期绿色产业发展的政府和与社会资本合作项目的企业；四是具有投资我国绿色产业项目计划或致力于推动我国绿色产业发展的国际金融组织或跨国公司。

(2)申报材料要求

在发行人申请具体发行绿色公司债券的时候，除满足现行公司债券发行要求报送的材料外，还应当报送以下相关材料：一是绿色公司债券募集说明书，其中应当包括募集资金拟投资的绿色产业项目类别、项目认定依据或标准、环境效益目标、绿色公司债券募集资金使用计划和管理制度等内容；二是募集资金投向募集说明书约定的绿色产业项目的承诺函。

(3)鼓励第三方认证

在绿色公司债券处于申报前及存续期内时，应当鼓励发行人主动提交由独立专业评估或认证机构就募集资金拟投资项目属于绿色产业项目所出具的评估意见或认证报告，进一步对绿色公司债券支持的绿色产业项目进展及其环境效益等实施持续跟踪评估。

(4)募集资金管理

①资金账户。在资金账户方面，发行人应当对专项账户进行指定，用于绿色公司债券募集资金的接收、存储、划转与本息偿付，确保资金真正用于符合要求的绿色产业项目。受托管理人应当勤勉尽责，对发行人发行绿色公司债券的募集资金使用和专项账户管理情况做好持续的督导。②资金用途。在资金用途方面，发行人应当在募集说明书中约定将募集资金用于绿色产业项目建设、运营、收购或偿还绿色产业项目贷款等，并按照有关规定或约定管理募集资金。

(5)信息披露要求

如果绿色公司债券处于存续期内，那么发行人在定期报告等文件中，应当对绿色公司债券募集资金的使用情况、绿色产业项目进展情况和环境效益等内容做相关的披露。绿色公司债券受托管理人在年度受托管理事务报告中也应针对上述内容进行披露。

(6) 政策支持

应明确为绿色公司债券提供一定的政策支持，具体包括：一是设立绿色公司债券申报受理及审核"绿色通道"，实行"专人对接、专项审核"，适用"即报即审"政策，提高绿色公司债券上市预审核或挂牌条件确认工作效率；二是对绿色公司债券统一标识"G"标，将绿色公司债券同普通公司债券相区别，积极引导资金支持绿色产业。

3. 绿色企业债券

国家发展改革委于 2015 年 12 月 31 日发布《绿色债券发行指引》，在企业债券现行审核政策及《关于全面加强企业债券风险防范的若干意见》的基础上，适当地调整了部分发行要求，并对绿色产业项目做了界定。绿色产业项目范围主要参照《绿色债券支持项目目录(2015 年版)》。

(1) 发行主体相关规定

《绿色债券发行指引》在现行企业发行要求的基础上，适当对绿色企业债券的发行条件进行了放宽。第一，绿色企业债券募集资金占项目总投资比例放宽至80%(相关规定对资本金最低限制另有要求的除外)，而普通企业债券要求用于项目的债券资金占总投资的比例不超过 70%。第二，发行绿色债券的企业不受发债指标限制。第三，在资产负债率低于 75% 的前提下，核定发债规模时对企业其他公司信用类产品的规模不予考察。

(2) 申报材料要求

关于对申报材料的具体要求，主要就是绿色企业债券需要提交一些与之相关的现行企业债券发行过程中所要求准备的具体材料，其他方面并没有什么特殊的要求。

(3) 第三方认证

关于进行第三方认证，绿色企业债券通常是由国家发展改革委下设的资源节约和环境保护司以及应对气候变化司在申报阶段进行相关的认证，并不需要采取第三方认证的形式进行。

(4) 募集资金管理

绿色企业债券未对资金专户提出明确要求。在募集资金投向方面，要求资金专门投向绿色循环低碳发展项目。另外,绿色企业债券在募集资金用途方面具有政策优势。一是绿色企业债券允许企业将不超过50%的债券募集资金用于偿还银行贷款和补充营运资金,而普通企业债券要求补充营运资金不超过债券资金的40%。二是信用评级为AA＋级且运营情况较好的发行主体,可使用募集资金置换由在建绿色项目产生的高成本债务。

(5)信息披露要求

《绿色债券发行指引》未对绿色企业债券的信息披露进行特殊规定。

(6)政策支持

除放宽部分准入条件和资金用途外,绿色企业债券发行还具有其他方面的政策优势,具体包括以下三个方面。第一,按照"加快和简化审核类"债券审核程序。国家发展改革委对"加快和简化审核类"的发债申请将进一步提高审核效率,原则上审核控制在30个工作日以内。第二,发债企业可根据项目资金回流的具体情况科学设计绿色债券发行方案,支持合理灵活设置债券期限、选择权及还本付息方式。第三,允许绿色企业债券面向机构投资者非公开发行。

4. 非金融企业绿色债务融资工具

中国银行间市场交易商协会于2017年3月22日正式发布《非金融企业绿色债务融资工具业务指引》(以下简称《指引》)。所谓非金融企业绿色债务融资工具,是指境内外具有法人资格的非金融企业在银行间市场发行的,募集资金专门用于节能环保、污染防治、资源节约与循环利用等绿色项目的债务融资工具。绿色产业项目范围主要参照《绿色债券支持项目目录(2015年版)》。

(1)发行主体相关规定

《指引》并未进一步详细地对发行主体进行一些特殊方面的要求,因此,在这里就不再做过多的陈述。

(2)申报材料要求

在金融机构法人申请发行绿色债务融资工具的过程中,除了应该满足现行非金融企业债务融资工具发行要求外,还应在注册文件中对绿色项目的具体信息进行明确披露,该信息包括但不限于:绿色项目的基本情况;所指定绿色项目符合相关标准;绿色项目带来的节能减排等环境效益目标。

(3)鼓励第三方认证

积极鼓励第三方认证机构对企业发行的绿色债务融资工具进行评估,并出具评估意见和披露相关信息。鼓励第三方认证机构在评估结论中披露债务融资工具的绿色程度,并对绿色债务融资工具支持绿色项目发展及环境效益影响等实施跟踪评估,把相关的评估报告进行定期发布。

(4)募集资金管理

①资金账户。在资金账户方面,企业发行绿色债务融资工具应设立募集资金监管账户,由资金监管机构对募集资金的到账、存储和划付实施管理,确保募集资金用于绿色项目。②资金用途。在资金用途方面,企业应将绿色债务融资工具募集资金用于绿色项目的建设、运营及补充配套流动资金,或偿还绿色贷款。绿色贷款应是为绿色项目提供的银行贷款或其他金融机构借款。在绿色债务融资工具存续期内,企业变更募集资金用途,应至少于变更前5个工作日披露变更公告,变更后的用途仍应符合《指引》的要求。

(5)信息披露要求

企业在发行绿色债务融资工具的过程中,除了应该按照现行规则披露信息外,还应通过中国银行间市场交易商协会认可的途径,于每年4月30日前披露上一年度募集资金使用和绿色项目进展情况,于每年8月31日前对本年度上半年募集资金使用和绿色项目进展情况进行披露。

(6)政策支持

关于政策支持,中国银行间市场交易商协会将为绿色债务融资工具的注册评议开辟一条"绿色通道",进而加强绿色债务融资工具注册服务,并对绿色债务融资工具接受注册通知书进行统一标识。根据《中国人民银行公告》(〔2015〕第39号)的相关要求,积极指引将所规定的绿色债务融资工具纳入绿色金融债券募集资金的投资范围。

(二)绿色债券的发行流程

对于绿色债券而言,其所具有的吸引力主要表现在框架结构、关键要素以及流程等方面。从满足相关的发行条件到绿色债券的注册发行以及后期的监管披露等,绿色债券与普通债券处于相同的法律监管框架,除受到相同的法律法规以及财务要求的制约外,还应当遵循绿色债券框架,它为发行人提供了额外的、严格的信息披露流程,接下来将进一步对绿色债券发行的各个阶段的具体标准步骤进行细述。

1. 发行前阶段

(1)满足相关先决条件

在发行人决定发行绿色债券时,有三个先决条件应该予以满足。第一,债券发行募集的资金应为符合相关绿色标准界定的项目提供融资或再融资。在不同国家、地区的司法管辖区，绿色标准在解读和评估执行等方面差异较大。第二，权衡发行过程中的成本和风险，具体包括：发行及持续追踪、监控和报告的成本；与"漂绿"有关的声誉风险；环保认证监控日趋严峻的合规风险；违反绿色条款的潜在违约金，以保证该绿色债券应为资产或项目筹集资金的最佳工具。第三，发行机构必须满足债券发行需要遵守的所有法律法规、监管要求和财务披露等先决条件，然后联系一个或多个投资银行作为绿色债券的承销商。在大多数情况下，无论是联系一个还是联系多个投资银行，新发行债券都是通过辛迪加（Syndicate）集团或承销商集团进入市场。同时，发行人也需委任一名或多名主承销商（例如擅长绿色债券市场运作的投资银行）准备和执行交易，主承销商实际上充当着发行方与投资大众之间的"中间人"。

（2）制定绿色债券框架

对于绿色债券发行人来说，制定一个绿色债券框架是非常关键的。该框架需要详细描述债券的绿色特性以及发行人对投资者的承诺。每个绿色债券发行人都是独特的，因此应为其量身定制绿色债券框架，以反映发行人的具体情况及其对投资者所做出的绿色承诺。

通常来说，绿色债券框架由发行人与环境顾问（和/或结构顾问）等基于一个标准化的模板（例如《绿色债券原则》）联合制定，在较为理想的情况下，债券结构顾问应是承销集团中的主承销商之一。表4-1的绿色债券框架由北欧斯安银行制作。北欧斯安银行是绿色债券市场的领先顾问以及主承销商，该框架由五大支柱、一系列子流程以及与绿色债券四大原则和模板相一致的关键因素构成。

表 4-1 绿色债券框架

一、定义资金用途	二、遴选项目评估	三、追踪募集资金管理	四、透明度报告	五、验证外部审查进行担保
识别和定义符合绿色债券的投资领域、资产	设立绿色债券筛选程序，确保评估和遴选出符合绿色债券框架的"正确"资产	绿色债券筹集资金应专款专用，支持合格的绿色标准	提升可信度、透明度对投资者和市场来说很重要	可信度是长期发展绿色债券市场的关键

续表

一、定义资金用途	二、遴选项目评估	三、追踪募集资金管理	四、透明度报告	五、验证外部审查进行担保
绿色债券可划分为以下专门针对气候问题的领域： 1. 气候缓和； 2. 环境适应； 3. 环境保护	1. 建立程序及时监视追踪； 2. 建议在筛选过程中加入气候环境因素； 3. 气候环境因素在筛选过程中通常可以一票否决	发行人有几种方法制定债券筹集资金的专款专用，例如： 1. 设立专门账户； 2. 指定专款，并专款专用； 3. 虚拟绿色资产负债表	1. 通过每年公布的投资者信函，提升透明度； 2. 信函内容应包括一份融资领域清单、项目范例以及投资者绿色发展总结等； 3. 识别有关环境影响的指标	1. 独立于发行机构提供第二方意见； 2. 主要目的是验证投资项目的"绿色程度"； 3. 外部担保提供者也应验证筛选过程是否与绿色债券框架保持一致

资料来源：《绿色债券的五大支柱》，https://emsdialogues.org/wp-content/uploads/2020/06/4-S_Sutcliffe_workshop_pres._-_public.trans_.pdf。

表4-1中的这一框架对发行人定义合格绿色项目或资产类别、建立符合发行人投资组合要求的项目、管理募集资金和披露内部流程的方法进行了详细阐述。

《绿色债券原则》为界定绿色项目类别（如果这些类别不由相应监管机构确定）提供了一个全面但并非详尽的绿色债券项目类别清单。该清单涵盖了气候变化缓解和适应、环境保护等不同领域，为发行人提供参考指引。此外，发行人也可以参考具体的行业标准，根据其投资组合和投资板块对类别清单进行相应的修改和定义。

除此之外，发行人还需要对环境法规、具体环境政策等有具体的考虑。在由国家主管部门监管绿色债券市场的国家和地区中，发行人需要确保其项目和资产类别符合国家法律法规。

印度证券交易委员会（SEBI）制定的《绿色债券发行和上市的披露要求》包含募集资金使用相关的类型项目、资产分类，其内容与国际惯例相符。在国际金融公司（IFC）的支持下，摩洛哥证券及债券监察局（AMMC）亦于2016年发布了一份绿色债券指南。由巴西银行联合会（FEBRABAN）和巴西可持续发展商业委员会（CEBDS）联合发布的《2016年巴西绿色债券发行指南》，虽然只是一个不具约束力、不包含固定的绿色债券定义的指南，但它提供了绿色债券支持项目的案例，于广义上符合《绿色债券原则》和《气候债券分类方案》。2019年，国际绿色债券新标准出炉，各个国家或地区也纷纷发布了绿色债券相关政策，推动绿色债券发展。具体来看，2019年6月，欧盟委员会技术专家组（TEG）发布了《欧盟可持续金融分类方案》（以下简称《分类方案》）、《欧盟绿色债券标准》（EU-GBS）等报告，其中《分类方案》通过对67项能有效减缓和应对气候变化的经济活动设立技术筛查标准，为投资者和企业识别绿色经济活动提供了有效的分类工具，是欧盟发展可持续金融的基础。

中国在原有《绿色债券支持项目目录（2015年版）》和《绿色债券发行指引》的基础上，正在加快制定统一的绿色债券标准，2019年发布的《绿色产业指导目录（2019年版）》是绿色金融标准建设工作的又一重大突破。该文件将绿色产业划分为了六大类别，包括节能环保产业、清洁生产产业、清洁能源产业、生态环境产业、基础设施绿色升级以及绿色服务，在这六大一级分类下又细分为30项二级分类以及211项三级分类，从产业的维度定义了绿色标准，辐射范围更广，并且附有解释说明文件对各项标准和要求进行具体刻画，涵盖内容较为全面和细致，属于绿色通用标准范畴。目前绿色信贷标准以及绿色债券标准依据这一通用标准，同时参考国际绿色标准，正在展开更新和修订，从而建立更加科学、统一的绿色信贷标准与绿色债券标准。随着全国绿色标准的逐步统一，地方出台的绿色金融标准建议参照全国标准进行修订，或是直接采纳全国标准。上市公司则由中国证券监督管理委员会管理，而高耗能和高排放的公司是被禁止发行绿色债券的。

当然，发行人还需通过与发行机构内的财务部门和可持续发展部门的工作人员开展相关的对话，以更好地界定绿色债券类别、识别发行人投资组合中潜在的绿色项目并最终选择合格项目。若公司内部缺乏相应的环境专业人才，为确保债券发行的环境完整性，建议向外部专家进行咨询或适当地引入外部环境认证标准。

关于项目评估和遴选的程序应该记录在绿色债券框架内，框架应整体概括发行人确定符合资格绿色项目的决策过程，包括风险评估的标准和相关的外部认证。这些信息在一定程度上来讲是应该被纳入发行人的总体可持续目标与战略之中的。

(3) 外部评定绿色债券框架

关于外部评定绿色债券框架，本书建议强制规定发行人将绿色债券框架与相关文件交由第二方意见提供方、第三方审计师或绿色债券认证机构进行外部评估。通过对发行人绿色债券框架的独立审查（但不涉及绿色债券发行的财务特点），可以进一步为投资者提供相关透明、可靠的项目信息，有助于投资人投资于超越国家标准的项目，或投资于具有特殊环境和程序特征的绿色债券。

而债券绿色标签之外的信用评级，则主要由大型评级机构（如穆迪、标准普尔、惠誉、大公等区域性机构）重点基于发行人及融资项目、资产的风险和回报等因素进行评定。它决定了债券的风险溢价和购买债券的投资者群体，例如，许多机构投资者的资金由于受监管规定的限制，仅能分配到包括四个最高评级类别的资产项目。

虽然通常无法对债券是否进行信用评级做出强制规定（如对于一些私募发行的债券），但债券一般会进行信用评级，甚至许多市场参与者会主动要求债券进行信用评级，因为这样可以降低投资者和发行人情况的不确定性。

因此，考虑到预计降低的借款成本可能大于与信用评级相关的成本支出，通常建议发行人进行信用评级。

(4)建立管理募集资金的结构

绿色债券框架在关于发行人的定义中要求，发行人需要开立单独的专户或专项台账或建立其他程序，以确保能追踪债券募集款项的使用情况。

一般而言，在理想的情况下，绿色债券框架中会对结算期内的资金分配、暂时的合格投资工具和资产进行明确的规定，以最大限度地确保排除非绿色项目和资产。

(5)及时的信息披露

投资者在认购相关的普通债券时，不会要求得知任何有关募集资金使用的信息，但是，如果要认购绿色债券，那么发行人将募集资金只能用于具有环境效益的项目或项目分类，因此投资者期望能定期地（通常为每年一次）获悉其资金被用于何处。由于债券的原买家或许会在二级市场进行交易债券，因此，这些资料应对公众保持开放的状态。另外，有关投资的环境影响资讯也应尽可能地保持一种向公众开放的状态。

(6)制定销售策略

账簿管理者需要根据债券、发行人和市场条件的各种特征制定销售策略，其中包括定价、营销和联动计划等。绿色债券将根据具有相近到期日的未到期债券或者基准利率加上风险溢价和新发行溢价等进行相关的定价。

第四章 我国绿色金融产品的发展与建议

其中，风险溢价和新发行溢价或利差由主承销商基于发行人和债券的类型、评级、利率、税收和预期流动性以及整体市场状况而定。因此，除非债券的绿色特征对金融风险和收益曲线有十分明显的影响，否则绿色债券的定价与普通债券是相同的。

（7）准备相关文件与尽职调查

各个承销商负责的债券准备和发行相关工作通常是由发行人进行指定，具体来说，主要包括协调法律要求和条款说明、营销和媒体报道、债券簿记以及预订和交付等。相关文件须由发行人和律师事务所进行尽职调查。此外，本书建议在发行绿色债券之前，发行人应为投资者和公众提供绿色债券框架和评定文件等重要文件，即第二方意见。

与发行普通债券相比，发行绿色债券并不需要任何的额外法律文件，但绿色债券所募集资金的用途应明确地列于条件或最终条款内。发行人应召开董事会审议债券融资方案，并把董事会的决议予以公告。

（8）债券销售方案的策划及评估

在发行前阶段，由承销商成立承销集团，根据债券交易的性质（即策略性配置与交易性机会），向发行人提供多方面的建议，例如，债券的计价币种、债券到期日以及目标投资者群体等，以识别债券发行的目标市场，实现最优筹资。这种评估通常会考虑预期回报和风险（如信用和流动性风险以及包括利率环境和通货膨胀在内的宏观经济风险），但对于国际投资者，特别是那些在新兴市场进行投资的投资者，主权债务风险和汇率风险也是需要考虑的因素。另外，绿色债券是否贴标也是投资者投资绿色债券所考虑的因素。

（9）国内市场发行绿色债券

与国际发行相比，发行人在国内市场发行绿色债券的过程中可以享受到更多的好处，例如无须货币汇兑和对冲（可避免潜在成本）、具有更高的知名度（可降低营销成本）等。这些成本优势有助于发行人，特别是小型发行人进入债务资本市场，并且使发行规模较小的债券成为极大的可能。

另外，因为国内没有发达的金融与资本市场，法律制度也不够完善、宏观经济具有不确定性等，所以能够明显地发现国内市场不如国际市场成熟。如果发行人和投资者群体的广度和深度不够，尤其是那些关注绿色发展或可持续发展的发行人和投资者群体不够成熟的话，国内绿色债券的流动性水平就会在很大程度上受到限制，这会导致更高的资本成本和交易价格出现更频繁的波动。

因此，决定是否发行绿色债券的重要先决条件就是明确识别对绿色债券的潜在需求，评估国内市场状况，特别是不同类型的国内和国际投资者(如保险公司、养老基金、资产管理公司、主权财富基金，银行和金融机构以及其他类型的"合格投资者"等)的风险偏好、回报要求、投资限制和资产组合等。

(10)国际市场发行绿色债券

由于国内市场存在一定的局限性，于是进入国际市场发行绿色债券也许对一些发行人来说更具吸引力。在国际市场上发行绿色债券，可以拥有更多样化的投资者群体、更大的发行数量和更长的债务期限。

但是，与此同时相应的风险也会有所增加，如潜在的一些外汇汇率波动，以及海外营销、监管法规、文件准备造成的更高交易成本等。

(11)定义绿色债券类型和结构

在发行人能够进一步满足债券发行管辖区内的监管和披露要求的情况下，发行人和主承销商将根据发行人的融资需求、具体情况和整体市场状况，就绿色债券的类型和结构达成一致。目标融资规模、期限、价差、息票、付款方式和货币等是绿色债券的主要结构或条款。

(12)绿色债券的营销

在市场上，绿色债券长期以来都受到高度的重视，尤其是可持续性一直受到投资者的重点关注。因此，绿色贴标在主承销商制定的营销策略中发挥着十分关键的作用。绿色贴标本身可被视为"价值发现工具"，它可以帮助具有绿色偏好的投资者从全球范围内发行的大量固定收益债券中识别与其投资偏好一致的债券。

(13)激励机制的考量

各种机构(包括公共金融机构)和国际组织，如《欧盟项目债券倡议》、"信用担保与投资基金"(CGIF)为项目债券提供了一定的增信机制，考虑到成本与效益(即较低的目标风险溢价是否能超过增信开支的成本)，应该对增信方案进行谨慎的考虑。与此同时，母公司、政府、商业银行或国际金融机构的担保，以及保险公司提供的保险也是降低债券相关风险的选择。

另外，在某些管辖区应该针对绿色债券发行人和投资者设置一定的财政激励措施。例如，在美国，绿色市政债券可以享受免税待遇。在国内，中国金融学会绿色金融专业委员会正在进一步探索促进国内绿色债券市场扩大的潜在激励政策。

(14)注册发行债券

在发行债券之前，必须在具有管辖权的监管机构进行相应的登记注册。管辖区域、发行人、债券类型不同,在进行登记注册过程中的要求也可能有所不同。同时,注册的相关文件,例如初步募集说明书、发行机构的财务记录和报表,必须提交监管机构予以相关审批。

在某些司法管辖区,募集说明书(包括发行人的业务和管理简介、主要投资者、债券发行条款和财务风险的信息)需要在发行前,由主管机构予以审批;在其他司法管辖区,债券发行的营销可在注册声明提交后、监管机构最终审批之前正式开始。

2. 启动和发行阶段

(1)公告绿色债券的发行

在公告发行绿色债券之前,主承销商将针对机构投资者举办"路演活动",组织召开会议,收集投资者对价格区间、投资亮点、可比公司、定价方法等问题的反馈。

在营销期结束之后,主承销商公告绿色债券的发行,向投资者征求订单,并在利差限定范围内为该债券的发行"建立账册"。其他发行详情,例如发行规模和期限,也会根据发行人在营销活动期间收到的投资者反馈做出调整。在债券发行前,辛迪加集团可能会扩大,不断纳入那些在专业投资团体中具有良好配售权的银行[1]。一旦发行人和主承销商在举办"发行/不发行"联合会议之后,必须通过各自的渠道(即路透社、彭博资讯和其他市场数据提供商等)向公众公告债券发行的情况,并开始首次"价格谈判"。

在进行公开招股的过程中,必须向公众提供初步募集说明书。如果不公开募集,发行人也可以采用私募方式发行债券。私募可以促成方便、快捷的交易,但是会限制债券的宣传,从而减弱发行人的品牌效应。发行人一向渴望建立良好的品牌形象,而首次发行绿色债券正是一个不可错过的宣传机会。

(2)簿记建档

募集说明书经过注册及主管部门审批后,将开始吸收相应的订单。订单簿正式开启后,各账册保管人的销售团队将联系并研究它们的投资者和潜在投资者参与交易的可能性,只要订单簿还未关闭,承销团就会持续地向发行人汇报订单簿的具体更新情况,进一步指导发行人进行相应的债券定价。

---

[1] Frank J. Fabozzi. The Handbook of Fixed Income Securities[M]. New York:McGraw-Hill,2012:89.

一般而言，债券的价格通常与订单总量呈负相关。同时，市场参与者也根据整个账册编制过程中接收订单的更新情况，对其订单进行调整。

(3) 绿色债券定价

在进一步完成相应的簿记建档后，发行人会继续决定分配给每个投资者的债券认购数量和发行价格。但最终价格是在销售时确定的，因此债券发行时的市场条件也影响最终定价。并不是所有的债券都使用传统的联合辛迪加方式进行承销，在美元、欧元等市场上还可以采用买入交易、竞价和中期票据连续报价等方式进行。

(4) 进行交易

首先，在债券正式进行发行的过程中，各方要签署相关的认购协议；其次，债券若要挂牌上市，则需要上市主管机构或相关证券交易所批准的募集说明书；最后，在交易结束时，签署其余的文件，债券交付给债券持有人，同时债券价款通过国家托管机构或结算系统统一汇入发行人的账户之中。

3. 发行后阶段

(1) 募集资金管理

发行人在交易结算结束之后，发行所得净额资金款项一旦转入专门账户或专项(子)台账，就可以对所筹集的资金进行分配。一方面，发行人将根据定期流动性管理实践和绿色债券框架中关于未分配募集资金管理的明确承诺，管理专用账户。另一方面，对于债券持有人，发行人需要确保定期(通常是半年度或年度)支付利息及到期支付本金。

(2) 在证券交易所挂牌绿色债券

在绿色债券于证券交易所正式上市和交易的过程中，主承销商需要为其联系相应的上市主管机构和交易所。截至2016年12月，伦敦、卢森堡、墨西哥城、奥斯陆、深圳、巴黎、意大利、里加、阿姆斯特丹、里斯本、约翰内斯堡和斯德哥尔摩等十二地的证券交易所推出了专门的绿色债券上市和分类标准。随后，在交易进行结算时，需要根据相应管辖区的详细要求，通过一个国家登记或结算系统来展开相关事宜。

(3) 监测和报告所筹资金的使用和环境影响

绿色债券发行人想要在一定程度上保证投资者和公众所希望看到的债券发行条款的透明度，就必须合理监测并定期报告所筹资金的分配使用情况。所谓的报告内容包括融资项目清单、项目简要概述、资金分配额度以及未分配筹集资金的

第四章　我国绿色金融产品的发展与建议

使用等。

发行人应根据可行的定性和定量指标,进一步监测预期或实际的环境影响,并通过各种潜在渠道报告,包括投资者信函、年度报告、可持续发展报告以及发行人或项目的专门网站等。2019年6月,国际资本市场协会(ICMA)发布了《绿色债券影响报告》《绿色项目对标》以及《社会债券影响报告统一框架》,对绿色债券、社会债券的标准进行细化[1]。其中,《绿色债券影响报告》包括《统一框架手册》、六大类绿色项目的披露方法与指标以及《绿色债券影响报告编写指南》。《统一框架手册》主要介绍了《绿色债券影响报告》的相关披露要求与建议,鼓励发行人披露募集资金的使用情况且至少每年披露一次环境影响;汇总了六大类绿色项目(可再生能源、能效提升、可持续水资源与废水管理、废物管理和资源效率提升、清洁交通以及绿色建筑)的披露方法与指标,并对各指标进行了详细的解释;给出不同类别项目信息披露的报告模板,以供发行人进行准确规范的信息披露。

这就进一步要求发行人基于《绿色债券影响报告》,采用标准化的报告程序和标准(可能与《绿色债券原则》不太一致)进行监测和报告,以增加不同债券之间的可比性,减少发行人和投资者的交易成本。

(4)获得发行后的外部评审

获得发行后的外部评审,应该由相应机构,包括第二方意见提供方、审计师、认证机构与评级机构等,定期持续地评定和审查项目的合格性、所筹资金的管理和分配、环境影响报告以及信用评级等。

其中,信用评级通常需要向评级机构支付评级维持费以保证评级机构每年的评定审查。如果在这个过程中,有任何评级出现相应的改变,那么通常需要向债券持有者进行相关的报告。

(5)二级市场交易

发行的债券将在二级市场上进行相关交易,但是大部分在柜台市场(OTC)上交易,当然,也有一些在交易所进行交易。通过债券在二级市场中的周期性交易,发行人可以定期获知其发行债券在公开市场上的共识价格信息,观察其债券的价格,了解投资者的预期利率、投资需求情况等[2]。

---

[1] 安永解读:绿色债券、社会债券最新细化标准[EB/OL].http://www.sohu.com/a/327764023-676545.

[2] Frank J. Fahozzi. The Handbook of Fixed Income Securities[M]. New York:McGraw-Hill,2012:106.

对于投资者而言，不但可以持有相关的债券，也可以在二级市场进行折价或溢价出售。因此，在二级市场进行交易的时候，就需要债券财务信息和绿色特征的持续披露。

(6)债券偿付

借款人一般通过支付面值或本金在到期日债务终结时赎回债券。发行人的责任就是支付利息和赎回本金、记录保存等，但通常由担任债券受托人的信托代理人(通常是银行)代为执行。

四、我国绿色债券的发展现状

(一)绿色债券的发展状况

绿色债券正在逐步地成为调动全球债券市场满足绿色投资需求的一个有力工具。目前来看，绿色债券只占全球债券市场的不到0.2%(在中国的比例为2%)，具有巨大的扩张潜力。由此来看，绿色债券市场的规模需要得到迅速扩大。

中国的绿色债券起步较晚一些。直到2015年，中国才着手正式建立绿色债券的制度框架。2015年下半年，在监管层的推动下，绿色债券在中国开始加速发展。2015年7月14日，北京市金融局、中国人民银行营业管理部、北京节能环保中心等16家单位共同签署了《绿色债券联盟发起成员单位合作备忘录》。这代表着各单位将据此在各自职责范围内进行密切的合作，助推北京辖内企业在境内外资本市场发行绿色债券。2015年7月，新疆金风科技发行了绿色企业债券。2015年年底，中国农业银行在伦敦发行绿色债券。2015年12月，中国人民银行发布公告称，在银行间债券市场推出绿色金融债券，即金融机构法人依法在银行间债券市场发行的、募集资金用于支持绿色产业项目并按约定还本付息的有价证券。

2016年，有35个新的中国绿色债券发行人进入市场，其中两个最大的发行人是上海浦东发展银行和兴业银行，其绿色债券占中国发行规模的43%，它们也成为2016年全球范围内最大规模的绿色债券发行人。

在上海浦东发展银行、兴业银行分别发行境内首批绿色金融债券且全部实现超额认购后，引来各金融机构和企业的参与。中国绿色债券市场呈现快速增长态势，2016年发行规模达2 000亿元，占全球绿色债券发行规模的近40%，已成为全球最大规模的绿色债券发行市场。

历经4年的发展，截至2019年年末，我国境内外累计发行绿色债券(含资产证券化)545只，发行总规模已突破1.1万亿元(如图4-3所示)。2019年，我国境内外贴标绿色债券发行总规模创历史新高,总计发行218只绿色债券(含资产证券化),发行总规模达3 613.73亿元,同比增幅达34.5%。其中,境内市场发行贴标绿色债券165只,发行规模达2 458.63亿元;发行绿色资产证券化产品(绿色ABS、绿色ABN)32只,募集资金392.03亿元;在国际债券市场发行绿色债券21只,发行规模约合人民币763.07亿元。此外,2019年我国发行非贴标绿色债券492只,发行规模达1.63万亿元,其中5 582.56亿元投向各类绿色项目。

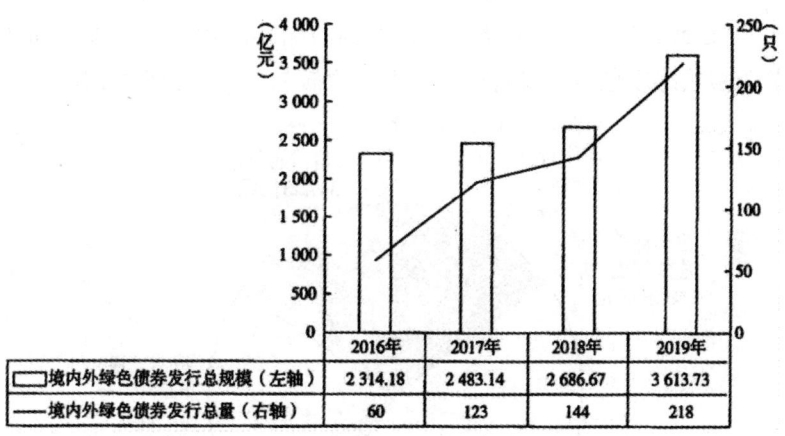

图4-3 2016—2019年中国境内外绿色债券(含资产证券化)发行情况[1]

随着发行规模不断增大,绿色债券发行占整体债券市场发行比例上升,信用债券仍为主要发行产品。2019年,中国人民银行三次下调金融机构存款准备金率,通过"小幅度、高频率"的公开市场操作保持流动性合理充裕,债券市场发行利率整体下行,为绿色债券市场发行量创历年之最奠定了基础。从整体发行情况来看,2019年我国债券市场发行债券4.37万只,总发行量达45.18万亿元,相比于2018年的43.84万亿元实现了稳步增长。绿色债券受益于债券市场发展环境,贴标绿色债券发行量占债券市场总量的比重由2018年的0.47%上升至2019年的0.54%,但总体占比仍然较低[2]。从当前绿色债券的发行结构来看,信用债券仍为绿色债券发行的主要债种,利率债券的发行比例仍然较低。在2019年陆续出台的关于绿色市政债券的相关政策引导下,未来以利率债券发力提升绿色债

---

[1] 资料来源:IIGF观点!中国绿色债券市场2019年度分析简报(上)[EB/OL]. http://iigf.cufe.edu.cn/info/1012/1359.htm.
[2] 中国绿色债券市场2019年度分析简报(上)[EB/OL]. http://iigf.cufe.edu.cn/info/1103/3269.htm.

券整体发行量前景可期。

从整体来看,2019年我国境内发行贴标绿色债券募集的2 458.63亿元资金中,有2 131.01亿元实际投向了符合《绿色债券支持项目目录(2015年版)》规定的项目,占比高达86.67%。《绿色债券支持项目目录(2015年版)》将符合绿色债券投向规定的项目分为六大类31个小类。从一级分类的投向来看,2 131.01亿元资金中,以绿色金融债券为主的部分债券投向了多个领域,在单一投向中,清洁交通领域发行绿色债券的规模最大,达385.30亿元;清洁能源次之,发行规模为347.23亿元;用于污染防治、资源节约与循环利用、生态保护和适应气候变化、节能领域的绿色债券发行较少,占比均低于10%(如图4-4所示)。

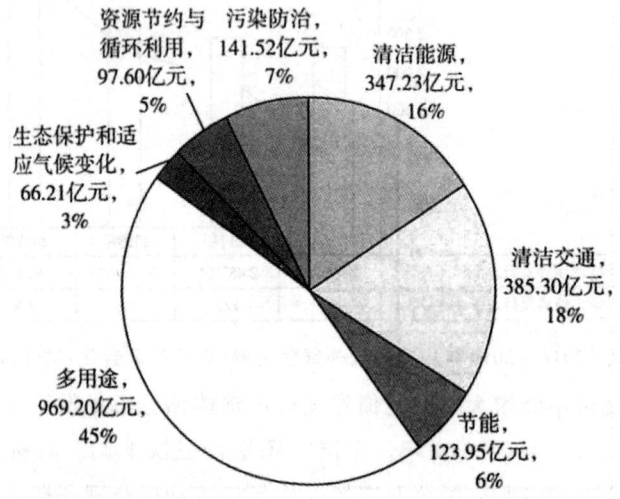

图4-4 2019年中国境内贴标绿色债券募集资金投向分布①

(二)绿色债券的创新和风险

1. 绿色债券的创新

(1)注重绿色债券创新的示范效应

对于公共机构及银行而言,它们会相应地发行示范性的国内绿色债券。之所以这样做,具体的目的是让国内投资者的需求明确地浮出水面,只有这样,才能够进一步为其他投资者的投资提供指导并为一个初期市场带来一定程度上的流动性。

---

① 资料来源:中央财经大学绿色金融国际研究院发布的《中国绿色债券市场发展报告(2019)》。

(2)对绿色债券的信用增级

在进一步对绿色债券的信用进行增级的时候,应该由政府设立专项基金,对较低评级的绿色债券新品种提供相应的担保,从而进一步实现外部增信,提升绿色资产价值。2016年5月,浙江吉利以增强型评级(A1/A/A)发行了一只绿色债券,并提供了来自中国银行伦敦分行开出的备用信用证担保。

(3)对绿色债券的经济激励

对于绿色项目而言,由于其周期较长且前期具有较高的成本,因而建议对绿色项目实施价格补贴、财政贴息和投资补助等优惠措施。在中国,对贴标绿色债券的税收激励于2015年3月由中国人民银行提出。在国外,2015年12月,印度证券交易委员会(SEBI)为印度可再生能源项目的500亿卢比债券提出了税收激励。

(4)对绿色债券的制度创新

与普通债券相比,绿色债券具有一些特殊制度的安排,如国家发展改革委发布的《绿色债券发行指引》明确规定绿色债券比照国家发展改革委"加快和简化审核类"债券审核程序,提高审核效率,债券募集资金占项目总投资比例放宽至80%,发行绿色债券的企业不受发债指标限制等;2017年3月2日,中国证监会发布的《中国证监会关于支持绿色债券发展的指导意见》中提出建立审核"绿色通道",适用"即报即审"政策等。以上这些制度安排在一定程度上是有助于提升绿色债券发行的便利性的,使得融资成本有所降低。

2. 绿色债券的风险

(1)投资者及债券承销机构缺乏激励

在社会责任投资理念相对欠缺的情况下,若绿色债券不能较其他类别债券提供更高的财务投资收益,则它并不享有比较优势。对于承销机构来说,也是同样的道理。若绿色债券发行程序更为烦琐的话,则其承销绿色债券的动力也会更弱。

(2)环境信息披露机制不完善

由于相关环境信息披露机制不是很健全,对于发行人将募集资金用于绿色项目难以进行确保,从而难以为绿色债券发挥其支持绿色产业发展的作用提供充分的保障。

(3)可能产生监管套利

在给绿色债券开放"绿色通道"的情况下,若监管的节奏跟不上,那么很容易导致非绿色项目套上绿色项目的"外衣",从而与发行绿色债券的初衷有所背离。

(4)不良率的风险

虽然现在的政府对于绿色债券格外的重视,但是如果绿色债券脱掉绿色的"外衣",其仍然是债券,并不会因为披上绿色的"外衣"就免去其偿还债券本息的义务。

而且,它作为一种债务融资工具,仍然需要募集资金的企业或项目具有正常的现金流以保障债券本息的安全。虽然新疆金风科技和中国农业银行的绿色债券均获得了国际投资者数十倍甚至上百倍的超额认购,但华锐风电债券与无锡尚德电力债券一度因面临违约,让债券市场焦躁不安,天威英利债券虽有央企作为后盾,但还是暴露了到期无法还本付息的信用风险。

金融机构发行的绿色金融债券虽然是由金融机构作为偿债主体,但仍然受到其发放的绿色信贷不良率的影响。

(5)绿色债券的发展评价

我国绿色债券市场与采用自愿披露信息方式的海外市场相比,其信息披露目前还需依靠制度加以相关的约束。为了能够进一步保证绿色债券市场的公开和透明,消除投资者对这一新兴融资工具的疑虑,确保资金流入那些合规的绿色项目,监管层应尽快推进信息披露机制的完善,中国工商银行城市金融研究所的张静文指出,目前,中国人民银行规定发行人应当按季度披露募集资金使用情况,并鼓励发行人按年度向市场披露由独立评估机构或认证机构出具的评估报告,国家发展改革委对此却并无规定。而根据中国人民银行第9号文件,由国家发展改革委核准的绿色企业债券无须审批即可直接进入银行间交易市场,未来监管层应考虑进一步完善绿色企业债券信息披露监管规定,避免在同一市场中存在两种监管标准的情况[①]。

(三)绿色债券发展过程中存在的障碍

1. 相关配套政策和法律制度不健全

我国关于绿色债券的理论探索始于2013年,指引性政策开始出现于2015年,专门法律或制度至今尚未完全形成。相关理论与政策则主要受国内经济转型压力、环境保护诉求、国际绿色债券发展拉动等因素影响,被倒逼着开展变革。虽然近年来我国《政府工作报告》数次强调"绿色"理念,并针对绿色债券市场发布

[①] 绿色金融债方兴未艾[EB/OL]. htt://bond.hexun.com/2016-03-26/182982182.html.

了专门性公告和指引,但绿色债券整体的政策与制度建设仍落后于发达国家。

2. 绿色债券国际认可度不高

近些年,我国绿色债券发展迅速,种类逐渐丰富,且覆盖各个不同领域的不同产业,募集资金亦投向环境保护和气候减缓项目。但由于国际社会对绿色债券技术水平、行业和环境的要求较为严格,目前受国际认可的中国绿色债券仅有两类,即新能源企业与商业银行发行的绿色债券,最终导致很多地方政府用于降低能耗和环境保护的项目只能发行普通债券而非绿色债券,而缺乏政府部门主导的绿色债券发行示范,将不利于扩大绿色债券市场占比及降低绿色产业融资成本。

3. 绿色债券存在政策套利机会

目前,我国大多数绿色债券划分的主要依据是发行人是否将之标识为绿色债券。绿色债券获得投资者超额认购现象的发生,反映了投资者对绿色债券的高度认可。在缺乏第三方评价机构进行有效监督时,较难甄别项目的绿色性,部分不良发行人通过"漂绿"进行政策套利,利用绿色债券"外衣"包装非绿色项目以压低融资成本,影响了绿色债券市场的健康发展。

4. 绿色债券评估标准尚不成熟

2016年,中债资信发布了绿色债券评估认证方法体系,填补了我国绿色债券评估标准的空白。但我国绿色债券尚处于起步阶段,专门的绿色债券评估机构少,项目评估标准、信息披露范围不明确等问题普遍存在,阻碍了我国绿色债券的健康发展。随着绿色债券市场规模加速扩大,若不能及时制定出一套统一、可行的第三方评估标准和指引,最终将会损害我国绿色债券市场整体的公信力。

(四)绿色债券问题解决措施及发展路径

1. 优化绿色债券健康发展的制度环境

我国绿色债券的发展离不开外部制度环境、市场交易制度和市场监管制度三者的协同变迁。一方面,政府要在充分认清绿色债券内涵及作用的基础上,参照国际相关绿色投资标准和准则,加强绿色债券外部制度研究,制定出符合我国特色的标准实施体系,统一绿色债券项目界定范围,进一步优化绿色债券结构分类,为促进绿色债券市场的发展排除法律制度上的障碍。另一方面,监管机构应针对各自的监管环节出台相关制度,规范市场参与各方的行为。同时,通过提供专门、高效、便捷的监管服务,优化企业通过绿色债券进行融资的市场环境,吸引更多的国内外投资者承担自身社会责任,促进我国绿色债券市场的快速发展。

2. 加大绿色债券的政府扶持力度

(1) 突出政府的鼓励与引导作用

由于我国绿色债券以政府自上而下的引导为主，企业主动应对气候变化和环境恶化的意识普遍不强。因此，政府的政策性导向应当多元化，针对主体要更广泛，涵盖企业、能源商、投资者等。例如，地方债与绿色债券的有机结合，通过有政府信用担保的地方债和以政府绿色资产作为抵押担保的优惠待遇，结合政府财政补贴、信贷指引、信用组合机制等，更好地发挥政府的引导作用，提高公众对经济发展社会效益的关注，增强绿色债券投资者信心。

(2) 积极推行激励措施

政府要加大绿色项目的政策倾斜力度，通过探索发行双重追索权的绿色债券、减费降税、降低交易成本等措施，充分带动金融机构、市政部门、企业发行绿色债券的积极性。

(3) 加强对募集资金的管理

探索建立绿色的项目资金库，进一步增进募集资金的循环利用，在整合现有资源的基础上，着力完善绿色金融政策支持体系，使募集资金向小微绿色企业债券倾斜。

(4) 推进财税等配套政策的协调与配合，提高金融机构开展绿色金融业务的奖励

综合考量、统筹兼顾各利益相关方在绿色债券发展过程中所担任的角色和具体的利益诉求，从而最大限度地推动和引导我国绿色债券向前发展的进程。

3. 加大债券市场影响效应

为避免政府主导对债券发挥自身资源配置作用的影响，一是要充分利用市场治理机制，保障政府监管的有效性；二是利用行业标杆效应，对运营效果好的机构给予更多政策优惠，为后续实施机构提供追赶动力；三是加大市场监管力度，为避免发行方绿色项目造假，要健全担保机制，强调声誉监管的重要性，确保项目价值，为绿色债券发展保驾护航。

4. 建立第三方认证方法体系

为确保发行绿色债券的企业所募集的资金投入绿色项目，引入独立第三方绿色认证尤为重要。本书建议我国参照国际市场基本原则，制定和完善绿色债券的评估标准，选拔行业内公信力强、技术水平高、客观公正的第三方中介机构作为绿色债券的评估机构，并适时发布推荐认证机构名单，培育和发展本土化的第三

方认证机构，不断提升我国绿色债券在国际市场中的地位。

第二节　我国绿色基金的发展与建议

绿色基金是指专门针对节能减排战略、低碳经济发展、环境优化改造项目而建立的专项投资基金，其目的是通过资本投入促进节能减排事业发展。绿色基金具有节能环保的特性，具有较高的科技含量以及良好的回报前景。

一、绿色基金的概述

（一）绿色基金的概述

绿色基金在我国是一个新生的概念，政府、学术界、实务界对其都有不同的表述，并未形成明确的概念和统一的定义。通常需要在学术界对其进行深入研究、系统论证后，结合实务操作达成共识，再由政府有关部门推出政策并在相关法规中给出权威定义。目前，在人民银行、社科院以及部分金融机构有关专家的研究基础上，形成了一些初步的定义，在不同的著作中表述略有差异，包含的内涵和外延略有不同，本书在比较、分析、吸收有关研究成果的基础上，也做了独立的思考和总结，根据本书的研究和教学目标，形成了代表自身观点的绿色基金的定义。

绿色基金的定义是包含在绿色金融定义范畴内的，是以基金的形式实现绿色金融并服务于绿色经济和绿色事业的具体手段。综合国内外理论和实务界的各种观点，我们对绿色基金做出如下定义：绿色基金是指响应政府绿色发展战略，履行绿色社会责任，能直接或间接产生环境效益，以绿色经济、绿色事业为资金投放方向或以绿色、可持续发展为价值取向的投资基金或公益基金。

定义有两层含义：首先，我们所定义的绿色基金范畴是符合、响应或贯彻国家绿色发展战略目标的，能够直接或间接产生环境效益，具有明显的外部性。其次，绿色基金成立的目的可能是基于投资价值判断，看好"绿色产业"，认为该领域有较高的投资价值，较好的投资回报，值得进行产业布局或资产配置，可以解释为资本回报驱动；或者目的是基于绿色发展、可持续发展等理念，权衡投资回报与推动生态环境改善的关系，以履行责任投资或支持绿色公益事业为首要原则，可以解释为社会责任驱动。

(二)绿色基金的发展价值

1. 对绿色产业的推动作用

发展绿色金融对国家绿色发展战略、绿色政策的执行、绿色产业的发展,具有明显的推动作用。绿色基金是绿色金融的一个重要组成部分,是推动绿色产业发展的重要金融工具和方式,不可或缺也无可替代。相较于绿色信贷、绿色债券以及绿色ABS等金融工具,绿色基金的运作形式更灵活,可以投资的领域也更多,可以将各类不同性质的资金集合在一起,实现各种目的或功能。

在绿色股权投融资活动中,绿色基金是主要的投资主体和组织形式,功能和作用是其他债权类产品无法实现的。特别是对于绿色产业中初创型、民营中小企业,大多数无法达到绿色信贷、绿色债券等途径的融资门槛,尤其需要天使投资和风险投资(VC),绿色股权投资基金则是可以与之相匹配的融资渠道,可以有效支持这类项目的启动和成长。

此外,绿色基金还可以投资于绿色债权类金融产品,而且既可以参与一级市场投资,也可以参与二级市场投资,可覆盖度投资范围广泛,对整个绿色产业的发展可以起到多角度的金融支持,对绿色产业的推动作用具有重要意义。

2. 享受绿色产业发展的红利

从另一个角度看,绿色产业近年来蓬勃发展,产业规模日益壮大,许多优质的绿色项目或企业都取得了快速的发展,既为社会产生了正的环境效益,同时也取得了相应的经济回报,其中不乏好的投资机会。

从金融的本质来看,资本承担风险,同时取得合理回报。看好绿色产业投资价值的资本,可以以绿色基金的形式,参与到绿色产业的发展过程中,享受其发展红利。绿色产业中的一些细分领域,例如:节能领域的合同能源管理,环保领域的危废、医费处理,新能源领域的太阳能、风能利用,绿色交通领域的新能源汽车都有一些优秀的企业快速成长,而参与这些领域投资的绿色基金也取得了丰厚的回报,形成了绿色产业和绿色金融发展的双赢格局。

3. 践行社会责任投资(SRI)的理念

随着社会的进步,人类命运共同体意识的增强,对环境保护、可持续发展的重视,社会责任投资(SRI)的理念日益在国际金融界成为一种新的共识和价值观;日益渗透到企业及金融机构的投资理念、决策和行为中,并最终成为投资绩效的价值评估标准之一。

基金是投资行为的重要载体和主要形式,因此发展绿色基金可以积极有效地践行社会投资理念。英国的绿色投资银行是全球第一家专门致力于绿色投资的绿色基金,其运作目标是减少温室气体排放、提高自然资源使用效率、保护或改善自然环境、保护或提高生物多样性和促进环境可持续发展[①]。

从国际视野来看,参与责任投资的基金规模正快速壮大,众多公募基金、私募基金都将责任投资管理纳入其管理准则和投资逻辑。我国的各类基金近年来积极参与和践行社会责任投资的理念。根据有关统计,持牌的119家公募基金公司中,有54家以上表示在进行投资时会将社会责任履行情况列入投资决策考虑范围内,截至2017年年底,已有近百只践行社会责任投资的公募基金成立。

4. 在金融创新方面的探索

金融业通过创新可以更好地服务于实体经济,绿色金融的产生,正是金融创新的体现和成果。绿色基金由于具备一些独有的特点,对于绿色金融创新的探索有着不可替代的重要价值。

首先,绿色基金具有灵活性。相较于绿色信贷、绿色债券、绿色保险等产品,绿色基金可以根据细分的绿色行业特性、融资主体情况、政策合规要求等因素制定灵活多变的方案,以非标准化的方式设计和运作,最终实现投资目的或者融资方的需求,这些都是信贷、债券、保险等产品不一定能实现的。

其次,绿色基金具有广泛性。绿色基金可以更广泛地服务和渗透到各个绿色细分产业,针对不同的企业规模、情况和融资需求,可以有不同形式的基金与之匹配;同时,绿色基金可以和绿色信贷、债券、保险等产品工具组合搭配,更好地服务于企业或项目;此外,绿色基金还可以设计为投资绿色信贷、债券、保险等产品,为各类绿色金融产品的提供资金支持。

再次,绿色基金具有功能性。政府或社会推动绿色金融发展,具有其目的性、战略性,需要通过金融工具来实现必要的功能,从而达到政策目标、战略诉求。绿色基金可以有针对性地进行设计,实现特定的功能。例如,国家或地方政府发起的政策性绿色发展基金、城市发展基金、气候基金,扶持新能源产业发展的新能源产业专项基金,引导社会资金参与绿色投资的绿色担保基金等。

正是由于绿色基金具有以上这些特性,可以开展更多的金融创新探索,所以发展绿色基金具有重要价值和现实意义,值得更多的研究和实践。

---

① 安国俊. 国内外绿色基金发展研究[M]. 北京:中国金融出版社,2018,153.

二、发展绿色基金的国际经验

目前，全球可持续发展已进入以绿色经济为主要驱动力的新阶段。美国的"绿色新政"、日本的"绿色发展战略"总体规划、德国的"绿色经济"研究等都表明，经济的"绿色化"是增长的新引擎已经成为世界的共识。

绿色基金的发展势必会对低碳经济起到促进作用。设立绿色发展基金已被列入"十三五"规划，如何深化投融资体制改革，通过政府投资引导社会资本，借鉴普惠金融，发展绿色基金市场，以带动更多的民间资本进入低碳环保行业也成为国内外各方的关注点。G20财长和央行行长会议对政府通过绿色金融带动民间资本进入绿色投资领域已达成共识，政府与社会资本合作的绿色发展基金将成为重要路径，也一定会成为中国可持续发展的新动力。

绿色信贷、绿色债券、绿色基金、绿色保险都是绿色金融体系的重要组成部分。作为资金来源广泛的绿色基金，包括绿色产业基金及绿色担保基金，在金融体系下更具有举足轻重的作用。目前，内蒙古、云南、河北、湖北等地已经纷纷建立起绿色发展基金或环保基金，以推动绿色投融资。这对地方政府投融资改革和统筹协调绿色城镇化资金的筹措十分有利，也会推动绿色发展的进程。

（一）绿色基金的发展背景

从人类社会的发展趋势来看，可持续发展已经进入以绿色经济为主驱动力的新阶段，绿色发展已经在各主要经济体达成共识。我国正在构建多层次的资本市场，以完善金融体系服务于实体经济。绿色经济的发展必然要求建立完善的绿色金融服务体系进行配套支持，也即绿色金融要良好地服务于绿色发展，而绿色金融需要适当的工具手段或者金融产品来实现这一目标，于是产生了绿色信贷、绿色债券、绿色保险、绿色基金等金融产品和手段。这些金融工具彼此各有特点和优势，其中绿色基金由于具备特殊的功能以及其他金融工具无法实现的作用，在实践操作中被广泛应用，并得到快速发展。

从国际绿色金融的发展形势来看，绿色基金正逐步成为解决国际环境、气候、低碳、可持续发展中诸多问题的重要有效解决方式。相关国际组织纷纷发起各种绿色基金以实现其特定目标或计划，多数取得了不错的效果。例如：全球能效和可再生能源基金（GEEREF）由欧盟委员会、德国和挪威于2008年共同成立，其作为母基金向欧盟以外的新兴市场中拥有环境及经济可持续性项目的绿色基金提供资金支持。此外，我们可以看到绿色基金近二十年来在美国快速发展，极大地促进了其社会生态效率的提高;日本通过绿色基金的投资在取得良好经济效益的同时也推动了生态环境的改善;欧洲的绿色基金是社会责任投资的主流产品,其专注于细分的绿色产业领域,增长速度明显。

从我国发展战略和基本国策来看,2016年8月底,党中央全面深化改革领导小组审议通过《关于构建绿色金融体系的指导意见》,随后中国人民银行等七部委也联合印发了该意见。这一政策性文件提出:通过政府和社会资本合作(PPP)模式动员社会资本,支持设立各类绿色发展基金,实行市场化运作。中央财政整合现有节能环保等专项资金设立国家绿色发展基金,同时鼓励有条件的地方政府和社会资本共同发起区域性绿色发展基金。

从绿色基金支持绿色经济发展的角度来看。首先,绿色产业拥有未来成长空间巨大,仅"十三五"期间绿色产业的融资需求就可达15万亿至30万亿元,其中大量项目需要以非标、直接融资等基金形式获取资金支持,这些都是绿色基金的用武之地。其次,绿色基金作为各级地方政府推动绿色转型、助力城市绿色发展的有力武器,已得到广泛应用,能够以灵活有效的方式服务政府发展目标和规划,未来必将在这些领域发挥巨大作用。再次,市场化资金以绿色基金形式参与绿色产业直接投资是最合适的选择,可以发起设立绿色风险投资基金、绿色股权投资基金、绿色产业投资基金以及绿色并购基金。最后,绿色基金还是中国与国际绿色金融合作的重要载体。通过中外合作绿色基金的形式,可以引入各类背景的国际资本,有效利用外资,帮助和服务于我国的绿色发展项目和计划。

(二)绿色基金起源及发展

在20世纪六七十年代环保运动的影响下,世界上第一只将环境指标纳入考核标准的绿色投资基金——Calvert Balanced Portfolio A 于1982年在美国面世。此后,英国于1988年推出了第一只绿色投资基金——Merlin Ecology Fund。

从绿色金融体系的国际经验来看,英国绿色投资银行是世界上第一家专门致力于绿色经济的投资银行,它的作用是解决基础设施融资中市场缺失的问题,通过调动私人资本来加快向绿色金融的转型。

在美国、日本等发达国家,绿色基金在近年得到了较大发展。由于金融市场发展程度的差异性,绿色基金在不同市场上有不同表现。在发达国家,绿色基金的发行主体主要是机构,尤其是美国在1996年成立了社会投资论坛,自此绿色基金开始高速发展。而在日本,受自然环境及人文环境等影响,环保意识在社会中广泛传播,绿色基金在日本发展起来,具有代表性的是日本日兴生态基金

(Nikko Eco-Fund),其向重视环保、业绩优异的生态企业进行投资,极大地促进了生态的改善。2016年,澳大利亚发行了清洁能源创新基金(Clean Energy Innovation Fund),以此支持太阳能、生物燃料等清洁能源及创新型企业发展。

美国是世界上社会责任投资(SRI)发展最早和最完善的市场。自从第一只绿色投资基金在美国面世以来,市场相继推出了许多绿色投资基金,这极大地促进了美国社会经济生态效益的提高,也促使更多SRI将生态环境作为重要筛选指标,通过股东对话的形式来提高对企业环境的重视,这是美国初期绿色投资基金的构成形式。

发展社会责任投资基金得到了欧洲大多数国家的重视。在西欧地区,绿色投资基金是社会责任投资的第三代金融产品,更专注于环境等某个具体的领域,而且其资产增速也大于市场资产的平均增速。SRI资产的平均增长率、投资策略、投资者结构、资产的配置情况,在欧洲不同的国家之间差异较大。为实现环境可持续发展,欧洲投资基金(EIF)的管理经验在应对气候变化方面得到充分运用,欧盟委员会于2008年创办全球能效和可再生能源基金(GEEREF),基金采取PPP组织架构形式,由公共部门出资,向中小型项目开发者和企业提供股权投资,包括新兴市场中的可再生能源和能效项目、绿色基础设施项目,从而有效发挥母基金的投资杠杆效应。

(三)国际经验对我国发展绿色基金的启示

国际上绿色产业基金的发展经验对我们有如下几个方面的启示。

第一,通过绿色基金可拓宽融资渠道,构建多元化的投资主体结构。从长远来看,绿色产业基金的资金应主要来源于民间。应通过政策和制度的调整,积极拓宽绿色产业基金的融资渠道,发展民间资本、养老金、金融机构、国外资本和政府资金等共同参与的多元化投资主体结构。

第二,发展绿色产业基金组织形式,因地制宜,合理发展。长远来看,有限合伙制度更适合绿色产业基金。因为其能有效地将资本与专业人才结合起来,在明确划分责、权、利的基础上,提高决策的专业水平,在激励和约束管理人行为的同时减少有限合伙人承担的风险和责任。

第三,积极利用外资推动绿色基金可持续发展。加强引进国际来源资金是城市绿色发展的重要方式。我国目前基金众多,其中不乏与绿色基金相似的产业基金,但针对性较弱,缺乏专业人士的研究引导,市场参与度不足。考虑到国际市场的因素,产业基金的发展不仅仅可以寻求国内投资,更可以引进外资和国外专业人员，建立绿色产业基金项目库，进一步获得国际金融机构等在基金和技术上的支持，同时提高资金使用效率也是确保城市绿色发展融资的重要因素。

第四，推进环保并购基金的发展。根据环境商会的不完全统计，从2015年至今，已有超过20家上市公司宣布设立环保并购基金，包括万邦达、上风高科、先河环保、盛运环保、格林美等。国内环保并购基金普遍采用"上市公司＋PE"，即上市公司联手PE成立并购基金的模式。这既可以推进上市公司承担社会责任，也可以充分吸引民间资本参与到低碳环保产业的发展中。

(四)PPP模式助力绿色产业基金的发展

从国际经验来看，单靠政府资金已不能满足大量的公共基础设施投资需求，这就需要利用国际及国内民间私人资本进行公共基础设施建设，PPP模式逐步成为应用广泛的项目融资和实施模式。

建立公共财政和私人资本合作的PPP模式的绿色产业基金，提高社会资本参与环保产业的积极性，是推动绿色基金发展的重要路径，此类绿色基金包括主要投资于区域环境保护的流域水环境基金、土壤修复产业基金、雾霾治理产业基金等。投资者可以通过银行贷款、企业债券、项目收益债券、资产证券化等市场化方式举债并承担偿债责任。

三、我国绿色基金的发展现状

2017年6月14日，国务院总理李克强主持召开国务院常务会议，决定在浙江、江西、广东、贵州、新疆5省区选择部分地方，建设各有侧重、各具特色的绿色金融改革创新试验区，在体制机制上探索可复制可推广的经验，推动经济绿色转型升级。会议同时决定，支持金融机构设立绿色金融事业部或绿色支行；鼓励小额贷款、金融租赁公司参与绿色金融业务；支持创投、私募基金等境内外资本参与绿色投资。绿色金融和绿色基金再次引发各界关注。

2019年1月，国家发改委等部门印发的《建立市场化、多元化生态保护补偿机制行动计划》提出适时扩大绿色金融改革创新试验区试点范围。2019年12月，兰州新区获批成为绿色金融改革创新试验区。兰州新区绿色金融改革创新试验区将围绕九项任务开展工作，借鉴国内外绿色金融发展经验，提升金融业开放合作水平，为西部地区深化金融改革创新和助推绿色发展崛起积累经验、提供示范。截至2019年，我国共有6个绿色金融改革创新试验区。为推动地方绿色金融体系建设，鼓励绿色基金发展，2019年，广州、吉林、广西等地区纷纷发布关于构建绿色金融体系的指导意见或规划方案,其中鼓励绿色基金发展是构建地方绿色金融体系的重点内容之一。具体来看,2019年7月29日,广州市发布的《关于促进广州绿色金融改革创新发展的实施意见》提出完善绿色金融市场体系、加大绿色信贷产品创新力度等;11月,吉林和广西相继印发文件,明确提出推动地方绿色金融体系建设,鼓励地方绿色基金发行。截至2019年,全国已有近20个省市出台了地方绿色金融发展规划和实施意见,地方绿色金融体系建设不断完善和推进。

(一)绿色金融与绿色基金

绿色金融是支持环境改善、应对气候变化和资源节约高效利用的经济活动,它的主要作用是引导资金流向节约资源技术开发和生态环境保护产业,引导企业生产注重绿色环保,引导消费者形成绿色消费理念,促进环保和经济社会的可持续发展。绿色金融的突出特点是将对环境保护和对资源的有效利用程度(生态效率)作为计量其活动成效的标准之一。

绿色基金是专门针对节能减排战略、低碳经济发展、环境优化改造项目而建立的专项投资基金,可以用于雾霾治理、水环境治理、土壤治理、污染防治、清洁能源、绿化和风沙治理、资源利用效率和循环利用、绿色交通、绿色建筑、生态保护和气候适应等领域,在绿色金融体系中资金来源最为广泛,具有举足轻重的作用。

(二)我国绿色基金发展前景广阔

对比国内外绿色基金发展历程和趋势,结合我国具体国情,中国绿色基金的发展已经开始呈现以下特点和趋势。

1. 绿色产业市场空间巨大,绿色基金大有作为

在大气、水、土壤污染防治三个"十条"以及PPP模式的推进下,"十三五"期间,中国环保市场潜力巨大。根据中国环境与发展国际合作委员会绿色金融课题组的测算,"十三五"期间,若按照现有的环境规划和计划的"低方案",中国在可持续能源、环境基础设施建设、环境修复、工业污染治理、能源与资源节约等五大领域的绿色融资需求为14.6万亿元;若基于环境无退化原则的"高方案",则资金需求高达30万亿元,未来的绿色金融市场发展空间广阔。近年来,中国

绿色信贷、绿色债券、绿色基金等为绿色产业引入社会资本 8 万亿元左右[①]。作为绿色金融体系的重要组成部分，绿色基金的资金来源广泛，资金量充足，可以汇集政府、机构以及私人资金，在绿色产业市场中必将大有作为。

2. 各级政府发起设立绿色发展基金已成为一种趋势

党的十八大以来，党中央、国务院就加强生态文明建设、推动绿色发展做出了一系列重要决策部署。党的十八届五中全会明确提出，要加快发展绿色金融，设立绿色基金。2020 年 7 月 15 日，由财政部、生态环境部和上海市人民政府共同发起设立的国家绿色发展基金股份有限公司在上海市揭牌运营，这是中国深入推进生态文明建设的又一关键举措。该基金首期募资规模 885 亿元，其中中央财政出资 100 亿元，出资方还包括长江经济带沿线 11 省市、部分金融机构和相关行业企业。

目前，山东、内蒙古、宁夏、安徽等 17 个省区市成立了省级绿色发展基金或投资引导基金，云南普洱市、陕西西安市、安徽新安江市等地级市也成立了市级绿色产业基金。

3. 越来越多的企业积极创设绿色私募股权和创业投资基金

目前，节能减碳、生态环保已成为很多私募股权基金和创业投资基金关注的热门投资领域。2010 年以来，一些大型企业积极参与绿色基金的设立和运作，如中国节能环保集团有限公司联合银行、保险公司、工商企业等设立的绿色基金已超过 50 亿元；建银国际联合上海市城市建设投资开发总公司共同设立建银环保基金；亿利资源集团、泛海集团、正泰集团、汇源集团、中国平安银行等联合发起设立了绿丝路基金，致力于丝绸之路经济带生态改善和光伏能源发展等。

2015 年以来，环保类上市公司逐渐成为发起设立绿色并购基金的主要力量，例如，南方泵业设立"环保科技并购基金"；格林美拟设立"智慧环保云产业基金"；再升科技发起设立"再升盈科节能环保产业并购基金"；高能环境设立"磐霖高能环保产业投资基金"等。进入 2016 年，环保并购基金持续得到市场关注，这种热潮势必会引起一轮环保产业的并购热潮。

4. 绿色基金成为中国国际绿色金融合作的重要载体

为推动主要国家央行和金融监管机构之间在宏观金融层面就应对气候变化和

[①] 2020 绿色金融行业现状及发展前景分析[EB/OL]. https：//www.chinaim.com/hyzx/20200712/115658272. shtml.

环境相关的金融风险开展合作，2017年年底，中国人民银行与法国央行、荷兰央行、德国央行、瑞典金融监管局、英格兰银行、墨西哥央行、新中坡金管局等8家机构央行与监管机构绿色金融网络[①]。

(三)绿色基金发展中的问题

当前，绿色基金的发展还存在不少现实问题，需要我们进行总结、分析并给出建议。

1. 社会对绿色基金的认知不够充分

绿色金融、绿色基金由发达国家起源并发展，在我国开展的时间还不长，国内社会对绿色基金的理解和认识还不充分，有些方面甚至存在误区。例如，认为"绿色"就是做公益，靠政府或慈善机构；绿色投资不赚钱，是不是"绿色"跟做投资没有关系；绿色基金只是概念，没有实际市场价值等，因此，需要政府、学术界、绿色事业从业者共同推广普及绿色基金的价值和意义，逐步提升全社会的认知水平，为其发展夯实广泛的社会基础。

2. 立法及政策的滞后性

近年来绿色基金在国内得到了快速实践和发展，但是相关立法及政策的支持还没有同步跟上，存在一定的滞后性，使得部分绿色基金产品的落地遇到一些阻碍或困难，更重要的是法律和政策上的保护、规范与监管还没有跟上，对于绿色基金的有序健康发展带来了挑战。因此，需要有关立法、执法与政策制定部门及时研究分析，尽快出台有关的法规和政策。

3. 政府唱戏为主，市场化水平不够

当前国内绿色基金的运作主要还是政府在主导，国家及地方各级政府积极贯彻中央的政策和战略，成立了一大批各种功能和目的绿色基金，发挥着各自的作用。但发展绿色基金应该是"政府搭台、市场唱戏"，最终目的还是让多源的社会资源和力量参与，以市场化方式实现绿色融资、绿色发展。当前绿色基金无疑市场化水平还不够，需要在机制设计、利益安排、风险承担机制等方面进行创新，从而提升市场化运作水平。

4. 基金运行效率不高，与预期目标有差距

绿色基金在我国的发展模式尚在探索期，基于绿色理念的工作机制、投资逻

[①] 人行国际司青年课题组.绿色金融国际合作中的"中国角色"气候变化与绿色金融系列之六[EB/OL]. https://www.yicai.com/news/100989551.html.

辑、绩效评价机制都还不完善，因此，普遍来看其运行效率还不高，所达到的效果与制定的预期目标还有差距。目前来看，对于绿色基金的绿色考核评价机制正逐步建立完善，对于绿色基金的管理方式也在提升和借鉴，需要理论和实践方面的有识之士给出不断优化的答案。

5. 如何更有效地引入并利用好社会资本

发展绿色经济、绿色金融的核心目的就是引导和调动社会资本的积极性，让多渠道、大规模的社会资本进入绿色经济、绿色产业，改善环境与资源利用，实现可持续发展。市场经济形态下，资本的逐利性必然要求以利益驱动的机制设计来发展绿色经济、绿色金融。如何有效地制定绿色经济制度、绿色产业政策，从而能引导逐利性社会资本进入是值得深入研究的重要问题。不管是PPP模式，还是结构化基金产品的设计，还有风险担保基金的引入，都是在不断尝试，需要通过金融创新，最终实现社会效益与经济效益的统一。

（四）针对绿色基金的政策建议

基于国内外绿色基金发展历程的对比分析，结合我国绿色基金发展的特点、趋势和存在的突出问题，参考国际经验，本书给出如下推动绿色基金发展的建议。

1. 发挥社会投资论坛的力量，以责任投资的理念推动绿色投资基金的发展

社会投资论坛（SIF）对欧美绿色投资基金的发展起到了关键性作用。例如，1991年英国建立的世界上第一个社会投资论坛（UK Social Investment Forum，UKSIF）对包括绿色投资在内的SRI具有里程碑意义，它为ESG（环境、社会和治理）投资搭建了良好平台。

此外，社会投资论坛还能发挥监督作用：一方面，监督金融机构自身的环保状况和节能减排效果；另一方面，监督金融机构对环境污染企业的融资状况、对环保产业的支持力度以及绿色产业投资基金的使用情况。我国也已经发起成立中国责任投资论坛并召开了四次年会。未来，应积极鼓励类似的组织，推动更多机构的投资者参与到环保产业和绿色投资基金的发展进程中来。

2. 积极利用政府和社会资本合作（PPP）模式，吸引和鼓励更多的金融机构和社会资本开展绿色投融资

从国际经验来看，单靠政府资金已不能满足庞大的公共基础设施投资需求，在PPP模式下，政府通过特许经营权、合理定价、财政补贴等公开透明的方式，完善收益和成本风险共担机制，实现政府政策目标；投资者按照市场化原则出资，按约定规则与政府共同成立基金参与建设和运营合作项目。PPP模式实现了公共财政和私人资本的合作，能够利用国际及国内民间资本进行公共基础设施建设，已逐步成为应用广泛的项目融资模式。

我国应加大利用PPP模式动员社会资本的力度，支持设立各类绿色发展基金，实行市场化运作，激励更多金融机构和社会资本开展绿色投融资，有效抑制污染性投资。

首先，亟待出台专门规范这种特殊PPP模式绿色产业基金的法律法规和操作细则，以完善顶层设计，通过特许经营权等壮大绿色基金的实力，为绿色基金的发展注入持续推动力。在实践中，可以考虑以地方财政投入启动资金，引入金融资本和民间资本成立绿色产业基金。PPP模式下的绿色产业基金，可以通过股权投资于地方政府纳入PPP框架下的项目公司，子基金或项目公司作为种子项目投资运作主体，对城市绿色基础设施相关产业进行市场化运作，自担风险、自负盈亏，政府授予项目公司一定期限的特许经营权。

其次，国家和地方政府应尽早出台对绿色基金的相关扶持政策。"十三五"规划中指出，要支持绿色清洁生产，推进传统制造业绿色改造，对符合生态发展的投资项目给予一定的税收优惠，为项目贷款提供优惠利率，国家政策性银行拨出环保专项贷款等，支持绿色基金发展的财税金融政策在实践中还需要在不同层面予以推进落实。

最后，建立适用面相对较广的投资绩效评价体系。目前，任何一项资产都有相应机构对其进行投资评级，而绿色基金的特殊性要求它具有更加完善的体系。从基金的创立到退出，每一个环节都要做到有据可循。尤其在基金创立之初，更要健全筛选制度，确保该基金满足绿色发展的基本要求。

3. 鼓励各级政府以多种形式发起或参与发起PPP模式的绿色发展基金

本书建议根据不同绿色发展基金的特点合理确定政府定位和参与方式。政府出资的绿色发展基金要在确保执行国家绿色发展战略及政策的前提下，按照市场化方式进行投资管理。

地方政府可通过放宽市场准入、完善公共服务定价、实施特许经营模式、落实财税和土地政策等措施，完善收益和成本风险共担机制，支持绿色发展基金所投资的项目。同时，应陆续出台具体政策，以解决民间资本融资难、融资贵等问题。要有效保障投资人的利益，真正搭建民间资金与政府项目之间的普惠桥梁。

在"十四五"期间，我国环保市场潜力巨大。建立公共财政和私人资本合作的

PPP模式的绿色发展基金,提高社会资本参与环保产业的积极性,是推动绿色基金发展的重要路径。

4. 积极探索建立绿色担保基金,扩大绿色项目融资来源

绿色基金不仅包括绿色投资基金,也包括绿色担保基金。未来中国可以考虑设立包括绿色中小企业信用担保、绿色债券、绿色PPP项目担保等在内的绿色担保基金,并通过市场化、差别化的担保政策、补贴政策、税收优惠政策等进行综合调整,以担保机制的完善推进绿色产业融资风险管理与激励机制的创新,积极运用绿色担保基金解决环保企业,尤其是中小企业的融资难问题。

当地政府应在资金筹集和投向等方面发挥政策引导作用。未来我们应该在绿色金融助力城市低碳绿色发展的执行层面给予更多关注和研究,分析地方城市(包括绿色交通、绿色建筑等行业)低碳融资障碍。

5. 在中央政府层面设立绿色基金

中央级绿色产业投资基金或绿色发展基金,主要是指中央政府及各部门所设立的,专门用于绿色经济发展特定领域的基金,这也应该是绿色发展基金的重要模式。该类基金的政府资金来源主要可以考虑财政拨款、财政贴息、国债项目安排等。从投资者结构来看,绿色发展基金应是作为公私混合型的模式设立,投资人包括政府、金融机构、企业、私募股权基金、保险公司、养老基金、国际金融机构、各类气候基金等。

明确有关PPP模式的扶持政策以适用于绿色产业基金。具体来说,应该在国务院办公厅印发《关于推行环境污染第三方治理的意见》的基础上,进一步明确新的投资运营模式(如特许经营)、审批便利化、财政补贴或奖励、绿色债券等优惠政策和融资工具同样适用于PPP产业基金。

本书建议出台对绿色产业基金的相关扶持政策。根据《产业投资基金管理暂行办法》中的有关内容,按投资领域的不同,产业投资基金可分为创业投资基金、企业重组投资基金和基础设施投资基金等几类;在《国务院关于鼓励和引导民间投资健康发展的若干意见》中,提出了鼓励民间资本参与水利工程建设、土地整治、矿山地质环境恢复治理以及支持民间资本进入城市污水处理、城市园林绿化行业领域等多项国家发展政策。这些政策应该加以细化,地方政府在操作细则中可通过放宽准入、减免税收、补贴和土地政策等措施来支持绿色产业基金的发展。

6. 在地方政府层面设立绿色基金

为提高社会资本参与PPP项目的积极性,拓宽项目融资渠道、降低各方投资风险,中央与地方两级政府都在积极探索成立 PPP 引导基金,包括财政部与国内 10 家大型金融机构共同发起设立的 1 800 亿元 PPP 融资支持基金,财政部与山东、山西、河南、江苏、四川及新疆等地都成立了不同规模的 PPP 引导基金。

以 PPP 产业投资基金为主要模式设立绿色发展基金。PPP 基金投资模式主要有投资入股 PPP 项目公司、给 PPP 项目公司提供债权融资及"投贷结合"三种。目前由省级政府或地市层面出资成立引导基金,再以此吸引金融机构的资金,合作成立产业基金母基金的方式比较普遍。各地申报的项目,经过金融机构审核后,由地方财政做劣后级,母基金做优先级,杠杆比例大多为 1∶4 或 1∶5。内蒙古环保基金、山西省改善城市人居环境 PPP 投资引导基金、江苏 PPP 融资支持基金就是这种实例。其他地区可借鉴相应经验,出台这种 PPP 模式绿色基金的法规和操作指南,为社会资本参与创造一个比较稳定的法律环境。

绿色产业投资基金通常有一定的期限,而 PPP 项目的周期可能长达数十年,因此参与 PPP 的产业投资基金一般需要多种方式退出。具体的退出方式有三种:项目清算退出、股权回购/转让、资产证券化。

7. 加强绿色投资国际合作

随着全球化和经济的快速发展,发展中国家面临同样的问题,比如工业化、城市化、全球化、城市污染和资源短缺的压力,迫切需要多维度的联合跨国行动来实现可持续发展。

推动绿色金融的全球发展已经在 G20 达成共识,国际投资的绿色化和环境社会责任的承担也成为关注热点。而亚投行、丝路基金、亚洲开发银行、国际金融公司等在推动亚太金融合作、生态领域、基础设施投资方面也更多强调环保因素。借鉴全球基础设施基金的经验,未来可以联合全球合作伙伴,运用 PPP 模式,推动改善生态环境,促进绿色发展的国际合作。

四、绿色基金的发展趋势及展望

(一)绿色基金的发展趋势

绿色基金发展至今,已形成一定的规模和体量,并且日益被市场所接受,成为全社会推动绿色发展的重要金融手段,其发展趋势可以总结归纳如下。

1. 国际合作与跨境投融资活跃

绿色经济从诞生之初,就是关系到人类共同命运的一项事业,其国际合作从一开始就在人类社会达成了共识。由于绿色投资具有跨国外部性,国际经验的分享和传播具有重要的推动意义,绿色基金的跨国合作可以提升全球绿色投资的水平和能力。因此,随着人类命运共同体意识的不断增强,绿色金融、绿色基金伴随着绿色经济活动开展国际合作和跨境投融资业务的趋势将长期持续。

2016年,G20财长和央行行长会议提出成立"G20绿色金融研究小组",推进绿色金融在全球的发展与合作,将发达国家具有绿色偏好的资本引入发展中国家,解决绿色项目的资金运作问题。中国也积极顺应这一趋势,与美国联合成立了中美绿色基金,与亚洲开发银行合作成立绿色金融促进基金,以外汇储备及国有资本成立"丝路基金"对海外各国积极开展绿色投资。

2. 绿色社会责任投资成为趋势

社会责任投资(SRI)是20世纪七八十年代在欧美兴起的新投资理念,随着时间的推移,人类社会对环境问题的关注持续提高,越来越多的投资者将绿色责任投资纳入投资决策框架,因此也形成了一种趋势和潮流。以美国为代表的绿色责任投资基金,满足了差异化的投资需求,无论是公募基金还是私募基金,都逐步形成了绿色责任投资的逻辑和框架,成为绿色基金的生力军。

我国在发展社会责任投资上也积极尝试和探索,公募基金已经有半数以上表示在投资决策时会将选股对象的社会责任履行情况作为考量标准,同时基金经理也将企业的社会责任表现与业绩的相关性进行分析,选择投资标的。近年来发行的责任投资概念的基金产品不断增多,绿色社会责任投资的趋势正逐步形成。

3. 广泛的市场化资本参与

绿色基金的发展离不开政府的引导和政策的支持,但市场化资本的广泛参与才是其充分发展的最终方向。在国际社会的支持下,政府的积极鼓励和推动下,我国的绿色基金从政府主导正逐步向社会广泛参与转变。

国内最早的绿色基金主要是各级政府设立的绿色产业基金、绿色引导基金,随后中外合作绿色基金开始试点,绿色公募基金产品开始出现,公私合营模式的PPP绿色基金逐步落地;2016年以来,为数众多的私募绿色基金正逐年呈爆发式增长。不难看出,这一趋势毋庸置疑,市场化资本的大规模参与,必将推动绿色基金发挥更大功能和作用。

4. 方向领域专业化、功能目的细分化

绿色基金的投资从早期围绕绿色概念做文章,投资范围不聚焦、功能定位不清晰,向专业化、细分化的趋势发展。

所谓专业化是指,绿色基金所投资的方向和领域所要求的专业程度越来越高,绿色经济、绿色产业中有不少分支都具有较高的技术含量或者专业要求,要想做好绿色基金的投资,必须配备具有足够行业经验的相关专业人才进行研究、分析和行业跟踪,专业水平缺失的绿色基金必将被市场淘汰。

所谓细分化是指,绿色基金定位的功能与目的越来越细分,单只绿色基金不再包揽众多绿色行业,而是聚焦于具有投资优势的小行业、新领域,力求在小范围取得突破和成功;或者是严格明确自身的功能定位,将能量发挥到点上,这样其功能性价值更能得到充分体现。

(二)绿色基金的未来展望

1. 绿色基金发展潜力巨大

绿色经济、绿色产业蓬勃发展,其中所蕴含的机会数量众多、空间广阔。绿色基金由于灵活多变,拥有诸多特点和优势,发展潜力巨大。

绿色基金的发展潜力体现在两个方面。一是体现在其必将在绿色发展、绿色金融中发挥重要功能和作用,社会价值潜力巨大。在绿色金融活动中,企业或项目的融资需求各不相同,需要有针对性的、个性化的解决方案,绿色基金由于操作灵活,可以为不同的融资主体解决差异化的资金需求;另外,出资人对于资金的使用目的、风险偏好或预期回报也各有不同,可以通过设计风格不同、形式不同、目的不同的基金来满足。因此,绿色基金可以应用的范围和场景非常广泛,可以通过其优势发挥重要的社会价值。二是体现在通过绿色基金进行投资,将有机会获取高额回报,投资价值潜力巨大。在市场和政策的双重催化下,越来越多的细分绿色产业都显现出商业价值,其中不乏高成长型、高回报的优质项目,绿色基金如果能抓住好的投资机会,必将享受行业红利。

2. 绿色基金规模将不断壮大

绿色基金的规模在整个绿色金融市场规模中所占的比例还较小,但是由于其功能特点突出,其他金融工具无法替代,在绿色投融资中扮演着重要角色,所以其所占比例还有很大的上升空间。未来若干年,绿色基金无论在基金数量和资金规模上都将快速增长。

3. 绿色基金将对绿色金融创新做出重要贡献

绿色金融作为金融活动的新生事物,其服务的对象特性和需求有所不同,为了更好地服务于绿色经济、绿色发展,必须加强金融创新。绿色基金本身就是绿色金融创新的产物,由于其投资范围广、应用场景多、形式多样灵活,特别适合尝试探索各类金融微创新。例如，将政府和社会资本有机结合的PPP模式的绿色基金、发挥特殊增信功能的绿色担保基金、政府绿色引导基金、股权与债权结合投贷联动的绿色发展基金、支持绿色权益及其衍生交易的碳基金等。

绿色基金的各类创新，为绿色金融服务于绿色产业发展提供了很多有益的探索和良好的解决方案，同时也满足了多元化资金的不同诉求，这些创新对于推动绿色可持续发展发挥了巨大作用，相信绿色基金的各种创新将不断涌现、长期持续，为绿色金融的创新发展做出重要贡献。

第三节　我国绿色信贷的发展与建议

社会和经济的发展离不开人类赖以生存的自然环境。在物质财富极大丰富、科技进步日新月异的今天，人类生活的环境却每况愈下。资源的枯竭、环境的恶化不仅直接影响经济的可持续发展和人类生活的质量，而且威胁人类的生存，发展绿色经济、建设生态文明成为当今世界普遍关注的问题。

金融是现代经济的核心，在市场经济条件下，金融业掌握着巨大的经济资源，在推动环境保护、转变经济发展方式方面发挥着重要作用。从国际经验来看，绿色信贷是商业银行面对环境危机和风险所做出的战略调整和基于应对环境风险所产生的一系列新的业务流程和管理系统。绿色信贷政策作为一种重要的经济手段，是国际上通用的一项市场化环保措施。世界银行和其他金融机构都拥有自己的绿色信贷方面的政策，在向公共或私有部门项目提供贷款时都将环境问题纳入考量。

一、绿色信贷的内涵和理论基础

（一）绿色信贷的内涵

在当前的理论研究和实践中，一般认为绿色信贷的内涵有广义和狭义之分，狭义的绿色信贷仅仅是指一种商业银行的信贷经营行为；而广义的绿色信贷是指国家相关部门和银行业联合限制、阻断企业危害环境的行为，鼓励、发展企业环境友好的行为，促进节能减排、降低金融风险的重要经济手段。因此，广义的绿色信贷应包括两个层面的含义：一是国家政策层面，政府通过政策激励、引导商业银行在信贷经营中承担相应的社会环境责任；二是商业银行自身经营管理层面，培育和支持资源节约型、环境友好型企业成长和发展，对污染性或存在环境问题的企业和项目的投资贷款、流动资金等进行限制。

1. 基于国家政策层面的绿色信贷内涵

基于国家政策层面的绿色信贷是指国家通过调控商业银行的信贷行为来达到环境保护目标的一项环境经济政策，通常我们也将其称为绿色信贷政策，属于国家宏观调控的范畴。其基本政策手段包括：强化商业银行的环境法律责任，央行、银监会、环保等部门对积极实施绿色信贷的银行进行奖励或资源支持，推出限制贷款行业名录，制定有利于环保产业的税收或者补贴政策等。我国在绿色信贷政策制定方面虽然起步较晚，但在较短的时间内迅速与国际通行惯例接轨，取得了阶段性成绩。1996年3月，我国政府在《国民经济和社会发展"九五"计划和2010年远景目标纲要》中，确立了可持续发展为我国的战略目标。2007年7月出台的《关于落实环保政策法规防范信贷风险的意见》（以下简称《意见》）被普遍认为是以信贷手段来遏制高耗能、高污染行业盲目扩张的一个重要制度和创新，是我国现阶段绿色信贷政策的基础性文件。它引入了"赤道原则"的一些理念，建立了我国绿色信贷的基础。自《意见》发布以来，环保部门、中国人民银行和银监会等各级机构积极配合，研究制定了一些部门性和地方性的绿色信贷政策，对控制高耗能、高污染行业的信贷投放、信贷管理做出了具体规定。2012年2月，银监会出台的《绿色信贷指引》指导并督促银行业金融机构严格落实国家产业政策和环保政策，严把支持节能减排和淘汰落后产能的信贷关口，使绿色信贷政策的实施开始由政策层面逐步向操作层面推进。

2. 基于商业银行层面的绿色信贷内涵

基于商业银行层面的绿色信贷是指商业银行和政策性银行等金融机构依据国家环境经济政策和产业政策，对节能减排和生态环保项目予以金融支持，着力发展低碳经济，开发多种形式的低碳金融创新产品，引导资金和贷款流入可促进国家环保事业发展的企业和机构，实现资金的"绿色配置"。具体而言，商业银行绿色信贷的核心内容包括：一是制定恰当的信贷规则和手段（包括贷款品种、期限、利率和额度），支持环保和节能项目或企业；二是对违反环保和节能等相关法律法规的项目或企业采取停贷、缓贷，甚至收回贷款等信贷处罚措施；三是银行运用信贷手段，引导和督促借款人防范环境风险，履行社会责任，并以此降低信贷风险。为了达到绿色信贷核心内容的要求，在信贷审核中商业银行应将环境风险纳入其信贷审核标准和程序，并在其信贷战略分析中纳入环境风险分析。

这两个层面的绿色信贷内涵是相互影响、相互促进的。如果没有国家相关的绿色信贷政策作引导，银行就没有动力建立绿色信贷管理体系；国家绿色信贷政策绩效的体现则要依赖银行绿色信贷的有效执行。实行绿色信贷政策，将环境信息与金融部门共享，实现环境保护与金融信贷的联动，有助于金融机构充分了解企业环境信息，从而及时、准确地对企业环境风险做出正确判断。将环境政策作为新增客户信贷投放的前提条件，严控信贷"闸门"，有效防范环境风险。随着国家对绿色信贷政策的进一步推动，在规避信贷风险的同时，商业银行也逐渐意识到这个政策给它们带来的全新机遇，通过开发各种创新性的金融产品，实现履行环境责任和企业盈利的双赢。

因此，本书所界定的绿色信贷是指政府相关部门和银行业金融机构为促进经济社会全面协调绿色发展，围绕节能减排、环境保护和社会进步，规避金融风险所做出的相关制度安排、信贷活动和金融服务。

（二）"赤道原则"在绿色信贷中的应用

国际上关于绿色信贷最著名、最重要的原则是"赤道原则"。2002年提出的"赤道原则"是用于评估、管理与项目融资有关的环境和社会问题的一套自愿性原则。2019年11月底，"赤道原则"第四版完成发布。这也是目前全球流行的自愿性绿色信贷原则，是国际项目融资的一个新标准（该标准要求金融机构在向额度超过1 000万美元的项目贷款时，需综合评估其对环境和社会的影响，并利用金融杠杆手段促进项目与社会的和谐发展。

二、绿色信贷的发展历程与现状

在我国，以银行信贷为主要形式的间接融资占绝对主体，银行信贷投向在很大程度上决定了生产要素的流向和配置，因此绿色信贷就成为我国绿色金融的主体。中国绿色信贷起步较晚，1995年国家宏观层面的绿色信贷政策和制度开始推出；2007年在国家环保总局、银监会和中国人民银行联合下发了《关于落实环保政策法规防范信贷风险的意见》，标志着绿色信贷这一经济手段全面进入我国污染减排的主战场；2012年银监会发布《绿色信贷指引》，标志着我国绿色信贷进入规范和高速发展阶段。在国家绿色信贷政策指导下，各地方政府纷纷推出了适合本地发展的绿色信贷政策。

在实践中，我国政策性银行在发展低碳经济和绿色信贷的进程中扮演了重要的引导和支持角色，在开发性金融、国际合作以及农业等项目中，有力践行了绿色信贷原则，成为政府引导经济绿色发展的重要机构。商业银行也越来越重视发展绿色信贷,将支持节能减排和环境保护作为自身经营战略的重要组成部分,基本形成了自身的绿色信贷政策体系。近年来,各商业银行严格控制对高污染、高耗能和产能过剩行业的信贷投放,节能减排、新能源等贷款稳步增长,绿色信贷产品不断创新,有效引导资金流向良好环境表现的企业或项目,经济杠杆作用初见成效。但是目前我国绿色信贷仍处于起步发展阶段,绿色信贷总量还相当微薄,实践中存在诸多如绿色信贷制度缺失、激励与约束机制匮乏、社会责任感不强、标准不统一、信息交流不畅等制约绿色信贷发展的因素,需要在今后的发展中不断完善。

(一)我国绿色信贷的发展历程

绿色信贷政策在中国的发展是随着经济体制的改革以及环境管理的发展而逐步建立和完善的,大致分为以下三个阶段。

1. 起步阶段(1995—2006 年)

早在 1995 年,中国人民银行就下发了《关于贯彻信贷政策与加强环境保护工作有关问题的通知》,对金融部门在信贷工作中落实国家的环境政策问题做出规定。要求各级金融部门在信贷工作中要重视自然资源和环境的保护,把支持生态资源的保护和污染的防治作为银行贷款的考虑因素之一。这是我国首次采用金融手段来限制和引导企业投资活动,也是绿色信贷政策的雏形。

1996 年 3 月,我国政府颁布了《国民经济和社会发展"九五"计划和 2010 年远景目标纲要》,确立了可持续发展为我国的战略目标。1996 年,国务院颁布了《关于环境保护若干问题的决定》,就实行环境质量行政领导负责制、维护生态平衡、保护和合理开发自然资源、严格环保执法、强化环境监督管理、大力发展环境保护产业、加强宣传教育、提高全民环保意识等问题做出了具体规定。

2004 年,国家发改委、中国人民银行和银监会联合发布了《关于进一步加强产业政策和信贷政策协调配合控制信贷风险有关问题的通知》,明确了对于禁止类目录的建设项目,各金融机构要立即停止各种形式的新增授信支持,对已实施的项目授信要采取妥善措施予以收回;对于限制类目录所涉及的建设项目,各级投资主管部门要立即停止审批,拟建项目一律停止建设;在建项目暂停建设,由各级投资主管部门牵头进行清理整顿,区别对待,分类处理。在清理整顿期间,各金融机构要停止给予新的各种形式的授信支持。

2005 年 12 月,国务院发布了《关于落实科学发展观加强环境保护的决定》,再次强调了金融部门要制定有利于环境保护的金融政策。

第四章 我国绿色金融产品的发展与建议

2. 引导推动阶段（2007—2010年）

2007年，为加强环保和信贷管理工作的协调配合，强化环境监督管理，严格信贷环保要求，促进污染减排，防范信贷风险，国家环保总局、中国人民银行和银监会联合下发了《关于落实环保政策法规防范信贷风险的意见》（环发〔2007〕108号），明确指出对企业和建设项目的环境监管和信贷管理已经成为一项紧迫的任务。金融机构应依据国家建设项目环境保护管理规定和环保部门通报情况，严格贷款审批、发放和监督管理。各商业银行要将支持环保工作、控制对污染企业的信贷作为履行社会责任的重要内容。这是一项全新的信贷政策，与当前倡导的绿色信贷理念高度契合。同年，为配合国家节能减排战略的顺利实施，督促银行业金融机构把调整和优化信贷结构与国家经济结构紧密结合，有效防范信贷风险，中国银监会下发了《节能减排授信工作指导意见》（银监发〔2007〕83号），要求银行业金融机构从落实科学发展观、促进经济社会全面可持续发展、确保银行业安全稳健运行的战略高度出发，从战略规划、内部控制、风险管理、业务发展着手，防范高耗能、高污染行业带来的各类风险，切实做好与节能减排有关的授信工作。2007年12月，中国银监会发布的《关于加强银行业金融机构社会责任的意见》指出，银行业金融机构的社会责任至少应包括节约资源、保护和改善自然生态环境。2007年，我国颁发的一系列文件阐明了发展绿色信贷的紧迫性和重要性，标志着环境保护国家意志的强化，标志着我国绿色信贷的正式起步，这为有关环保法律的制定、修改和绿色信贷政策的法律化提供了难得的历史机遇。

2008年，中国银行业协会发布了《中国银行业金融机构企业社会责任指引》，对银行业金融机构履行企业社会责任的管理机制和制度提出了建议。

2009年，中国银行业协会首次公开发布了《中国银行业社会责任报告》，从银行业发展概况、银行业对经济社会发展贡献情况、银行业对利益相关者尽责情况等六个方面介绍了银行履行社会责任情况。2009年12月23日，中国人民银行又联合银监会、证监会、保监会共同发布了《关于进一步做好金融服务支持重点产业调整振兴和抑制部分行业产能过剩的指导意见》（以下简称《指导意见》），明确指出要严格控制产能过剩行业的信贷投放，加大力度支持环保产业。《指导意见》明确要求，对于符合重点产业调整振兴规划要求、符合市场准入条件、符合银行信贷原则的企业和项目，要及时高效保证资金供给；对于不符合产业政策、市场准入条件、技术标准、资本金缺位的项目，不得提供授信支持；对属于产能过剩的产业项目，要从严审查和审批贷款。其中，禁止对国家已明确为严重产能过剩的产业中的企业和项目盲目放贷;对不符合重点产业调整振兴规划以及相关产业政策要求,未按规定程序审批或核准的项目,尤其是国家明令限期淘汰的产能落后、违法违规审批、未批先建、边批边建等项目,银行业金融机构不能提供任何形式的信贷支持。《指导意见》的提出进一步加大了对节能减排和生态环保项目的金融支持力度,支持发展低碳经济,鼓励银行业金融机构开发多种形式的低碳金融创新产品,对符合国家节能减排和环保要求的企业和项目,按绿色信贷原则加大支持力度。

2010年5月8日,中国银监会联合中国人民银行出台了《关于进一步做好支持节能减排和淘汰落后产能金融服务工作的意见》(银发〔2010〕170号),各银行业金融机构积极响应,进一步完善绿色信贷政策,以"节能减排、绿色环保和循环经济"为重点,开展符合国家产业政策与环保要求的信贷业务,防范环保风险,优化信贷结构,为促进绿色信贷发展提供制度保障。

3. 全面发展阶段(2011年至今)

2012年2月,为落实各项宏观调控政策、监管政策与产业政策,推动银行业金融机构以绿色信贷为抓手,积极调整信贷结构,更好地服务实体经济,促进经济发展方式转变和经济结构调整,银监会下发了《绿色信贷指引》(银监发〔2012〕4号,以下简称《指引》),从多个方面对银行业金融机构发展绿色信贷提出了具体要求。《指引》下发后,银行业金融机构积极落实各项要求,牢固树立绿色信贷理念,并将其作为自身经营战略的重要组成部分,加强绿色信贷相关组织、制度、流程和能力建设,逐步完善绿色信贷政策制度,不断增强以绿色信贷促进生态文明建设的自觉性、主动性。按照风险可控、商业可持续的原则,加大对战略性新兴产业、文化产业、生产性服务业、工业转型升级等重点领域的支持力度,主动防范由产能过快扩张带来的信贷风险,严防环境和社会风险引发的风险损失及不利影响,多措并举共同推动绿色信贷的蓬勃发展。

2013年,银监会推进绿色信贷统计制度,明确了12类节能环保项目和服务的绿色信贷统计范畴。

2014年6月,银监会发布了《绿色信贷实施情况关键评价指标》,完善绿色信贷考核评价体系,利用超过100个指标对组织管理、能力建设、流程管理、内控管理、信息披露等方面进行了规范。将考核评价结果作为银行业金融机构准入、工作人员履职评价和业务发展的重要依据,探索将绿色信贷实施成效纳入机构监管评级的具体办法,为开展绿色银行评级奠定基础。

2015年1月19日，中国银监会与国家发改委联合发布了《能效信贷指引》，鼓励和指导银行业金融机构积极开展能效信贷业务，有效防范能效信贷业务相关风险，支持产业结构调整和企业技术改造升级，促进节能减排，推动绿色发展。能效信贷是指银行业金融机构为支持用能单位提高能源利用效率、降低能源消耗而提供的信贷融资，《能效信贷指引》将引导更多的银行业金融机构进入绿色信贷领域，发挥其在引导社会资源流向绿色经济、低碳经济领域的资源配置作用。2015年9月11日，中共中央、国务院印发了《生态文明体制改革总体方案》，着重提出建立绿色金融体系。推广绿色信贷，研究采取财政贴息等方式加大扶持力度，鼓励各类金融机构加大绿色信贷的发放力度，明确贷款人的尽职免责要求和环境保护法律责任。建立绿色评级体系以及公益性的环境成本核算和影响评估体系，积极推动绿色金融领域各类国际合作。

2016年2月14日，中国人民银行等八部委联合印发了《关于金融支持工业稳增长调结构增效益的若干意见》，提出推动加快工业信贷产品创新，大力发展能效信贷、合同能源管理未来收益权质押贷款、排污权抵押贷款、碳排放权抵押贷款等绿色信贷业务，积极支持节能环保项目和服务。2016年8月31日，中国人民银行等七部委联合印发了《关于构建绿色金融体系的指导意见》（银发〔2016〕228号，以下简称《指导意见》）。随着《指导意见》的出台，中国成为全球首个建立了比较完整的绿色金融政策体系的经济体。《指导意见》强调，构建绿色金融体系的主要目的是动员和激励更多社会资本投入绿色产业，同时更有效地抑制污染性投资。构建绿色金融体系，不仅有助于加快我国经济向绿色化转型，也有利于促进环保、新能源、节能等领域的技术进步，加快培育新的经济增长点，提升经济增长潜力。《指导意见》提出了支持和鼓励绿色投融资的一系列激励措施，包括通过再贷款、专业化担保机制、设立国家绿色发展基金等措施支持绿色金融发展。

（二）我国绿色信贷市场现状

近几年来，我国绿色金融实践取得了明显进展，可持续发展理念逐步建立，绿色产品不断创新，绿色金融市场也在逐步完善，绿色信贷在我国进入全面发展阶段。为支持节能环保、清洁能源、绿色交通运输、绿色建筑等领域的项目建设和运营，我国银行业金融机构在有效控制风险和商业可持续的前提下，大力发展绿色信贷，积极探索绿色信贷产品和服务创新。

1. 绿色贷款余额规模大

截至2020年年末，我国国内主要银行机构绿色信贷运行情况如下。自2013

◇◇ 低碳经济背景下我国绿色金融发展研究

年末至 2020 年年末，国内 21 家主要银行绿色信贷余额从 5.20 万亿元增至 11.5 万亿元，按照信贷资金占绿色项目总投资的比例计算，21 家主要银行绿色信贷每年可支持节约标准煤超过 3 亿吨，减排二氧化碳当量超过 6 亿吨[①]，清洁能源产业 2020 年末余额首次突破 3 万亿元，已超过同期钢铁、煤炭、有色等三个主要高耗能领域贷款总量。

除此之外，绿色信贷质量整体良好，不良率远低于各项贷款整体不良率。中金公司发布的《"绿色银行"路径及政策建议》显示，自 2013 年年末至 2018 年年末，国内 21 家主要银行节能环保项目和服务的贷款不良率分别为 0.32%、0.20%、0.42%、0.49%、0.37%、0.42%。2020 年，绿色贷款不良率低于银行业贷款不良率 1.6 个百分点，连续三个季度保持在 0.5% 以下[②]。

2. 绿色信贷的环境效益逐步显现

以节能环保项目和服务贷款为例，按照贷款资金占项目总投资的比例，2017 年 6 月末节能环保项目和服务贷款预计每年可节约标准煤 2.15 亿吨，可减排二氧化碳当量 4.91 亿吨（相当于北京 7 万辆出租车停驶 336 年，或相当于三峡水电站发电 8.4 年形成的减排二氧化碳当量）、化学需氧量 283.45 万吨、氨氮 26.76 万吨、二氧化硫 464.53 万吨、氮氧化物 313.11 万吨、节水 7.15 亿吨[③]。

3. 银行业金融机构积极开展绿色信贷

第一，兴业银行在我国绿色信贷领域的开拓。作为国内绿色金融的开拓者和"领头羊"，兴业银行早在 2006 年就与国际金融公司（IFC）联合在国内首创推出节能减排贷款，这标志着兴业银行正式进军绿色金融领域；2007 年，兴业银行与联合国环境规划署签署了《金融机构关于环境和可持续发展的声明》；2008 年，兴业银行公开承诺采纳"赤道原则"，从而成为全球第 63 家、中国首家"赤道银行"；2009 年，兴业银行在北京成立可持续金融业务专营机构，即可持续金融中心。多年来，兴业银行先后创新了能源合同管理、碳排放交易、排污权交易等融资产品，并率先在国内推出"绿金融全攻略"，构建起覆盖绿色产业链上下游的金融产品体系。而在体制机制方面，兴业银行总行还设立环境金融部，在全国 33

[①] 截至去年末国内 21 家主要银行绿色信贷余额超 11 万亿[EB/OL]，http://www.gov.cn/xinwen/2021-03/26/content_5595819.htm.

[②] 中国绿色发展将迈上新台阶[EB/OL].http://www.cfej.neUhbyq/rdpx/202102/t20210224-822169.shtml.

[③] 绿色信贷统计信息披露说明[EB/OL].http://www.cbirc.gov.cn/cn/view/pages/ItemDetail.html?docld=171047&itemld=954&generaltype=0.

个一级分行设立了环境金融中心,并在二级分行配置专职的绿色金融产品经理。公开资料显示,截至2019年10月末,兴业银行已累计为18 941家企业提供绿色金融融资21 070亿元,资金所支持项目预计可实现在我国境内每年节约标准煤3 001万吨,年减排二氧化碳8 435.79万吨,年节水量41 001.28万吨,相当于关闭193座100兆瓦火力发电站,10万辆出租车停驶41年[①]。

第二,中国工商银行在2007年9月率先出台了《关于推进"绿色信贷"建设的意见》,提出了环保一票否决制,该制度的内容主要是对违反或者不符合国家环保政策的项目进行信贷制约,对有利于环境保护的企业和项目提供信贷支持并实施一系列适合的优惠政策。

中国工商银行还对法人客户的环保信息进行了标识,初步形成了客户环保风险数据库。目前,中国工商银行、中国农业银行、中国银行、中国建设银行等国有商业银行均将节能环保的要求引入信贷准入标准(本书相关章节会有各大商业银行在绿色信贷方面的成功经验介绍),各大商业银行在绿色信贷发展上进行了大胆的探索和成功的实践,为我国建立绿色金融体系、助推我国绿色产业的发展做出了重要贡献。

第三,2013年11月4日,中国工商银行、中国农业银行、中国银行、中国建设银行、交通银行、兴业银行等29家银行业金融机构签署了《中国银行业绿色信贷共同承诺》。一年后的2014年11月4日,由29家主要银行组成的中国银行业绿色信贷专业委员会正式宣告成立,该委员会的成立是我国绿色金融不断发展壮大、逐步走向成熟的重要标志。2015年4月22日,中国金融学会宣布成立绿色金融专业委员会。绿色金融专业委员会主要以组织专题小组的形式展开工作。公开资料显示,截至2017年10月,中国绿色金融专业委员会有190家成员单位,其管理的金融资产达120万亿元,约占中国金融业总资产的70%[②]。

(三)我国绿色信贷发展中存在的问题及展望

1. 存在的问题

首先,由于部分绿色项目不同程度地存在前期投入大、技术尚不成熟、投资回收期长等问题,它们对市场资金的吸引力仍不足,而目前对银行业金融机构开

[①] 绿色金融可持续发展的"兴业样本"[EB/OL]. https://www.cib.com.cn/cn/aboutCIB/abouUnews/2019/20191127.html.

[②] 中国绿金委与欧洲投资银行联合发布白皮书[EB/OL]. http://www.ce.cn/xwzx/gnsz/gdxw/201711/12/t20171112_26834500.shtml.

展绿色信贷业务尚无实质性的激励和支持政策，部分银行业金融机构出于对成本与效益以及风险等因素的考虑，对风险收益评估不能满足要求的项目较难介入。

其次，国内银行业对环境和社会风险重要性的认识及风险识别能力仍有待提高。在盈利压力较大的情况下，环境与社会风险容易被忽视，这是全球银行业普遍存在的问题；同时对环境与社会风险的识别，尚未建立专家咨询队伍，大多依靠项目的环境批文，这使得项目面临复杂环境与社会风险时易存在因评估不足而可能出现风险隐患；另外，对环境风险的评估大多没有进行定量分析。

最后，环境信息披露是发展绿色信贷的基础。同西方发达国家相比，我国尚未建立起完善的绿色信息披露机制，即使在信息透明度最高的上市公司中，也少有企业披露二氧化碳、二氧化硫排放量等环境数据，对外披露的环境信息中也是定性多、定量少。银行业金融机构在评估企业环境风险、给企业项目的信贷资产定价、制定行业信贷政策时，由于环境信息的缺乏，上述指标或政策所起的作用常常存在一定的盲目性，无法做到定量化，这对绿色信贷乃至我国绿色金融的发展形成了阻碍。

2. 未来展望

(1)法律体系日渐完善，配套激励政策有望落地

为了激励银行业积极践行绿色信贷，将发行绿色信贷由"政策拉动"的公益活动变为"市场选择"的主动行为，目前，我国的政策制定机构正在致力于完善相关制度，有效激励银行业发行绿色信贷。在未来，绿色信贷专项的产业、财税、采购方面的激励政策有望出台，绿色信贷实施的法制环境将会持续改善。

(2)方法和工具不断创新，银行业能力得到提升

压力测试、绿色评级和绿色指数等方法的不断推广为银行业金融机构管理绿色信贷提供了有效工具，银行业金融机构将有能力建立起科学、精确的企业绿色评级机制，对企业、行业进行有效的风险识别，同时发掘具有可持续发展潜力的价值客户予以支持。此外，随着绿色信贷理念与经营结合更加紧密，银行业金融机构将会建立起一支具有环境与社会风险评估及授信审查能力的复合型人才梯队，提高绿色信贷的独立评审能力。

(3)绿色信息披露机制日臻健全，绿色信贷更加透明

建立健全绿色信息披露机制，除了加强立法，制定统一的环境风险评估标准，强制性要求上市公司和发债企业披露环境信息外，还应当考虑让银行业金融机构参与进来，尤其是商业银行，其拥有广泛的客户资源，并在多年经营信贷中

形成了一套完善的客户调查和审核流程，也有能力为建立健全我国绿色信息披露机制做出贡献。例如，中国工商银行目前正在进行客户环境数据采集系统的开发，该数据系统由信贷经理获取企业环境数据并纳入中国工商银行大数据系统，中国工商银行可在其基础上研发相关指数产品，在保护客户经营信息安全的前提下，向社会披露环境信息。

三、绿色信贷机制的构建与完善

根据我国绿色信贷发展过程中存在的问题以及结合发达国家发展绿色信贷的经验，我国应从政府、商业银行和政策性银行三方面构建与完善绿色信贷机制。

（一）构建绿色信贷机制的政策支持

1. 完善绿色信贷的相关法律法规和制度

法律法规体系和支撑政策是绿色信贷有效落实及发展的制度保证。针对我国现在绿色信贷法律法规体系和政策还不完善的状况，紧密结合实际，着眼于绿色信贷整体发展和规范企业具体行为，组织协调银行与相关部门，抓紧开展相关工作，制定和完善有关环境保护与绿色信贷相结合的法律法规，为多部门协同推进绿色信贷业务的有效实施提供坚实的法律依据和制度支撑，推进我国绿色信贷规范化、制度化、法律化。与此相适应，对银行相关方面的法律法规，如《中国人民银行法》《商业银行法》和《贷款通则》等，也要进行修订，增加相应的内容，使与环境相关的法律制度更加完善。另外，对政府的一些行政规章也要进一步完善，可以考虑制定《绿色信贷实施条例》，就政府、企业及个人等在有关方面的责任和义务做出明确规定。还要健全企业和银行的政策激励与约束机制，协调推进绿色信贷取得更大进展。

2. 完善环保信息沟通与共享机制

在实施绿色信贷政策的过程中，及时有效地传递信息是重要前提。我国金融监管部门与环保部门等之间信息的交流和共享尚未完全实现，影响了绿色信贷发展的成效，当前非常有必要加快完善环保信息沟通与共享机制。

首先，环保部门和银行应该各尽其责。就环保部门而言，面对一些企业污染环境严重的问题，要尽职尽责，有所作为，顶住压力，敢于查处。要有计划、有步骤地建立健全相应机构，包括环保监督中心等，全面收集企业环保信息，并据此经常检查重点污染行业，环保不达标的要进行处罚。对发展中的新上的项目，要加强环评审查，严控高污染、高耗能项目，强化源头污染控制。就银行而言，对申请贷款的企业，要下大力气尽可能全地收集相关环保信息，并在实施中及时关注和查验环保情况，同样也不能放宽对"两高"项目的审查，把握好信贷"闸门"，努力避免环境质量恶化。

其次，加强环保部门与银行之间的信息沟通，促进环境监督管理和信贷风险防范水平的进一步提高。尽管目前我国环保部门与银行之间信息传递的路径和周期很长，导致信息更新相对滞后，但认真研究采取具体措施，通过共同建立完整、互通的企业环保数据库，完善联席会议制度，环保部门与银行之间应该能够较快地形成信息沟通与共享机制，并发挥更大的作用。再次，加强银行之间的信息共享。银行在使用环境信息之后，要及时有效地反馈情况，真正做到银行与银行之间的信息互通和数据共享。最后，环保部门、银行部门与非政府组织还应该搞好沟通，加强信息交流，听取意见与建议，并将之充分吸纳、体现在实际工作之中。

3. 制定符合中国国情的绿色信贷管理指南

为了顺利推进银行业绿色信贷业务，非常有必要制定全面、完善的绿色信贷管理指南，这是一个前提条件。在借鉴国际绿色信贷标准的基础上，从我国国情出发，依据已取得的相关成果，进行科学制定。现在，国际上通常以"赤道原则"作为绿色信贷标准。与此相比较，我国现行的绿色信贷标准太过于综合和笼统，不足方面表现为缺乏相对具体的指导目录以及对环境评估的风险标准，这样就导致商业银行制定的相关监管措施缺少足够的依据，从而在实践中不易于操作。因此，深入开展绿色信贷监管，相关部门在制定绿色信贷管理指南过程中，既要突出针对性，也要增强指导性，把产业指导目录放在重要位置，形成一整套可操作性办法。例如，对各个行业产品以及在生产过程中使用的原料、制造工艺技术、污染排放量等进行评定，切实使各个行业的环保状态信息真正体现在指导目录之中。基于此，各家银行机构在对企业发放贷款时，其额度就可以依据企业的环保水平来确定。同时，各家银行机构也应结合自身实际尽快制定自己的绿色信贷实施指南。另外，环保部门也应承担更大的责任，立足我国国情，深入了解和把握各项具体工艺，并与我国各行业环境标准一一做对比，在明晰差距的同时，研究制定绿色信贷，特别是污染行业信贷管理指南，以促进银行业选择支持绿色经济项目，限制对浪费资源和污染环境的项目融资，推动环境友好型和资源节约型社会发展。

4. 加大环保考核力度，强化对地方政府行为规范

全面深入推动我国绿色信贷政策实施，地方政府特别是环保部门要与金融机

构密切协作,形成合力,共同做好相关工作。规范各级政府行为是重要前提,也是战略基点,要加强约束,促使各级政府领导干部坚持贯彻科学发展观,走新型工业化道路,从而以正确的政绩观创造无愧于人民的实绩。要逐步完善地方政府的绩效考核环保评价体系,并将环保指标纳入各级政府,特别是领导干部的绩效考核之中,同时随着科学发展、和谐社会的推进,要在各级政府绩效考核指标体系中加大环保方面的权重,杜绝地方政府对商业银行经营行为的干预。对工作中落实不力或完不成任务的地方政府,要进行严格问责,追究有关领导干部和人员的责任。同时,要加强业务培训和宣传教育,增强各级政府乃至全社会的环保意识,积极主动地贯彻实行国家环保法律法规和政策,力求从根本上解决重发展、轻环保,重增长、轻生态的问题,更好地推进节能减排工作,提高经济发展的质量和效益,促进绿色经济、低碳经济、循环经济的不断壮大。

5. 建立和完善绿色信贷激励与约束机制

主要是政府对银行和企业建立和完善绿色信贷激励与约束机制。对于银行来说,要立足于鼓励银行积极开展绿色信贷业务,组织环保部门与相关监管部门密切配合,采取切实有效的针对性举措,构建有效的激励与约束机制。对严格按照环境保护要求发放信贷,并且成果明显的银行,应通过多种形式给予相应的奖励,引导和激发银行大力发展绿色信贷的积极性;对单纯追求经济利益而违规向污染环境严重的企业和项目发放信贷的银行,则要追究其责任并采取严厉措施加以惩罚,遏制银行的不良经营行为,努力向绿色信贷进行转变。同时,也要考虑到绿色信贷往往倾斜于一些社会效益大、经济效益不佳的项目和企业,这就不可避免地会影响银行的经营利润,因此,政府应出台相关的财税政策,如减免税收、贷款贴息、财政补贴等,增强银行持续开展绿色信贷的动力。对于环境保护好的企业,政府应加大扶持力度,银行也要在融资方面给予优惠,如降低贷款利率、延长还款期限等,为企业加快发展创造有利的环境和条件。对于环境污染严重的企业,政府应加强监管,促使其不断改进工艺、提高技术水平。对于达不到标准、违规生产的企业,要严厉处罚,情节恶劣的依法关闭,同时银行应对其实施惩罚性措施,如提高利率等,控制贷款发放,从源头上切断污染企业的资金链,从而遏制污染环境的行为,达到保护环境的目的。

(二)商业银行绿色信贷机制的构建

1. 努力促进经营目标与社会责任相协调

借鉴世界上发达国家开展绿色信贷的先进经验,要强化商业银行信贷投放中重视企业社会责任的理念，特别是要与可持续发展理念相结合，并以此来体现商业银行自身的社会责任。要制定制度，形成一种惯例，促使银行每年都发布《企业社会责任报告》和《融资项目环境评估报告》，同时也使商业银行可以通过这一渠道增大宣传效果，进而提升自身形象。例如，汇丰银行为了促进节能减排，严格控制向环境污染型企业与项目融资，并陆续捐出大笔资金支持环保事业发展，且经常积极参与许多大型环保项目的实施和开展，改善了自然生态环境等，其关注环保和注重可持续发展的理念可见一斑。

实施绿色信贷，不但与商业银行的经营目标在本质上不相矛盾，而且是相互统一的。实际上，要使商业银行清楚地知道，不顾环境保护而产生的声誉不佳远比信用不好更有风险，从而使其更多地投入可持续发展，提升自身的美誉度和社会公信力。目前，在我国开始实施绿色信贷的新形势下，要不断完善政府架构和体系，促使商业银行普遍行动起来，与企业主动追求社会责任相一致，增强使命感和危机感，并真正落实到经营目标之中，加强环境风险管控能力，拓展新的利润增长空间，实现经济效益和社会效益的双赢，推动我国绿色信贷发展取得更大成效。

2. 构建环境风险管理体系，提高风险控制水平

我国要尽快建立环境风险管理体系。一套有效的环境及社会风险管理体系有助于减少不良资产的增加数量，继而提升银行的经营绩效。商业银行必须加强内部对环境风险业务管理能力的建设。具体包括：银行应快速适应国家的环境政策、经济政策的变化，适时调整自身的经济战略；建立健全检验、识别环境风险的职能部门；推进分层次、分步骤地对管理层和业务层人员进行培训，使其在环境保护知识和相关政策分析、对我国环保监管体系了解等方面有较深刻的认识。必须培养一批高素质的、了解国家相关政策和环境保护领域的银行业专业的环境风险控制人才。要建立健全银行内部的环境风险管理制度，制定包括识别、评估、控制、减缓和监督环节在内的环境风险管理方案。

银行开展的信贷业务可能造成的环境风险主要包括三个方面：直接风险、间接风险、名誉风险。因此，银行应该对存在的环境风险进行有效的管理，以减少不良资产，提高经营效率。环境风险管理是银行识别、评估、控制、转移、监测环境风险的过程，其主要的目的在于，使可以预见的环境风险在敞口最小化的同时，对不可以预见的环境风险能够及时化解。要通过环境风险的识别、评估、控制以及转移等，加强环境风险管理，特别是应侧重于关注环境风险发生的概率、环境风险可能发生的级数、环境风险影响的持续期、环境风险的敏感性和不可逆转性、环境风险收益的社会影响，以及是否符合相关立法，尤其是《环境保护法》的要求等因素。

3. 完善银行内部绿色信贷激励与约束机制

为了深入开展绿色信贷，除了国家要建立面对企业和银行的激励与约束机制外，银行业内部也要相应完善其绿色信贷的激励与约束机制。只有这样，各家银行及其信贷人员才能有充分实施绿色信贷的积极性。在总行对分行的绩效考核体系中，要加入环保因素，即信贷的发放是否符合相关的环境保护要求。例如，对于绿色信贷做得好的分行，总行要采取适当措施予以奖励，以此激励其继续加大力度开展绿色信贷。同时，银行内部要落实绿色信贷责任制，对于贷款前审核不充分，忽视环保因素，而对污染企业投放信贷的工作人员，要加大惩罚力度，甚至要取消其信贷审核资格。相应地，对于在审核贷款过程中严格按照环保要求执行的信贷工作人员，要给予适当的奖励。

4. 加强人才的储备与培养

关于环境保护问题，政策性非常强，影响因素众多，其涉及的学科其实非常广泛，具体涵盖能源开采、电力、化工等多个领域。而商业银行的员工体系主要由金融专业人才构成，这些人才对以上所涉及的学科了解甚微。同时银行内部现有人员对环保法律法规不够了解，这就不利于绿色信贷政策在银行内部的推广和实施。为了应对以上局面，银行需要从自身人才结构调整上入手。首先，应该加强对现有员工法律知识的培训，尤其是环境保护方面的法律知识。其次，应该引进一批工科院校毕业的人才，因为他们更适合给贷款企业的环保能力做出科学准确的评估。比如日本瑞穗实业银行的可持续发展室，六名成员中包括三位精通环保法律的审批人员，还包括三名环境保护方面的专家。我国可以借鉴这一做法，组建信贷可持续发展部门，专门负责相关业务。同时应注重引进和培养高素质、高技能的员工，加强人才储备。此外，还要搞好对信贷人员的具体业务培训，使其加深对环境风险的认识和理解，以便更好地掌握绿色信贷运行方式。

5. 不断创新绿色信贷产品

当今，各级政府对环境保护越来越重视，商业银行应把握这一有利契机，不断创新适应形势发展需要的绿色信贷产品，努力拓展新的利润提升空间，奠定建立长久绿色银行、环保银行的坚实基础。绿色信贷产品的特点是要以保护环境和承担社会责任为理念，实践中不仅仅要重视经济效益，更要突出社会效益，现阶段的着力点是围绕创新和研发各种类型的包括可再生能源和清洁能源等在内的绿色信贷产品,从而提高能源使用效率、促进清洁生产。例如,中国工商银行在实践探索中,积极创新金融产品及信贷管理模式,大力开发信贷衍生产品,为企业搞好金融服务,包括提供投资理财、融资租赁、财务顾问、结构化融资等,支持开展节能环保工作;兴业银行创建了能效贷款的多种信贷模式,提供了一系列的解决方案,帮助节能服务公司、生产型企业搞好节能技改,延伸了绿色环保产业链。

(三)政策性银行发展绿色信贷的对策建议

1. 充分发挥政策性银行的环境功能

一般来说,商业银行很多时候会为了经营目标而拒绝向某些项目发放信贷,而政策性银行则有很大的不同,它们在发放信贷时主要考虑的不是盈利,而是项目是否关系到国计民生。在我国,政策性银行主要包括国家开发银行、中国进出口银行和中国农业发展银行,要立足于促进国家重大方面的战略发展以及提高人民的生活质量,突出支持关系全局重要设施建设、重点领域和关键产业的发展。环境功能是政策性银行的基本功能,尤其在我国致力于发展低碳经济,加大力度推进环境保护事业的背景下,政策性银行要更加突出发展绿色信贷,在发放贷款时除了要考虑以上所述因素外,还要将环境因素放到重要的位置,要把节约资源和保护环境当作自己应尽的义务和职责,对那些关系到国计民生而且经济效益不太好、贷款收回时间较长的项目发放贷款,促进生态环境保护和资源科学合理开发利用,实现效益最大化。

如今,由于政策性业务不断萎缩,许多国家的政策性银行为了发展需要,逐渐开始开展商业性业务。我国的国家开发银行也正在向商业银行转型。随着业务变革,政策性银行的商业性业务增多的同时,可能会减少政策性业务,在发放贷款时容易将自己作为商业银行来做决定,忽视环境因素,单纯追求利润最大化。如果出现这种情况,就要完善关于政策性银行环境功能的法律法规,约束政策性银行在开展商业性业务时不利于保护环境的决策和行为。

2. 充分发挥政策性银行的优势

国家开发银行、中国进出口银行和中国农业发展银行要充分发挥自身作为政策性银行的优势,以国家、地方及银信部门不断出台的政策为重要契机,实现绿色信贷转型。以中国农业发展银行为例,它是以农为本的银行,绿色农业、农村开发和环境治理等领域的不断建设与发展为这一政策性银行的绿色信贷建设提供了潜力无穷的大舞台。再如国家开发银行要落实绿色信贷,可在支持工业污染治理,城市污水处理及再生利用,城市固体废弃物处理,推动太湖、巢湖等重点流域水环境综合治理等方面加大贷款倾向。

3. 设立绿色信贷相关职能部门

根据目前的实际情况,我国政策性银行在银行内部应设立"环境与社会发展部"或者"可持续金融部"等职能部门,专门具体负责融资中环境与社会风险评估及防范问题,处理融资中其他与环境、社会有关的问题,认真审查贷款文件,特别是对相关报告实行形式和实质双重审查,强化风险管理,积极与各个利益相关者沟通,建立健全信息披露制度以及公众意见征询制度,切实推动绿色信贷业务深入发展。

4. 打造优秀团队,加强产品开发

在推进绿色信贷业务创新方面,与商业银行一样,政策性银行也要重视专业人才的储备和培养,打造一支优秀的团队,适应经济社会发展的需要,继续为我国环境保护融资提供支持,加强绿色信贷产品的深度开发,积极探索支持节能减排的新模式、新产品,不断拓展发展的空间,在推进可持续发展中实现社会效益和生态效益最大化,促进社会和环境的可持续发展。

第四节 我国绿色保险的发展与建议

绿色保险,是责任保险中一个分支,是一种特殊的责任保险。第二次世界大战之后,绿色保险迅速发展起来。由于对绿色保险的研究起步较晚,在我国绿色保险还只是一个陌生的概念。虽然我国在各个省份进行了绿色保险的试点运营,但是由于实务经营中对环境责任保险的理解是比较狭窄的,同时在经营的过程中还存在一些问题,环境责任保险在我国并没有发挥出治理的功能。通过结合我国国情的发展,可以让绿色保险成为解决我国环境问题的工具,改善我国生态环境状况,实现社会的可持续发展。

一、绿色保险的主要内涵

环境问题已经涉及生存权,成为当代亟须解决的问题。绿色保险作为环境侵权救济体系中的一种制度,具有转嫁风险、保障公民环境权益、促进经济发展和实现社会稳定的优点,引起了更多人的关注。

(一)绿色保险的概念

1. 保险和责任保险的概念

保险是分散风险、消化损失的制度。最开始,"保险"一词是西方国家的舶来品,英文名称为"insurance"。保险是什么,根据《保险法》第二条规定,"本法所称保险,是指投保人根据合同约定,向保险人支付保险费,保险人对于合同约定的可能发生的事故因其发生所造成的财产损失承担赔偿保险金责任,或者当被保险人死亡、伤残、疾病或者达到合同约定的年龄、期限等条件时承担给付保险金责任的商业保险行为",可知保险的定义就是一种经济制度,是一种以经济补偿作为保险手段的商业经营行为。

此外,保险还体现着一种法律关系,即投保人和保险人通过保险合同的约束形成的契约关系。还有理论认为,保险是集合多数遭受同一风险的人成立起来的保护他们共同利益的团体,通过公平合理的方法筹集资金,以便对遭受该项风险所引起的损失给予适当的补偿。

这些定义都强调了保险减少交易风险、填补损失的作用。此外,保险更能发挥出维持经济活动正常进行和维护社会稳定的功能,因此它又被人们称为"精巧社会的稳定器"。

责任保险又被称为第三者责任保险。《保险法》第六十五条规定,责任保险是指以被保险人对第三者依法应负的赔偿责任为保险标的的保险。责任保险通常被划分在广义的财产保险范畴中,中国也将其作为财产保险中的一类来规定。学者们将广义的财产保险分为三类,即有形财产保险、无形财产保险以及责任保险。对于特定标的的灭失、毁损的保险,就是有形财产保险;对于将来可取之收益丧失的保险,则为无形财产保险;对于发生事故而需要由其财产支出的保险就是责任保险。

我国《保险法》第九十五条第二款的规定中提出,责任保险属于财产保险业务的范畴,因为其承担的标的是一种无形的民事损害赔偿责任。通过构成要件可以看出,责任保险是一种民事法律责任,这种责任是被保险人对第三者依法应负的赔偿责任。这种法律责任是由于某种行为而造成他人的人身或财产受到损失或依照合同应由致害人对受害人所承担的一定的义务,即经济损害赔偿。

19世纪,在法国最早出现了责任保险,也是最年轻的险种之一,在性质上是基于民事责任的一种分散和防范侵权损害的法律技术,其社会功能在于通过缴纳保费组成一个共同体。一旦发生保险事故,通过保险、再保险的功能将个人的损失衡量出来，进而填补被害人的损失。

目前，责任保险已经在英国、法国、德国、日本以及瑞典等国家的核能事故、工业事故、交通事故、航空器事故、医疗事故、产品责任和环境事故等危险活动领域和意外灾害领域得到广泛的应用。责任保险在环境事故中应用，就产生了一种新的环境责任制度，即绿色保险制度。

2. 绿色保险的概念

(1)绿色保险的产生与发展

绿色保险是环境责任保险的形象称呼，是指被保险人由于对环境造成污染所必须承担的损失赔偿和治理责任的保险。绿色保险要求投保人按照保险合同上的约定向保险公司缴纳保险费用，一旦发生了污染事故，就由保险公司承担起对污染受害人的赔偿和治理责任。目前，绿色保险已经在发达国家中广泛被采用，是环境高危企业发生污染事故后维护受害人权益的一种有效赔制度。

早期绿色保险中的环境风险和责任风险是由公众责任保险(Comprehensive General Liability，CGL)承保的。20世纪60年代以前，发达国家环境风险还不突出，环境责任案件较少，因此CGL保单并未将环境责任损害赔偿列为除外责任，即CGL保单承保污染风险。但CGL作为一般责任保单承保了既不是保险业预期的，也不是保险业有意承保的环境损害赔偿责任。

20世纪60年代随着环境责任案件的增多，保险人在这个领域存在一定风险，于是保险人便在CGL保单中添加了"突然和意外条款"，只承保"突然和意外的环境损害责任"，"渐进性环境损害责任"被定义为除外责任。然而，正是渐进性环境污染风险市场的空白引起了欧洲保险人的极大兴趣，它们开始评估渐进性的环境污染风险是否能被保险覆盖。

在伦敦一家经纪公司(H.Clarkson有限责任公司)的领导下，欧洲保险人开始收集大量跟环境污染风险暴露有关的环境条件、公司经营和管理保单之类的重要信息。通过这一活动，1974年欧洲诞生了第一张非美式风险的环境损害责任保单。在瑞士再保险公司的倡导下，有超过35家的再保险公司投入这次世界范围的环境保险活动。随后保险人又将这个活动的内容扩展到美式风险的领域，并开始对美式风险的环境损害责任进行评估。

美国第一次为渐进性环境污染风险提供环境损害责任保单的限额是每次赔偿40万美元，累计赔偿800万美元。这一限额在20世纪70年代中期增长为每次赔偿500万美元，累计赔偿1 000万美元。之后伴随绿色保险的发展保单限额达到了更高的水平，但由于环境责任风险具有广泛性、不确定性和赔付金额高的特点，保险人对承保条件要求更严格。

1989年在坚持严格承保条件的原则下，绿色保险的经营者们不断地、积极地向市场提供公众需要的更高保险限额、更宽保险范围和更多保险保单的绿色保险。直到20世纪90年代，绿色保险的时代才真正来临。成功承保重大环境风险所需要的数据和信息被保险公司、经纪公司和风险技术顾问发展成为应对各种复杂问题的参考，并将其提供给正在寻找利用保险和金融工具有效转移环境风险的客户。

目前，绿色保险的保险范围已经扩大到几乎任何工业、商业或机构的环境风险。有超过25种不同类型的环境保单，这些保单为应对污染风险提供了更多的选择。其中包括为重新治理环境而设计的超额保险、保护债权人存在环境问题的财产免受财务牵连的保单，这些都很受投保人的欢迎因而被不断开发。

虽然目前绿色保险典型的保单赔偿累计限额是1 000万美元，保险期限是10年，但随着时间的推移，绿色保险的赔偿限额将被扩大，期限也会越来越长。现在绿色保险的保单广泛被修改，并且有很大的交易量，给存在环境风险的客户提供了既有创造性又灵活多样的解决难题的方法。

(2)绿色保险的含义

环境责任保险(Environmental Liability Insurance)又被称为"绿色保险"，指的是以被保险人因为环境污染而承担的损害赔偿和治理责任为标的的保险。要求投保人按照合同按一定的保险费率向保险机构缴纳保险费，一旦出现投保人因为环境污染而承担损害责任赔偿和治理责任的情况时，就由保险公司代为支付相应的保险费额。

绿色保险作为民事责任的一种分散和防范侵权损害风险的法律技术，主要包括三层法律关系，即投保人和保险公司之间的契约关系、投保人和受害人的侵权赔偿责任关系以及保险人与受害人的赔偿关系，三者之间相互制约、互为条件。通过绿色保险方式，被保险人将造成环境的损害赔偿责任转嫁给保险公司，再通过保险公司将损失分散到全体投保绿色保险的"潜在环境侵权人"身上，从而实现环境损害赔偿的社会化。

在绿色保险中，投保人、被保险人以及受益人往往都是同一个人，即污染企业。绿色保险包含契约之债、侵权之债和损害赔偿之债，污染者和保险人之间是契约的关系，适用于过错责任原则，即保险人可以在合同中约定免费条款，规定如污染危害系污染者故意或是重大过失所导致,保险人则不承担赔偿责任,进而来监督企业加强自身管理,避免出现环境侵权行为。

(3)绿色保险的定位及功能

绿色保险具有保险制度本身存在的经济补偿功能,其重要功能是通过保险机制实现环境风险成本内部化和环境损害赔偿社会化,最大限度地发挥绿色保险对环境污染风险的预防功能,助力解决环境污染损害赔偿、环境承载力退化和生态保护问题,减少气候变化等环境问题对经济社会的冲击,并通过发挥保险的增信功能和融资功能,支持绿色产业投资,参与生态文明建设,从而在加快助推经济社会绿色低碳发展方面发挥正面作用,实现经济社会的可持续发展。具体可细化表述为以下三点。

第一,助力加强环境风险管理体系。开展环境污染责任保险业务是保险业参与企业环境污染风险的重要方式。一方面,保险作为市场化的经济补偿机制,能及时补偿污染受害者的损失,化解环境污染的矛盾纠纷。另一方面,保险可以帮助投保企业应对可能出现的环境污染和损害赔偿支出,稳定企业生产经营,发挥保险费率的杠杆作用及自身的风险管理优势,促进企业提高环境风险管理水平,减少和避免对环境的污染和损害。

第二,增信融资能力日益凸显。我国产业结构转型升级的一个重要方向是绿色化转型,即逐步提高绿色产业的比重,实现产业结构向中高端迈进。绿色产业从投资到获益的运作周期较长,而保险资金较长的使用周期恰好与绿色产业的资金需求有效契合。此外,保险可以发挥信用增进功能,通过降低绿色信贷机构的经营风险,拓宽绿色项目的融资渠道。

第三,促进绿色产业发展。绿色保险可以围绕绿色产业的经营需求提供保险保障服务,化解绿色技术、绿色产品研发过程中的风险,支持企业稳定生产经营,促进环保技术的成果转化。风力发电、光伏发电等新兴产业日常生产经营中的保险风险管理有其特殊需求,例如,在太阳辐照强度不确定等原因导致无法正常发电的情况下,光伏电站的发电量和经营绩效存在大幅波动的风险,保险机构开始探索研发太阳辐射发电指数保险产品、太阳能光伏电站综合运营保险等,为光伏电站企业因天气等原因导致的潜在收入损失提供保障。

(4)绿色保险的内涵分析

环境责任保险即绿色保险要求投保人依据保险合同,按照一定的保险费率向保险机构缴纳保险费,当被保险人因为环境侵权损害而应承担赔偿和治理责任时，保险公司就代为支付法定数额的保险金。从这个意义上来说，其实质是被保险人依法所承担的侵权损害赔偿责任通过保险合同转移给保险人，从而规避了因承担环境侵权损害赔偿责任而遭受重大利益损失的一种制度。因此可以看出，环境责任保险的标的既不是财产也不是人身，而是被保险人因污染环境而应承担的损害赔偿责任。

但是，并非所有的损害赔偿责任均为环境责任保险的标的，一种损害赔偿责任能否构成环境责任保险的标的，必须具备以下几个条件。

第一，属于法定的损害赔偿责任。环境责任保险的标的应该是由法律规定所必须承担的，具有一定的法律责任。自 20 世纪 60 年代以来，各种环境侵权的事件频频发生，因此世界各国都纷纷采用立法方式对环境侵权责任予以规定，进而使环境侵权的救济成为一种法定的责任。同时，环境责任保险的标的必须是损害赔偿责任，非损害赔偿责任不得成为保险的标的。此外还需要注意的是，若此责任的履行得以转化为损害赔偿或是转化为金钱计算，也可作为环境责任保险的标的。

第二，属于民事责任范畴。环境民事责任、环境行政责任以及环境刑事责任构成了当代环境责任体系的三大组成部分，但是只有环境民事责任可以成为环境责任保险的承保标的，而被保险人致人损害所必须承担的行政责任、刑事责任不得作为环境责任保险的标的。

第三，该项责任是由于疏忽、过失等行为造成的，或是虽然没有过错，但是根据法律规定应对受害人承担的民事赔偿责任。若被保险人故意险。在世界上很多国家对绿色保险采取的是强制性投保的形式，如美国、瑞典、德国等针对有毒物质和废弃物的处理、处置可能引发的损害赔偿责任实行强制保险制度。欧盟正在考虑在成员国内推行环境责任的强制保险，在我国也已经对某些污染环境的行业采取了强制保险制度。与强制责任保险相反，自愿责任保险则是在投保人与保险机构双方平等的基础上，自愿经过协商一致订立保险合同的一种保险机制。

二、绿色保险的类别

关于绿色保险的种类，在学术界并没有统一对其进行界定，从责任保险的标准入手，结合前人的成果，进而对其进行了统一的概括。

第一，依照绿色保险合同对环境污染责任的约定，绿色保险分为：环境损害责任保险和自有场地治理责任保险。环境损害责任保险指的是保险公司对被保险人由于污染环境造成第三人的人身伤害和财产损失而发生的赔偿承担给付保险金的责任。这类保险并不承担所有的环境损害风险，而仅仅承担与第三人的人身伤害和财产损失相关联的风险。自有场地治理责任保险指的是被保险人因其污染自有的场地，依法负有治理污染的责任并因此而支出治理费用等，保险公司以保险合同约定的赔偿限额为基础，承担给付保险金的责任。

第二，依据环境污染致人损害而发生索赔的时间是否在保险合同的有效期间，绿色保险分为事故型责任保险以及索赔型责任保险。事故型责任保险指的是保险人仅以被保险人致人损害的行为或事故发生在责任保险单的有效期间内为条件，向被保险人承担给付保险金的责任。索赔型责任保险指的是在保险合同的有效期间内发生对被保险人环境责任索赔事件，保险公司应当承担给付保险金的责任。

环境污染致人损害而发生索赔的时间是在保险合同失效若干年甚至几十年之后，保险公司是无法把握未来的保险给付责任的。保险公司为限制其责任承担，在保险合同中规定了被保险人向保险公司通知索赔的最长期限，现代的环境保险已经由事故型责任保险发展为索赔型责任保险。

第三，根据绿色保险关系的建立是否取决于排污企业的意志，可以将之分为强制责任保险和自愿责任保险。强制责任保险又称为法定责任保险。制造保险事故导致他人受害，属于道德风险，不应划入责任保险的范畴。

第四，必须为被保险人对第三人负赔偿责任。此处的第三人是除被保险人之外的任何一人，但被保险人若成为受害人，第三人则不可主张责任保险金的给付。

三、绿色保险的特征

(一)赔偿主体具有替代性

在一般的民事侵权救济过程中，其赔偿义务主体为侵权者。在绿色保险中，赔偿义务主体是具有专营性的保险公司，但是这种保险公司所承担的责任并非因为自己的环境侵权行为而导致的，而是基于污染事故的合法保险协议，即投保人向保险公司支付约定的保险费用，进而使保险公司替代被保险人在发生保险事故时给付赔偿金的责任。

这一替代责任的设置解决了污染后果的严重性和侵权者赔付能力有限性间的矛盾，平衡了个体权利和社会公益间存在的冲突。但是，赔付主体被替代，并不能说明"污染者负担"原则遭到了背离。在绿色保险中,污染危害系数过大引起的重大损失,保险人并不承担赔偿责任,而是由污染者自己承担。

(二)保险合同内容具有特定性

绿色保险合同的内容具有特定性,对于每一份合同来说,都有自己特有的条款,与其他的合同不同,没有具体的格式。由于每一个企业的生产地点和生产流程不同,在经营过程中也有各自的特点,对环境造成污染的可能性和危害性都不同。因此,保险公司在承保过程中要有专门的环保技术人员以及相关的知识工作人员对每一个标的进行实地调查和评估,并确定其保险费率。

(三)承保责任范围具有有限性

环境污染所造成的损害往往具有广泛性和不确定性,因此经常需要巨额资金来赔偿,保险公司出于利润的考虑要衡量所收的保险费和承担的赔付风险之间是否平衡。在实践过程中,绿色保险的对象往往限于偶然、突发性的环境污染事故带给人身体上或是财产上的损害,而正常运营状况下的继续性或复合性污染所导致的损害不在承担的范围内。虽有某些予以承保的立法和实践,如德国《环境责任法》第19条、法国自1977年以后由英国保险公司和法国保险公司组成的再保险联营,以特别责任保险单承保污染事故,但其限制条件极为严格。

(四)保险具有公益性和依赖性

绿色保险实现了环境侵权损害赔偿责任的社会化,同时还可以弥补传统民事损害赔偿制度难以使受害人得到及时有效赔偿的缺陷,实现经济效益和社会发展、社会效益和社会公平的统一,具有很强的公益性。为了能够保证绿色保险具有的公益性,同时为了避免保险公司拒绝承保,各国对高污染企业均强制要求投保绿色保险。

但是绿色保险的经营风险远远高于其他商业保险,仅要求保险公司承担赔偿风险就显得太过于苛刻了,因此绿色保险往往对政府具有很强的依赖性。各国在实行绿色保险制度的过程中,政府经常从财政、税收上进行扶持,如减免税、注入保险基金等,这些支持对绿色保险的发展至关重要。

四、我国绿色保险发展历程与现状

我国的环境法律法规体系尚不健全,但相关法规逐步从"指导意见""管理办法"向立法层面发展和过渡。2016年8月,中国人民银行等七部委联合发布的《关于构建绿色金融体系的指导意见》明确指出要发展绿色保险,为发展绿色保险指明了方向和路径。2018年5月,生态环境部审议并原则通过《环境污染强制责任保险管理办法(草案)》,草案提出了从事环境高风险生产经营活动的企业、事业单位或其他生产经营者应当投保环境污染强制责任保险。2020年9月1日起施行的新《中华人民共和国固体废物污染环境防治法》规定,收集、贮存、运输、利用、处置危险废物的单位,应当按照国家有关规定,投保环境污染责任保险,这意味着环境责任险将全面覆盖涉危险废物的企业。

虽然我国尚无全国性的绿色保险法律法规,但各省(区市)通过地方性法规、规范性文件或实施方案等形式,积极推动环境污染责任保险试点工作和绿色保险产品发展,涌现出湖州模式、无锡模式等绿色保险良性发展的区域代表和可再生能源项目保险、天气保险等创新型绿色保险产品。

1. 可再生能源项目保险

可再生能源项目保险是以可再生能源开发和使用过程中的风险为标的的保险,包括光伏项目保险等。2012年10月,英大泰和财险推出国内首个光伏组件25年期保险产品并由山东力诺光伏集团投保,根据保险合同约定,若光伏组件企业倒闭,英大财险可以代替投保企业承担维修和更换问题组件的义务,保障买家利益不受损害。2014年,安邦财险推出国内首单光伏电站运营期损失险,一年后,安邦财险根据投保企业需求推出太阳能光伏电站综合运营保险,该产品为光伏电站企业提供运营期一切险、太阳辐射发电指数保险和营业中断电费收入损失险为一体的综合性企业财产保险,为光伏电站电力输出、营业收入不足风险和极端天气带来的日照减少风险提供全方位保障。

2. 天气保险

天气保险,亦被称为天气指数保险,指因天气异常导致企业或个人遭受经济损失后,由保险公司提供赔偿的保险。该保险以指数化气候条件(如气温、降水、风速等)为基础,当指数达到一定水平时由被保险人获得相应标准的经济补偿。天气指数保险可以通过对绿色农业等绿色产业风险的转移,以平抑和分散极端天气带来的气候风险,为企业财产提供经济保障。

人保财险浙江永嘉支公司的茶叶低温气象指数保险以气温数据为理赔依据,保险期内保险茶叶所在区域的气象观测站实测日最低气温达到或低于0.5℃时视为保险事故发生。2017年春,永嘉县共出现4次理赔周期,出现次数31案次,合计赔款金额371 040元,62户茶农获得理赔款,赔付率达94.08%。

2017年6月,安信农业保险与慕尼黑再保险及天气科技(北京)有限公司共同推出我国首个全面针对台风的保险并成功出具首张保单,相关合作机构通过台风历史数据进行了 30 000 场台风模拟,基于模拟结果结合气象技术与保险精算技术有效地实现了台风的风险致灾评估。

2018 年 4 月,人保财险广州市分公司设计的蔬菜降雨气象指数保险在广州市花都区落地。在同年 6 月广州强降水造成农作物倒伏、水浸等灾情后,人保财险向当地气象局核实并取得气象证明,确认降水量触发蔬菜降雨气象指数保险保单规定的赔付标准后,迅速完成了定损和赔付。

3. 碳保险

碳保险是以《联合国气候变化框架公约》和《京都议定书》为前提、以碳排放权为基础的碳金融活动的保险,主要承保碳融资风险和碳交付风险,险种包括碳信用价格保险、碳交付保险、碳排放信贷担保相关保险、碳损失保险等。我国首单碳排放权质押贷款项目于 2014 年 9 月由兴业银行武汉分行、湖北宜化集团合作完成并落地于湖北碳排放权交易中心,而我国首单针对碳排放权抵押贷款的保证保险业务则出现于四年后。2018 年,广州花都长兴纸业以碳排放权作为合格抵押物向建设银行广州花都支行申请贷款 200 万元,作为该笔贷款的增信措施,花都建行与长兴纸业、广州人保财险合作推出了国内首笔针对碳排放权抵押贷款的保证保险,三方合力创新"碳排放权抵押＋资产抵押＋保险"贷款融资模式。该保险承保对象属于碳融资风险,险种属于碳排放信贷担保相关保险,是金融机构和工业企业对利用环境权益融资道路的积极探索。

4. 绿色建筑保险

建筑行业作为高能耗行业和碳排放的重点行业,是推动绿色发展的突破口之一。为最大限度地实现人与自然和谐共生,世界首个绿色建筑标准于 1990 年在英国发布,绿色建筑涉及工程项目的全生命周期,既包括新建建筑,又包括既有建筑的性能提升改造工程。对应地,绿色建筑保险则是以市场化手段助力绿色建筑达成预期价值,推动建筑"绿色化"的落地,相关产品依据保险标的可分为绿色建筑星级评价保险、绿色建筑能耗性能保险、绿色项目贷款保证保险等不同类型。2019 年 4 月,北京市朝阳区崔各庄奶东村企业升级改造项目引入绿色建筑保险并由人保财险承保。该项目以绿色建筑为设计理念,致力于建设成为绿色智能生态园区,未来将打造崔各庄国际艺术金融园区。绿色保险将贯穿项目的启动阶段、设计阶段、施工阶段和运行阶段全流程,且在关键节点将聘请第三方绿色建筑服务机构对重要环节和节点进行风险防控,确保标的建筑满足绿色建筑运行评价星级要求。同时,若被保险建筑最终未取得合同约定的绿色运行星级标准,保险公司将采取实物修复和货币补偿的方式履行保障义务。

五、我国发展绿色保险的机遇与挑战

(一)我国发展绿色保险的机遇

1. 加强生态文明建设上升为国家战略

我国经济社会发展已经取得了伟大成就,但资源利用效率不高、环境污染严重、生态系统退化等现实情况正在制约经济社会的可持续发展。近年来,生态文明建设和环境保护的重要性日益凸显。国家基本方略方面,党的十八大以来,生态文明建设已被纳入中国特色社会主义事业总体布局,坚持人与自然和谐共生,"绿水青山就是金山银山",保护生态环境就是保护生产力,改善生态环境就是发展生产力等新思想更是成了新时代中国特色社会主义思想的重要组成部分。政策法规体系方面,2015年国务院颁布《生态文明体制改革总体方案》,2016年人民银行、财政部和环境保护部等七部委联合印发《关于构建绿色金融体系的指导意见》,2018年生态环境部审议并原则通过《环境污染强制责任保险管理办法(草案)》;在地方层面,2013年以来,广东、湖北、江苏、贵州等21个省份相继出台了环境污染责任险试点工作的相关指导意见、实施方案或管理办法等。

2. 绿色保险将成为环境管理的重要经济手段

随着国家构建现代环境治理体系的推进,运用环境经济手段实现多方联动和环境共治成为必然趋势;同时随着我国绿色产业的发展和传统产业的绿色转型对金融的需求日益强劲,绿色保险作为重要的环境经济管理手段将迎来新的发展机遇。以绿色保险中的环境污染责任险为例,企业作为投保方可在突发污染事故时寻求保险赔付,减少损失,保险机构也会出于风控考虑密切关注投保企业的污染风险,对投保企业的环境风险管理状况进行评估,并根据该企业环境风险管理水平确定差异化的保险费率。保险费率的变动也会激励企业调整自身的环境风险管理能力,从而明显降低污染事故发生概率,创造社会价值。此外,作为负债端的延伸,保险机构不仅可以提供风险保障,还可以推动绿色标准的制定,对不符合标准的企业可以不予承保,以此倒逼不达标企业向绿色化积极转型。

3. 企业的绿色保险投保意识正在增强

随着环境保护的法规日趋完善,政府环保督察的力度也在不断加强。根据生态环境部通报,截至2021年1月25日,第二轮第二批中央生态环保督察受理的群众举报已办结 8 766 件，已罚款超 1.8 亿元。在环保督察真查处、真整治、真关停、真罚款的行动下，企业在环境保护合规运营方面的诉求明显增长，保护生态环境日益成为企业生产经营的刚性约束。此外，企业环境违法成本和环境事故带来的环境损害赔偿成本不断攀升，企业通过投保来转移环境污染风险的意愿和意识逐步增强。以无锡市为例，自 2009 年被认定为环境污染责任保险首批试点城市以来，无锡市不断进行环境污染责任险制度的完善工作并基本形成了"立法推动、市场运行、企业参与、专家服务"的模式；在企业参保过程中，除了绿色保险提供的风险保障外，环境风险现场勘查与评估也切实帮助企业发现了环保问题，排查了环境污染安全隐患，提出了环境安全相关建议。

(二) 我国发展绿色保险的挑战

1. 绿色保险的经营成本高、难度大

由于我国绿色保险业务尚处于行业发展的初级阶段，保险业开启新的险种的经营成本较高、难度较大。一是制度制定和团队搭建的成本较高，体现在需要制定一系列的绿色保险规定，同时需要具备专业的环境风险评估团队；二是风险识别和度量难度较大，体现在不同行业企业以及不同体量企业的环境污染程度或者潜在的环境风险不同；三是环境污染的影响潜伏性和累积性使责任认定存在一定困难，再加之环境污染的历史损失数据缺失，风险概率难以确定，使得保险公司难以大规模推出和承保绿色保险。

由于不同行业的环境风险的差异性、环境风险的不确定性和环境污染成因的复杂性，保险产品定价模型难以有效评估企业生产的真实风险，也导致了环境污染责任险保险费率远高于一般责任险的平均保险费率。2020 年 12 月 7 日，国际环保组织绿色和平发布的研究报告《中国环境污染责任保险问题与分析》显示，2017 年我国环境污染责任险保险费率为 1.03%，但我国一般责任险的平均费率仅为 0.05%。(2019 年数据)，环境污染责任险产品性价比有待进一步优化。

2. 绿色保险参保主体动力不足，企业投保积极性偏低

绿色保险的实质是企业通过商业化的风险管理手段将生产经营行为的负外部性风险内化到经营成本中，但是企业的"经济人"属性使其更看重自身的短期利益，对企业行为的环境影响重视度较低，因此企业对于绿色保险的认知仅仅局限于保费带来的成本增长，而鲜有关注绿色保险对企业持续经营的有效助益。实际上，各省市在开展环境污染责任保险试点工作时，企业对绿色保险有效需求性不足表现得格外明显。以云南省为例，云南省在进行环境污染强制责任保险试点工作时将102家试点企业纳入试点名单,但截至2019年1月,仅有39家完成在线环境风险评估填报,8家投保绿色保险,投保率仅为7.8%,保险保障额度仅为3 100万元;在云南省生态环境厅公开94家未投保试点企业名单并明确对应投保而未及时投保的试点企业可以采取暂缓审批企业排污许可证核发、年检申请等措施后,投保绿色保险的试点企业数量才提高至87家,保险保障额度同步达到1.97亿元。绿色保险投保企业数量和保费、保额均位居全国前列的深圳市数据也表现平平;深圳市于2018年将1 066家企业列入环境污染强制责任保险试点企业名录,截至同年11月末,投保企业数量为766家,保费合计1 945.09万元,保险保障额度为11.48亿元。绿色和平的《中国环境污染责任保险问题与分析》报告显示,虽然中国环境污染责任险投保企业数量不断增加,但投保企业的数量占规模以上工业企业的比例仍不足5%。

第五章 以碳中和为目标构建绿色金融体系

第一节 低碳经济背景下我国金融业发展的机遇和挑战

金融业在实体经济大规模向低碳、零碳转型的过程中也必须转型。金融业的转型一方面要满足实体经济转型带来巨大的绿色低碳投融资需求;另一方面要防范由于实体经济转型风险所带来的各种金融风险,包括高碳产业的违约风险和减值风险以及某些高碳地区所面临的系统性金融风险。

一、实现碳中和需要数百万亿的绿色投资

实现碳中和需要大量的绿色、低碳投资,其中,绝大部分需要通过金融体系动员社会资本来实现。关于碳中和所需要的绿色低碳投资规模,许多专家和机构有不同的估算。例如,《中国长期低碳发展战略与转型路径研究》报告提出了四种情景构想,其中实现1.5℃目标导向转型路径,需累计新增投资约138万亿元人民币,超过每年国内生产总值(GDP)的2.5%。再如,笔者牵头的《重庆碳中和目标和绿色金融路线图》课题报告估算,如果重庆市(GDP规模占全国比重约1/40)要在未来30年内实现碳中和,累计需要低碳投资(不包括与减排无关的环保类等绿色投资)超过8万亿元。此外,中国投资协会和落基山研究所估算,在碳中和愿景下,中国在可再生能源、能效、零碳技术和储能技术等七个领域需要70万亿元的投资。基于这些估算,未来30年内,我国实现碳中和所需绿色低碳投资的规模应该在百万亿元以上,也可能达到数百万亿元,这将为绿色金融带来巨大的发展机遇。

二、碳中和为金融业带来的机遇

为实现碳中和目标所产生的绿色投资需求,将为有准备的金融机构提供绿色

金融业务快速成长的机遇。其中，几个典型的领域包括以下几种。

银行业。创新适合清洁能源和绿色交通项目的信贷产品和服务；推动开展绿色建筑融资创新试点，围绕星级建筑、可再生能源规模化应用、绿色建材等领域，探索贴标融资产品创新；积极发展能效信贷、绿色债券和推动绿色信贷资产证券化；探索服务小微企业、消费者和农业绿色化的信贷产品和服务；探索支持能源和工业等行业绿色和低碳转型所需的金融产品和服务，比如转型贷款。

绿色债券。发行地方政府绿色专项债、中小企业绿色集合债、气候债券、蓝色债券以及转型债券等创新绿债产品；改善绿色债券市场流动性，吸引境外绿色投资者购买和持有相关债券产品。

绿色股票市场。简化绿色企业首次公开募股（IPO）的审核或备案程序，探索建立绿色企业的绿色通道机制。对一些经营状况和发展前景较好的绿色企业，支持其优先参与转板试点。

环境权益市场和融资。开展环境权益抵质押融资，探索碳金融和碳衍生产品。

绿色保险。大力开发和推广气候（巨灾）保险、绿色建筑保险、可再生能源保险、新能源汽车保险等创新型绿色保险产品。

绿色基金。鼓励设立绿色基金和转型基金，支持绿色低碳产业的股权投资，满足能源和工业行业的转型融资需求。

私募股权投资。鼓励创投基金孵化绿色低碳科技企业，支持股权投资基金开展绿色项目或企业并购重组。引导私募股权投资基金与区域性股权市场合作，为绿色资产（企业）挂牌转让提供条件。

碳市场。尽快将控排范围扩展到其他主要高耗能工业行业以及交通和建筑领域等，同时将农林行业作为自愿减排和碳汇开发的重点领域。

三、金融业需要防范和管理气候风险

在全球主要国家纷纷宣布碳中和目标、加大落实《巴黎协定》力度的背景下，应对气候变化带来的转型风险对许多产业和有气候风险敞口的金融机构来说会越来越凸显。转型风险指的是在实体经济向绿色低碳转型的过程中，由于政策、技术和市场认知的变化，给某些企业、产业带来的风险以及由此转化而来的财务与金融风险。例如，在各国采取政策措施推动能源绿色化的过程中，煤炭、石油等化石能源产业的需求会大幅下降；为了落实《巴黎协定》，许多国家的碳市场价格将大幅上升，使得大量高碳企业必须支付更多的成本用于购买碳配额；由于技术

进步,光伏、风电等清洁能源的成本快速下降,对化石能源会产生替代作用,并逼迫化石能源价格持续下降。在这些转型因素的推动下,煤炭、石油以及仍然使用高碳技术的石化、钢铁、水泥、铝等制造业,涉及毁林和其他破坏生物多样性的产业和项目都有可能出现严重成本上升、利润下降、严重亏损,乃至倒闭的现象;对金融机构和投资者来说,这些风险会体现为贷款/债券违约和投资损失。在某些高碳产业密集的地区(如山西、陕西、内蒙古等),此类与气候转型相关的风险可能会演化为区域性、系统性的金融风险以及由于大规模企业倒闭所带来的失业和其他社会风险。在碳中和目标背景下,我国煤电企业贷款的违约率在10年内可能会上升到20%以上,其他高碳行业的贷款违约率也可能大幅上升。气候转型带来的金融风险可能成为系统性金融风险的来源。过去几年,一些国外的央行和监管机构(如英格兰银行、荷兰央行、法国央行、欧央行等)、国际组织和合作机制(如央行绿色金融网络,即 NGFS)已开始强调金融业开展环境和气候风险分析的重要性。但是,中国的多数金融机构尚未充分理解气候转型带来的相关风险,普遍缺乏对气候转型风险的前瞻性判断和风险防范机制。

第二节 当前我国绿色金融体系与碳中和目标的差距

自 2015 年党中央、国务院在《生态文明体制改革总体方案》中首次提出构建绿色金融体系以来,我国在绿色金融标准、激励机制、披露要求、产品体系、地方试点和国际合作等方面取得了长足的进展,在部分领域的成就已经形成了重要的国际影响力。但是,与碳中和目标的要求相比,我国目前的绿色金融体系还面临着如下问题和挑战。

一、绿色金融标准体系与碳中和目标不完全匹配

目前的绿色金融标准体系与碳中和目标不完全匹配。例如,虽然人民银行主持修订的新版《绿色债券项目支持目录》(征求意见稿)已经剔除了"清洁煤炭技术"等化石能源相关的高碳项目,但其他绿色金融的界定标准(包括绿色信贷标准、绿色产业目录等)还没有做相应的调整。这些标准中的部分绿色项目不完全符合碳中和对净零碳排放的要求。

二、环境信息披露的水平不符合碳中和的要求

企业和金融机构开展充分的环境信息披露是金融体系引导资金投向绿色产业

的重要基础。被投企业和项目的碳排放信息披露则是低碳投资决策的重要基础。我国目前尚未强制要求大部分企业披露碳排放和碳足迹信息,虽然部分金融机构已经开始披露绿色信贷/投资的信息,但多数还没有对棕色/高碳资产的信息进行披露。多数机构也缺乏采集、计算和评估碳排放和碳足迹信息的能力。金融机构如果不计算和披露其投资/贷款组合的环境风险敞口和碳足迹信息,就无法管理相关气候风险,不了解其支持实体经济减碳的贡献,也无法实现碳中和目标。

三、绿色金融激励机制尚未充分体现对低碳发展的足够重视

金融监管部门的一些政策[包括通过再贷款支持绿色金融和通过宏观审慎评估体系(MPA)考核激励银行增加绿色信贷等]和一些地方政府对绿色项目的贴息、担保等机制在一定程度上调动了社会资本参与绿色投资的积极性。但激励的力度和覆盖范围仍然不足,对绿色项目中的低碳、零碳投资缺乏特殊的激励措施。这些激励机制的设计也没有以投融资的碳足迹作为评价标准。

四、对气候转型风险的认知和分析能力不足

我国的金融监管部门已经开始重视气候变化带来的金融风险,但还未系统性地建立气候风险分析体系,也没有出台对金融机构开展环境和气候风险分析的具体要求。除了已有几家在绿色金融方面领先的机构开展环境、气候压力测试之外,我国多数金融机构尚未充分理解气候转型的相关风险及相关分析模型和方法,而多数中小金融机构还从未接触过气候风险这个概念。在对相关风险的认识和应对能力建设方面,我国金融机构与欧洲金融机构相比还有较大差距。

五、绿色金融产品还不完全适应碳中和目标的需要

我国在绿色信贷、绿色债券等产品创新方面已经取得了长足的进展,但在面向投资者提供的ESG产品,以及绿色金融产品的多样化和流动性方面与发达市场相比还有较大的差距,许多绿色金融产品还没有与碳足迹挂钩,碳市场和碳金融产品在配置金融资源中的作用还十分有限,碳市场的对外开放度还很低。

第三节 以碳中和为目标的绿色金融体系建设

2017年的《政府工作报告》首次明确提出要大力发展绿色金融,党的十九大之后,为坚决打好防范金融风险攻坚战,国家相关举措中再次提出要大力推进普

◊ ◊ 低碳经济背景下我国绿色金融发展研究

惠金融、绿色金融。近几年，我国通过构建机制、创新产品、培育市场等方式有效助推了绿色金融的发展，但总体来看，中国绿色金融仍处于起步阶段，构建完善高效的绿色金融体系任重道远。本章从多个角度对多国的绿色金融实践进行研究，以期为我国的绿色金融发展提供有益的经验和启示。

一、绿色金融体系建设的国际经验

(一)绿色金融相关法律法规相对完善

美国环境立法涉及多领域。1969年，美国国会通过第一部综合性环境成文法《国家环境政策法》，标志着其环境保护由注重治理向注重预防转变、由单一预防污染向保护整体生态系统转变。此后，美国环境立法涉及多层面、多领域，绿色金融制度快速发展。美国在相关制度制定与运用上主要表现为三个特征。一是注重经济、社会多层面问题。1969年通过的《国家环境政策法》明确表示，要不断研究环境质量改善相关问题，并针对问题提出具备针对性的政策建议，不仅要达到保护环境的目的，还要满足国家、社会、经济、卫生及其他多方面的需要[1]。二是注重金融业环境责任。1980年制定的《超级基金法》明确了银行环境保护相关责任的行动准则，规定发放贷款的银行应该主动关注贷款企业的生产经营活动，并对贷款企业应该支付的环境治理费用承担相应的责任[2]。三是注重市场经济导向。1990年修订的《清洁空气法案修正案》对排污权交易制度做出规定，针对有害气体进行总量控制和配额交易，同时使用税收等手段鼓励清洁能源汽车的生产[3]。

日本环保政策涉及多主体。日本环保政策的制定与实施主要由环境省负责，该部门在推进环保政策实施战略目标时，充分发挥政府和民间等各方力量，利用财政预算手段列出需求清单，并对其进行有效管理。2010年，环境省公布《环境与金融：金融部门在建设低碳社会中的新作用》，制定了环境金融行动原则，促进了绿色金融的发展。基于此，2011年10月相关部门发布《21世纪金融行动原则》，研究形成了7条具体的行动原则，并组建了相关组织机构，现阶段已经有170余家金融机构加入并签署了协议。

韩国法规目标更加具体化。2008年9月，韩国政府出台《低碳绿色增长战

---

[1] 何建坤. 国外可再生能源法律译编[M]. 北京：人民法院出版社，2004：20.
[2] 李妍辉. 美国环境金融的立法与实践[J]. 法制与经济，2014(4)：32-33，35.
[3] 蓝虹. 美国绿色金融制度的构建和启示[EB/OL]. http://www.Cifif.com/Archives/IndexArchives/index/a_id/620.htm.

略》,该战略提出要提高能源使用效率、降低能源消耗量,要从能源消耗量大的粗放式制造经济转向能源消耗量小的服务经济。2030年前,韩国政府和企业将在绿色技术研发领域投入11.5万亿韩元,保证公民能够用得上、用得起能源,其中低收入家庭在能源方面的支出不得超过总收入的1/10。2010年,韩国政府公布《低碳绿色增长基本法》,规定在2020年前,温室气体排放量要减少到排放预计量的30%,同时提出了大量措施以促进低碳绿色经济增长。韩国政府公布了基本法施行令,搭建了绿色经济增长的基本框架,为依法全面推行低碳绿色增长计划提供了思路[①]。

(二)绿色金融鼓励措施多样

美国发挥税收政策杠杆作用。1978年,美国联邦政府规定,公司购买太阳能和风能设备支付款中前2 000美元的30%和后8000美元的20%可以从当年应缴纳的所得税中抵扣。1999年,美国亚利桑那州颁布有关法规,鼓励企业购买再生资源回收及污染控制型设备,并提出对这些企业可以减免10%的销售税[②]。

日本建立环保补助基金制度。一是制定环保型融资利息补助基金制度。2013年6月,为促使各金融机构加大对环保企业的融资支持力度,日本环境协会将提供资金补助支付地球气候变暖设备贷款的部分利息。二是制定低碳设备租赁补贴制度。若可再生能源设备、产业或者业务用设备等低碳化机器设备达到规定的租赁标准,则可对其给予租金总额的3%~5%的补贴[③]。

韩国设立多种绿色环保基金。韩国拥有多家公开上市的基金用于环境社会治理,其中,部分国家退休金基金也可用于社会责任投资。韩国国民银行和政府共同成立了一个资产总额高达3300亿韩元的可再生能源私有权益基金,主要用于减少碳排放相关领域的投资,同时推出了利率较低的绿色金融产品[④]。

(三)创新绿色金融产品

美国大力发展绿色保险。近年来,美国不断扩大保险产品的承保范围,新兴的绿色经济发展领域的保险产品品种不断增加。加利福尼亚州消防员基金保险公司发行绿色建筑置换更新险,开启了绿色可持续建筑项目投保新领域。该保险项

---

① 霍成义,刘春华,任小强,等.构建绿色金融体系的国际经验及启示[J].中国经贸导刊(理论版),2017(32)61-62.

② 霍成义,刘春华,任小强,等.构建绿色金融体系的国际经验及启示[J].中国经贸导刊(理论版),2017(32)61-62.

③ 刘冰欣.日本绿色金融实践与启示[J].河北金融,2016(10):28-32.

④ 李瑞红.绿色金融:全球趋势、韩国实践及我国建议[J].理论与当代,2011(4):18-21.

目可以为客户投资的节约用水、节约住宅用能系统和已有建筑绿色改造升级项目提供相关保险服务,达标的电气系统、室内照明系统、室内节约用水排水系统以及建筑物保温项目均可参与投保,当房屋及其相关系统产生损失时,会有专家对投保客户的建筑进行考察并进行维修[①]。

日本构建绿色金融指数。伦敦证交所旗下的指数研究公司 FTSE Russell 于 2016 年 6 月正式发布了新的绿色营收指数(Green RevenueIndices)[②]。该指数是世界第一个关注全球经济向绿色转型的指数,它关注企业"绿色营收占总体营收的比例",向资产管理人、金融分析师和产品经理人提供透明、一致的数据资料,提升对绿色经济有实质贡献的投资标的的能见度,从而引导投资者选择具有促进全球经济可持续发展潜力的企业。

韩国鼓励碳排放权交易。碳排放权交易是环境治理中有效的市场化手段,早在 2010 年 1 月,韩国政府就向联合国提交了减少碳排放的具体目标:截至 2020 年,韩国的温室气体排放量将比基准排放量减少 30%。2010 年 4 月,韩国政府颁布《低碳绿色增长基本法》。2012 年 5 月,韩国国会法制委员会通过了碳排放权交易制度,积极开展建立碳排放权交易市场准备工作。2015 年 1 月,韩国正式设立了碳排放权交易市场并投入使用[③]。目前,韩国碳市场的体量仅次于欧盟碳市场,是世界第二大国家级碳市场。

二、我国碳中和愿景

2020 年 9 月,在第 75 届联合国大会一般性辩论上我国做出郑重承诺,争取在 2060 年之前实现碳中和,推动疫情后世界经济"绿色复苏",这是我国在《巴黎协定》之后第一个明确的长期气候目标。此后,多次强调我国正在制定碳中和行动方案,并在气候雄心峰会上宣布我国提高国家自主贡献力度,提出关于 2030 年减排、发展清洁能源等一系列新目标,主动承担应对气候变化国际责任,为我国碳减排工作确定了阶段性目标和措施。中央经济工作会议、中央财经委员会第九次会议、中央政治局会议等均将有序推进"碳达峰、碳中和"工作作为重要议题,并将"碳达峰、碳中和"纳入生态文明建设整体布局,多措并举准动开展节能

---

① 王伟舟. 构建我国绿色金融体系的创新路径研究[J]. 金融经济,2016(12):5-7.
② 霍成义,刘春华,任小强,等. 构建绿色金融体系的国际经验及启示[J]. 中国经贸导刊(理论版),2017(32)61-62.
③ 孙秋枫,张婷婷,李静雅. 韩国碳排放交易制度的发展及对中国的启示[J]. 武汉大学学报(哲学社会科学版),2016(2):73-78.

减排和应对气候变化行动。我国提出的碳中和目标，与当前的国内外形势密切相关，是统筹国际国内两个大局的重大战略决策。

三、促进企业的绿色转型

经过改革开放多年的快速发展，中国已经成为世界第二大经济体。但是，经济的快速发展也带来了非常严重的资源环境问题。基于此，中国经济必须进行绿色转型，坚决贯彻国家的可持续发展战略。根据联合国环境规划署定义，经济的绿色转型或者发展绿色经济是指发展能"改善人类福利和社会公平，同时极大地降低环境危害和生态稀缺性"的经济模式。中国要实现经济的全面绿色转型，发展绿色经济，企业是关键。

（一）企业绿色转型的内涵与意义

1. 企业绿色转型的内涵

绿色转型是生态文明时代企业为了应对绿色浪潮的冲击，获得可持续发展，主动地、创造性地对自己的战略内容进行调整，改变原来的资源投向，再造企业的生产流程，提高资源的利用率，减少有毒物质的排放，生产绿色产品，培育绿色文化，树立绿色形象，实现向生态企业的蜕变。

关于企业的绿色转型，人们往往理解为，企业在生产经营活动中更加节约资源和爱护环境，实现对环境的最小影响。然而，这样理解远远不够。从广义上来看，企业的绿色转型至少应该包含三个方面的内容：一是考察企业对外部环境的影响，就是企业要节约资源，推进国家可持续发展战略的实施，处理好自身与自然环境之间的关系；二是在企业内部，要充分关注劳动力的工作环境和福利，坚决摒弃资本对劳动力的"残酷"盘剥，协调好劳动力与资本的关系；三是企业的产品要符合健康标准，要做到满足人们不同层次的需求而不构成对健康的损害，协调好企业与社会的关系。

2. 企业绿色转型的意义

（1）绿色转型增强企业的国际竞争力

在国际贸易领域，加注生态标签、能效标签以及最新的碳标签逐步成为国际贸易的一种惯例，并演变为一种新的贸易壁垒。中国制造业大多处于产业链的中低端，属于浪费资源、破坏环境、依赖廉价劳动力的制造环节，自主创新能力弱、缺乏核心技术和自主品牌，环境标准、环境技术与发达国家差距明显，绿色贸易壁垒对中国对外贸易的制约将越来越大，对我国出口造成严重影响的标准主要包括食品中的农药残留量，陶瓷产品中的含铅量，皮革中的五氯苯酚（PCP）残留量，烟草中有机氯含量，机电产品与玩具的安全性指标，汽油的含铅量，汽车尾气排放标准，包装物的可回收性指标，纺织品染料指标，保护臭氧层的受控物质等。中国传统产业和战略新兴产业等所有出口产业都将遭受绿色贸易壁垒，在国际竞争中处于被动地位。

世界各国通过发展绿色经济创造新的经济增长点，绿色化发展成为企业竞争的焦点，绿色贸易壁垒成为保护当地企业发展的重要手段。近年来各国环境标准越来越严格、人们对可持续发展的意识不断提高和深化，这就要求我国企业应达到低碳、绿色、环保的标准。企业实施绿色设计，采用先进的绿色技术和少废、无废的绿色工艺，对产品的生产过程和服务过程进行严格的环节控制，实现资源消耗最少化、废弃物排放减量化、回收利用资源化的效果，生产出绿色产品，树立企业绿色品牌。这样既可以降低企业生产成本，又可以使企业产品顺利突破绿色贸易壁垒，走向世界市场。

(2) 绿色转型为企业树立良好的形象

中国"先污染、后治理"的粗放型工业生产方式，使得工业污染成为环境污染的罪魁祸首。根据《2016－2019年全国生态环境统计公报》，2016年全国工业固体废弃物产生量共37.1亿吨。黑色金属、有色金属、皮革制品、造纸、石油、煤炭、化工医药、化纤橡塑、矿物制品、金属制品、电力等行业各种污染物的排放，使河流、地下水、空气、土壤遭受严重污染，甚至导致某些疾病流行及一些物种灭绝等环境灾难。大多数污染来自工业生产，以及对矿产、森林、土地、淡水等资源的过度开发、开采，污染所导致的对生态的破坏以及由此引起的生态危机一直困扰着人们。国家统计局数据显示，2016年全国污染治理投资总额为9 220亿元，占同期GDP的1.24%左右。环境污染和生态破坏严重影响到当地群众的正常生活和生命健康，给周围环境带来沉重负担，在国际社会上也造成不良影响。

企业形象是企业的无形财富。发展绿色经济使企业的环境行为成为新的竞争结构中最基本的要素，由此促进企业绿色转型，加快绿色文化的塑造和绿色战略的实施，有利于企业在公众心中树立良好的绿色形象，从而大大提升企业的信誉和可持续发展的软实力。

(3) 绿色转型为企业创造新的发展机遇

资源环境生态压力越来越大，传统发展模式大量依赖对自然资源，特别是那些不可再生矿产资源的开发、利用，必然导致这些资源数量的不断减少直至枯竭，从而使得发展进程难以持续。21世纪经济的主旋律是绿色经济，包括绿色产品、绿色生产、绿色消费、绿色市场、绿色产业等内容，这是可持续发展理念对经济生活的具体要求。绿色发展在全球处于正在进行时，没有成熟的经验和模式，从理论到实践都处于探索中。谁率先进行绿色转型，采取绿色战略，谁就能在未来的竞争格局中占据主动。世界各国纷纷从战略、制度、政策等方面促进绿色发展，以使本国获得新一轮发展的先机。各行业都在积极探索绿色发展模式，寻求发展的新契机。因此，企业无论是在绿色技术创新、绿色产业发展等方面，还是在绿色包装、绿色服务等方面，只要走在前面，就会抢占绿色发展的制高点。

(二) 企业绿色转型的措施

1. 遵循相应的环境法律法规

企业需要遵守相关的环境法律法规，履行必要的社会责任，与当地居民和睦相处，积极参与公益慈善事业和环境保护事业。企业在进行对外投资前，需要做好充分的前期准备工作，其中重要的一点就是围绕该投资项目的生态环保义务做尽职调查，充分考虑当地的生态环境承载力。具体来说，企业需要对国内有关对外投资的环境法律法规充分熟悉，对东道国的环境法律法规以及国情、社情、民情等进行充分调查，对国际、区域的环境政策及非正式的生态环保义务进行充分掌握。在"走出去"发展自身的同时，降低不可逆的环境风险。

2. 培育可持续发展的绿色投资理念

根据联合国贸易和发展会议统计，中国于2012年成为仅次于美国和日本的全球第三大投资国。绿色投资是一种区别于传统投资的投资理念和投资方式，它将环境因素纳入企业项目投资决策中，要求企业合理权衡追逐利润同保护环境之间的关系，在实现自身利益的同时，实现可持续发展。企业应积极参与全球契约、环境管理体系标准等国际自愿性环境规则，这既能体现企业的社会责任感，有助于企业应对绿色贸易壁垒和提升国际竞争力，又顺应了全球经济绿色发展、可持续发展的世界潮流。另外，需要注意的是企业在借鉴国际经验的同时需根据自身情况制定适合企业发展的环境管理政策，在倡导绿色环保的基础上，循序渐进地推进企业投资绿色项目，这样不仅有助于企业打造绿色品牌，而且有助于企业于无形之中获得一笔隐形财富。

3. 建立高透明度的环境信息披露制度

信息披露制度是包括投资者在内的利益相关方评估企业的价值和风险的基础制度。研究表明，建立高透明度的环境信息披露制度有利于提高企业的环保意识和社会责任感，引导投资者避免污染性投资，加大绿色投资力度。随着环境问题越来越严重,企业的环境政策、主要排放物、控制措施、成效等一系列环境信息已经成为债权人、投资者、社区和消费者评估价值与风险,做出投资或购买决策的重要依据。与此同时,社会公众、投资者等还可依据披露的环境信息反过来对环境污染企业施加压力,形成一种倒逼机制。截至2019年,我国实际披露环境信息的上市公司只有25.54%[1]。根据中国人民银行等七部委联合发布的《关于构建绿色金融体系的指导意见》,未来将对上市公司和发债企业实行强制性环境信息披露制度。

建立环境与社会风险信息违规披露惩罚机制,对上市公司和发债企业发布虚假、重大遗漏、伪造环境信息的行为加大惩罚力度,提高违规成本。培养第三方专业机构为上市公司和发债企业提供环境信息披露服务,鼓励第三方专业机构参与收集、研究企业的环境信息并发布分析报告。

4. 创新节能环保技术

科技创新是推动企业发展的不竭动力,只有坚持技术创新,重视节能环保,才能推动企业的可持续发展。建立健全绿色科技的激励机制,需要做好以下七个方面的工作。第一,建立健全绿色标准和标识制度。通过制定国际领先或国内领先水平的标准,推动中国绿色技术标准的国际化,获得国际绿色技术话语权。第二,建立绿色技术验证制度。绿色技术验证应由验证评估机构、专家小组、技术持有方等共同参与进行,各方分工合作。根据绿色技术的分类特征,建立分类型的绿色技术验证中心。为了保证验证制度的科学化和规范化,需要制定与绿色技术验证相配套的机制。第三,建立绿色科技知识产权保护制度。强化知识产权保护是促进我国绿色技术自主创新及自主知识产权创造、运用、保护和管理,提升中国绿色产业未来竞争力和发展权益的基本制度保障。第四,制定绿色科技税收优惠政策。加强对税前扣除、税收抵免等科研税收激励和管理机制的探索、完善和推广、落实,使研发税收优惠成为对企业创新有效的、普适性的激励政策。第五,建立绿色技术创新投融资机制。政府和金融机构可通过财政投入、贷款优惠、绿色科技风险投资及政府购买等政策加大对绿色技术创新领域的投融资。第六,建立绿色科技成果采购制度。第七,设立绿色技术创新投资基金。在政府进行补贴、加大投入的同时,吸收社会资金参与绿色技术创新活动,降低企业研发风险,提高资金配置效率,加速科技成果转化,提高产业化。

---

[1]《〈中国上市公司环境责任信息披露评价报告(2019)〉发布——上市公司环境责任信息披露情况有所改善仍有逾七成未公布有效样本》,http://env.people.com.cn/nl/2020/1118/cl010-31935702.html.

5. 构建绿色供应链体系

1996年，美国密歇根州立大学的制造研究协会第一次提出"绿色供应链"概念。绿色供应链也称为可持续供应链，作为一种创新的环境管理手段，它在传统供应链基础上纳入环境因素，减少产品在整个生命周期中对环境造成的影响，最终实现经济与环境的和谐、可持续发展。

鼓励企业进行绿色采购，在采购合约中明确规定交易双方应遵循环境约束机制。一方面，对有重大违反环保行为的供应商，企业可采取降低采购份额、暂停采购或者终止采购合同等措施；供应商隐瞒违反环保行为致使企业遭受损失的，企业有权请求人民法院责令供应商赔偿损失。另一方面，企业可以通过适当提高采购价格、增加采购数量、缩短付款期限等市场机制的方式，激励供应商培育绿色环保意识，实现产业链的生态化和绿色化。

鼓励产业链上的核心企业率先构建绿色供应链体系，全面实现绿色设计、绿色采购、绿色生产以及绿色物流。一方面，大幅提高绿色产品的有效供给，引导消费者绿色消费；另一方面，将供应链的绿色标准和价值观植入产业链的上下游企业，以点带面，从而有序推动广大中小企业的绿色供应链管理。例如，华为作为深圳市大型企业集团之一，是深圳第一批推行绿色采购的企业，一直致力于把环保理念融入产品规划、设计、研发、采购、制造、服务等各个环节，促使上下游企业遵守环保法律法规，完善绿色生产过程，加强节能环保能力建设，推动数百家企业在产品研发和运营过程等方面持续创新，同时华为自身受益于绿色供应链管理，提升了绿色设计和绿色制造的竞争力，塑造了绿色品牌。此外，跨国公司沃尔玛是实施绿色供应链体系的典范，曾促使200多家中国供应商实现了大约20%的能效提升，节约能源费用超过3亿美元。鼓励对外投资企业加强与国际企业交流合作，健全同国际贸易、国际投资准则相适应的绿色供应链管理制度。

6. 做好相关绿色项目选择和环境尽职调查

在企业投资、收购、并购或新扩建项目时，加强环境尽职调查。结合当地的环境监管要求，系统地确认其环境风险和责任，进行环境风险评估。环境尽职调查的意义不仅在于对一个投资(特别是绿色投资)进行风险识别，而且有利于项目施行之后在其管理过程中进行有效的控制。环境尽职调查的结果有两种：交易中断(红灯)和法规符合性问题(黄灯)。交易中断(红灯)可能由调查中发现的土壤或地下水污染或扩张限制引起；而导致法规符合性问题(黄灯)这种结果的原因有很多种，例如环境影响评价存在问题，不符合环境健康和安全法规或标准，总量许可证的问题或者整改、调查费用过高等。在环境尽职调查中发现问题之后可以采取有针对性的后续行动,包括通过信息披露、提出土地修复要求、进行风险评估、整合和纠正措施以及许可证过户等方式进行解决。环境尽职调查有助于投资者加强对现在和将来企业运行环境风险的管理,筑牢环境风险的屏障,从而降低投资的风险,实现稳起步再加强,逐步推动绿色金融向更高水平发展。

四、消费者绿色消费意识的培育和形成

中国正处于快速工业化和城镇化的进程中,广大人民群众收入普遍且显著提高,消费增长是必然的。然而近年来随着我国工业化进程的加快,超出实际需求的高消费拉动 GDP 增长,粗放的发展方式带来剧增的资源消耗和污染排放,给生态环境造成了严重的破坏。因此,改变传统消费方式,以绿色消费为起点推动生态文明建设,从我做起构建绿色金融体系,是一条低成本的、以满足幸福最大化为目标的新现代化之路。

绿色消费是以消费者身体健康和节能环保为宗旨,符合人的健康和环境保护的各种消费行为的总称。绿色消费的核心是可持续性消费,是一种具有生态意识的、高层次的理性消费行为。1987 年联合国在《环境与发展报告》中提出"可持续发展观念"之后,各国意识到绿色消费的重要性。倡导绿色消费是从需求端解决环境危机问题的途径,培育绿色消费意识可以改变消费者偏好,通过市场供求机制促进绿色金融体系的构建。

(一)绿色消费的内涵

1. 绿色消费的概念

1987 年,英国学者约翰·埃尔金顿(John Elkington)和朱莉娅·黑尔斯(Julia Hailes)出版的《绿色消费指南》一书中,第一次提出了"绿色消费"概念。这本书中把"绿色消费"阐述为避免以下产品的消费:一是危及消费者和他人健康的产品;二是在生产、使用或废弃中明显破坏环境的产品;三是带有过分包装、多余特征的产品或由产品寿命过短等原因引起不必要浪费的产品;四是从濒临灭绝的物种或者环境资源中获得材料,用以制成的产品;五是包含虐待动物、不必要的乱捕滥猎行为的产品;六是对别国特别是发展中国家造成不利影响的产品。

任何一种消费行为都包含消费者、消费对象、消费过程、消费结果等几个要素。与传统的消费行为相比,绿色消费的消费者具有较强的社会责任意识,在消费过程中考虑所消费的产品对资源、环境、自己、他人的影响;消费对象具有资源材料消耗少、有害物质排放少、有利于循环再生和健康保健以及环境保护等特征;在消费过程中,不对消费者、他人以及周围环境造成不良影响;消费结果有

利于健康和环境保护,并且所产生的废弃物少,易于处理和循环利用。同时,绿色消费的实现依赖产品或服务的绿色设计和绿色生产。因此本书把绿色消费定义为:消费者基于对环境和社会的高度责任意识,选择物质消耗少、环境影响小、有利于自身健康与资源环境保护的产品或服务,并且在消费过程及消费后的废弃物处理中不对资源环境、自身以及他人健康产生不利影响的理性、公平的消费行为。

2. 绿色消费的特征

绿色消费作为消费领域对资源环保行动的响应,与传统的消费模式相比,它具有自身明显的特征(如表 5-1 所示)。

表 5-1 绿色消费与传统消费的比较

指标	绿色消费	传统消费
消费者社会责任意识	高	低
产品或服务的资源消耗	少	多
废弃物产生于排放量	少	多
产品质量与耐用性	优质、耐用	劣质、易损
购买次数	少	多
对自身健康影响	利于健康	不利于健康
对环境影响	环境友好	对环境有害
对社会影响	促进公平	有失公平
对可持续发展的影响	支持可持续发展的影响	阻碍可持续发展的影响

第一,消费者具有很高的社会责任意识,在购买产品或服务时会考虑到个人消费对环境和他人的影响,个体消费行为成为履行社会公共责任和实现可持续发展的有效途径。消费者的消费选择权利曾经被西方的一些学者看作"比国家主权还更独立更自由的一种权利",然而在社会责任意识下,消费者的消费选择权利受到约束,消费者不仅需要考虑到自身消费所取得的效用,还需要考虑到个人消费可能产生的外部效应,并且接受国家有关法律和社会公共道德的约束,消费不再仅仅是一种完全自由、不受约束的个人行为选择,更是一种有效践行绿色发展、完成社会公共目标的公民义务。

第二,产品或服务资源消耗量少,废弃物产生与排放量少,耐用、优质。绿色消费依赖产品或服务的绿色设计,这些产品具有环境友好、不损害消费者自身及他人健康等特点。而且,这些产品优质、耐用,消费者可以有效减少购买次数。

第三，消费结果有益于消费者自身的健康，并且可以有效克服环境负外部性，促进社会公平，支持可持续发展。绿色消费首先必须满足消费者对自身健康的追求，消费者拒绝接受对自身健康有害的产品或服务。绿色消费还必须有利于环境保护和增进社会公平，减轻传统消费模式带来生态环境的沉重负担。满足他人、下一代对自身健康的追求是绿色消费的重要目标追求，也是其区别于传统消费模式的重要体现。

3. 绿色消费的分类

按消费的主体分类，绿色消费可以分为政府绿色消费、机构绿色消费和私人绿色消费。政府绿色消费一般指的是政府绿色采购；机构绿色消费指的是企事业单位、社会组织的绿色消费，如企业绿色采购；而私人绿色消费指的是个人与家庭的绿色消费。

按消费的用途分类，绿色消费又可以分为生活型绿色消费和生产型绿色消费。生活型绿色消费主要是指满足日常生活需求的绿色消费；而生产型绿色消费主要是指为了再生产而购买的消费品或服务，如企业用于生产过程的各种原材料以及服务等。

（二）促进消费者绿色消费意识形成的途径

1. 政府引导构建绿色消费模式

绿色消费具有明显的正外部性，即绿色消费行为人对他人或公共的环境利益有溢出效应，他人不必支付任何费用就可以无偿地享受该福利。由此，消费者会面临在环保利益与自身利益之间进行取舍的两难选择。消费者在绿色消费和传统消费行为之间难以抉择，导致绿色消费模式构建过程中存在市场失灵现象。而在市场失灵的情况下，政府必须介入，发挥宏观调控的作用，通过经济、行政、法律等手段规范、引导生态环境的保护，解决绿色发展和生态问题。

在社会上培育绿色消费风气：倡导绿色消费观念，加大绿色消费观念教育力度，扩大绿色消费观念教育范围；反对一切严重违背绿色消费和可持续发展的观念和行为，积极开展反对破坏环境、反对浪费资源的社会性活动。为此，政府应该加大对环境保护教育的投入力度，深入开展全民绿色教育，着力培育消费中的"人本主义"理念，培育绿色消费观念；深入开展全社会反对浪费、反过度包装、反过度消费等行动，以潜移默化地影响消费者的消费观，营造倡导践行绿色消费、反对奢侈浪费的社会风气。

政府应鼓励创新、规范认证标准以提升绿色产品质量。政府应支持、引导企业进行绿色材料、绿色生产技术创新，给予适当的支持和补贴，以降低绿色产品的生产成本，降低绿色产品价格，提高绿色产品的质量；与行业协会等相关机构协作，在绿色产品认证方面建立健全统一、完善的标准体系，消除绿色产品市场上认证标志混乱的现象，确保消费者能买到真正的绿色产品，增强消费者对自己的绿色消费行为的自我认同感。

从法律法规、经济政策、行政管理三个方面建立健全绿色消费长效机制。法律方面的内容包括：健全绿色消费相关的法律法规，保障绿色消费的消费者合法权益不受侵害，使消费者能够放心消费。经济政策方面的内容包括：完善经济政策，加强金融扶持；方便绿色产品生产企业进行生产、销售和融资，助力绿色生产发展，从生产的角度促进绿色消费长久发展。行政管理方面的内容包括：加强行政管理建设，提高行政队伍素质和能力；加强作风建设，杜绝贪污腐败，反对奢侈浪费的生活方式。

2. 企业积极开拓绿色产业领域

绿色消费在很大程度上依托市场的供需关系，如果绿色产品供给不足，那么人们的绿色需求便得不到有效满足。解决这一问题的关键便是在更广泛的意义上大力发展生态产业，将绿色理念渗透到各行各业中，使绿色产品展现于人们多样化的消费中。

(1)以清洁生产代替传统的粗放式生产

我国的资源总量在世界上排名较为靠前，但是人均资源占有量很贫乏，即我国的资源环境承载能力较弱。而我国的传统生产方式为高投入、高消耗，很容易导致资源的浪费，加速资源枯竭和能源危机，恶化环境，影响人类的生存。清洁生产则有效避免了这种外延式生产的弊端，将综合预防的环境保护策略持续应用于生产过程和产品中，既能够减少甚至消除它们对人类及环境的危害，又能满足人类的需要，真正实现经济效益和社会效益的共赢。企业实行清洁生产，提供绿色产品，可以体现企业的环保意识和社会责任，树立企业的绿色形象，有利于企业在众多生产者中脱颖而出，在市场竞争中获得有利地位。

(2)加大绿色产品的开发力度

在国际上，绿色消费观念已经深入人心，绿色产品非常畅销，绿色市场也较为成熟。很多国家制定了绿色产品的生产标准和认证制度，尤其在进口方面，建立了严格的环境技术标准和产品包装要求，规定了烦琐的检验、认证和审批制度，保护本国的产品和市场。这种绿色贸易壁垒在一定程度上使我们面临"国外产品进得来、国内产品出不去"的困境。要想打破这种困境，就需要企业积极主动地迎合这种国际竞争的大趋势，以国际上的绿色消费需要为导向，加大绿色产品的开发力度，并努力使产品达到国际绿色标准，获得相关的环境标志认证，提高绿色产品的出口创汇能力，在国际市场上赢得一席之地。

(3) 全面拓展绿色消费领域

绿色消费主要包括以下5个领域：环境标志产品、有机食品、节能产品等绿色产品；绿色服务业；生态建筑和绿色社区创建；公众意识和绿色消费意识的增强；政府绿色采购。在我国，绿色食品占有较大比重，而在其他方面消费者的选择余地有限。要提高绿色消费水平，就必须在上述5个方面都有所提高，才能为消费者提供一个良好的绿色消费环境，创造绿色消费动力。对于企业来说，提供绿色产品和服务面临成本和技术等挑战，但这更是一个千载难逢的机遇，需要牢牢把握。

促进绿色消费，不仅要让人们有足够的绿色消费选择空间，也要有能够激发人们绿色消费需求的营销手段。在现有绿色产品的基础上激发人们的绿色消费需求，可以选择以下几种营销方法。一是要合理制定绿色产品的基本价格，让人们感觉买得起、划得来。二是要充分利用"互联网＋"模式，打造线上、线下的绿色产品营销模式，无论是线上网页的设计、网店的布置还是线下的仓库建立和产品贮存、运输、售卖等都应尽可能地选择绿色元素加以装饰。三是要明确绿色产品的品牌定位，努力拓展其品牌深度，实现其品牌效应最优化，从而在消费者心目中获得较好的绿色口碑。

3. 消费者主动提高绿色消费意识

消费者要不断学习有关绿色消费和绿色产品的知识，正确理解绿色消费的内涵，认识到绿色消费是以保护消费者健康为主旨，其消费行为和消费方式符合人的健康和环保标准；认识到绿色消费不仅有利于人民生活水平的提高和生命健康的保障，还有利于保护生态环境和自然资源，使人民的生活消费与环境、资源相协调。消费者要主动提高绿色消费意识，破除对绿色消费的错误认识，消除心理戒备，增强对绿色产品的辨别能力，树立绿色消费观念，追求绿色消费时尚，主动选择绿色消费。

要强化消费者权益保护组织的职能，切实维护消费者绿色消费权益。消费者权益保护组织应从维护消费者权益出发，继续深化绿色消费主题活动，找准活动的切入点，注重活动效果，尤其要注意对广大农村消费者和城镇中低收入消费者的绿色宣传与教育，真正使绿色消费观念深入人心；同时要积极受理消费者在绿色消费中的投诉，加大维权力度，维护消费者的绿色消费权益，增强消费者的绿色消费信心。

综上所述，思想是行动的先导，应引导消费者形成绿色消费意识。政府部门、公共机构应通过各种渠道大力宣传绿色消费观，尤其通过新闻媒体宣传绿色消费理念以及绿色消费的典型事迹，同时给予绿色产业发展更多的政策性支持，促进全社会的绿色消费。

五、面向碳中和的绿色金融体系建设

（一）传统经济金融体系面临气候转型风险冲击

为实现碳中和目标，能源行业和其他重点减排行业面临重大变革，必然将导致深远影响和连锁反应，需要特别重视其对经济系统带来的冲击。碳中和目标下的环保减排政策如引入碳排放交易机制、提高碳价、提高污染排放标准或其他限制性政策可能导致行业收益下降，造成相关资产价值出现巨幅缩水，并进一步给经济金融带来不确定性的风险。

行业转型面临"碳中和"目标倒逼投资收益递减的压力。碳中和愿景下，高碳行业面临提前淘汰并将带来搁浅资产等问题，且项目投资很大比例来自银行等融资渠道，由此引发系统性的信贷与金融风险的可能性也不能忽视。化石能源或高碳行业投资的变化以及资产搁浅的风险，可能给信贷安全和财政收入等经济指标带来不利影响，关乎行业和地区就业稳定和系统性金融稳定，需要慎重决策，设计好过渡机制，实现公平转型。

需防范气候转型风险，解决好存量高碳基础设施的逐步有序退出，如石油化工、燃煤发电、钢铁、水泥等高碳行业等，保障能源和产品供应安全的前提下，做好转型过程中的监测、评估和调整工作。为高碳行业依赖程度较高地区提供可靠的转型方案，如内蒙古、山西、新疆等地区，尽量降低转型过程中的经济损失，同时解决相关人员就业问题，防范社会不稳定因素的产生。

（二）绿色金融体系将满足碳中和巨额投融资需求，推动低碳技术创新

实现碳中和目标是一次全社会的系统性变革，将倒逼我国经济转型和结构改革，各领域都存在大量的低碳投融资需求，急需金融体系提供支撑。为帮助能源体系实现快速转型，光能源系统的基础设施投资就需要100万亿～138万亿元。其他终端部门电气化，伴随工业4.0等新模式、新业态、新技术、新产品的发展，所需的投资规模也将是巨大的。金融体系将在这一过程中发挥关键作用，以市场化的方式，引导碳中和所需要的投融资支持，满足碳中和所需的巨量投资需求。

同时，绿色金融体系还将鼓励并引导社会资本和企业等加大对低碳应用领域进行投资，推动低碳技术创新。碳中和目标的实现离不开深度脱碳的关键技术，如可再生能源发电，生物能源与碳捕集、氢能、负碳技术等，低碳技术的资金投入将激发企业和相关机构的研发热情。

（三）面向碳中和，加强风险管理和控制

碳中和除撬动了百亿级投融资需求外，应对气候变化措施都将给不同类型资产价值带来一定影响。我们需要识别不同地区、不同类型的资产面临的气候风险敞口，关注碳中和愿景下高碳基础设施带来的搁浅资产风险等。对相关资产进行跟踪评估，加强金融信息基础设施建设，建立风险预警机制，适时调整相关政策措施，加强对风险资产的监督和评估。

因此，气候相关的风险管理和控制将成为未来金融业的重要任务之一，需识别受气候变化以及低碳转型政策影响的资产，评估其风险敞口差异，作为未来开展气候风险管理的重要依据，提供成本最低、风险最小、地区公平的转型扶持措施建议。

（四）碳中和目标下，我国现有绿色金融体系面临挑战

自《生态文明体制改革总体方案》中首次提出构建绿色金融体系，我国已在绿色金融标准、产品等领域取得了长足发展，但与碳中和目标所带来的投融资需求、风险管控要求等相比，尚存在一定不足。

绿色金融标准体系与碳中和目标不一致。目前绿色金融标准体系主要以传统环境污染物信息为约束条件，对碳排放相关约束的考虑存在不足。中国人民银行修订的《绿色债券项目支持目录》（征求意见稿）中已经开始剔除与化石能源相关的高碳项目，但其他标准并未做出相应调整，对碳排放约束的要求还需进一步纳入绿色金融标准体系中去。

环境信息披露主体和范围不足以支撑碳中和要求。目前，生态环境部已经要求重点排放企业披露环境信息，火电、钢铁、水泥、电解铝等16类重污染行业上市公司定期发布年度环境报告，披露污染物排放情况、环境守法、环境管理等。气候信息披露制度建设需要进一步完善，信息披露范围将继续扩大，实质性环境信息披露质量有待提升，缺乏环境信息核算机制，无法保障环境信息的可靠性、可比性。

碳市场价格机制不完善。从实际的投融资运行机制来看，碳定价机制不完善将导致投资者缺乏低碳投资的内在动力。完善碳市场并建立碳价格机制很重要，需要与金融体系有效衔接。首先，在风险可控的原则下，研究开发与碳排放权相

关的金融产品和服务，增加交易品种，扩大交易范围。其次，需要明确碳市场金融属性，明确包括碳排放权在内的环境权益的法律属性及是否可抵质押，以及金融机构、碳资产管理公司等非控排主体的市场准入资格等。最后，需要与金融监管部门合作，参照现行金融基础设施业务规则，把碳配额现货、衍生品及其他碳金融产品均纳入金融监管。

（五）面向碳中和的绿色金融体系建设

绿色金融行业为碳中和领域提供更多的新产品，以满足转型要求，如绿色债券、绿色保险、绿色基金和信贷资产证券化等。银行与其他金融机构需开发适合清洁能源、低碳技术等相关的产品和服务，积极发展能效信贷、绿色债券和绿色信贷资产证券化等融资渠道，鼓励设立绿色基金和转型基金，支持能源和工业等行业绿色和低碳转型的金融产品和服务，满足能源和工业等行业的转型融资需求。

企业环境信息披露是建立绿色金融体系的关键，环境信息披露制度建设还需进一步完善。首先，披露主体层面，先覆盖环境高污染、高排放行业企业，逐步扩大范围至上市企业、大中型企业等，最后过渡到投融资机构等领域；其次是披露什么信息和如何披露的问题，企业必须披露实质性的环境信息，包括主要的排放物，如二氧化碳、二氧化硫、氮氧化物、污水、固废等，并通过环境报告、企业财务年报、官方网站等方式进行；最后，建立环境信息核算机制，保障企业披露环境信息的可靠性、可比性，利用第三方机构等对环境信息进行评价、监督，引导和激励投资者对绿色产业和绿色企业的投资热情。

发挥碳市场的激励和约束机制。碳市场机制形成后，可以通过价格传导，促进环境要素市场形成，逐渐形成碳价格意识，为市场提供长期稳定的碳价格预期，从而影响利益相关者的投资和消费行为决策，推动节能减碳的技术创新和技术应用。当前，我国以电力行业为突破口率先启动全国碳市场，配额总量设定、交易制度、市场监管等方面还需要进一步完善，碳市场的覆盖范围以及交易品种有待进一步扩充。"十四五"期间需要加速碳市场的建设。

绿色金融体系还需要积极面对转型风险。气候变化将对气候敏感行业的存量资产带来风险，应对气候变化措施将对高碳行业的存量资产带来风险。未来金融业的重要任务之一就是管理气候相关的风险。金融行业需要针对不同地区并区分资产类型，识别气候风险，按照气候相关风险水平，建立资产名录，列出最有可能受气候风险影响的资产名称，作为未来开展风险管理的重要依据，并提供成本更低、风险更小的公平转型措施建议。

(六)面向碳中和的绿色金融体系建设路线图

传统绿色金融体系面临气候转型带来的冲击,同时碳中和也为绿色金融体系带来新的发展机遇,带动百万亿元的绿色低碳投资,碳中和实现路径的风险管理和控制等。为更好地支撑碳中和事业稳步推进,有必要规划设计碳中和目标下的绿色金融体系建设路线图。

第一,建立绿色金融激励机制,鼓励金融机构探索碳中和目标下的融资对象、规模、方式等,支持高碳排放行业向清洁、高效、低碳、循环方向转型。充分发挥公共财政资金的引导作用,通过碳金融市场以及绿色金融工具创新,鼓励社会资本等支撑产业转型、能源革命向纵深发展。

第二,开展气候转型风险分析,对高碳资产的敞口及资产规模进行计算和披露,加强银行、金融机构持有的高碳资产管控,披露其持有高碳行业资产风险敞口,如煤炭开采、煤电、钢铁、水泥、化工、铝业等行业的贷款和投资等。

第三,加强ESG管理。ESG投资已经成为全球趋势,企业需建立有效的ESG管理体系,完善ESG数据,定期披露包括碳排放在内的ESG信息,并加强与金融机构及其他投资者以及社会公众的沟通,为企业持续经营创造更和谐的外部环境。

第四,碳市场与金融体系有效衔接。未来碳市场会通过确保配额总量的稀缺性、包含碳金融在内的市场机制设计以及严格的市场监管来使碳价保持在一定水平,从而实现市场主体对市场碳价格的长期稳定预期,并通过有效的价格传导机制实现对企业投资决策的影响,推动企业加强低碳技术与产品的创新。同时也需要加快碳市场的立法进程,进一步明确碳市场的法律基础,以及明晰碳排放权的法律属性,这有利于碳市场在后续引入配额有偿拍卖、开发碳金融产品、链接资本市场等,从而更好地完善碳市场的建设,使得碳市场能够发挥其基本功能。

第六章　绿色金融推动绿色经济低碳发展案例研究

绿色信贷、绿色债券、绿色股票指数等相关产品，以及绿色发展基金、绿色保险、碳金融等金融工具和政策能够"内化"环境因素的外部性，以市场化方式动员和激励更多社会资本投入绿色产业，同时能够更有效地抑制污染性投资，为绿色产业发展提供有力的资金支持和综合性金融服务。绿色金融改革创新试验区充分发挥各地区主观能动性和创新精神，探索具有区域特色的绿色金融发展模式，以绿色金融支持绿色产业发展，形成了一批可复制、可推广的有益经验。

第一节　绿色金融助力绿色乡村振兴

生态农业既能够促进农民增收，实现农业发展的经济效益和社会效益，又能减少污染和增强固碳固氮效果，促进生态平衡和减少温室气体排放，是我国农业现代化建设的发展方向。生态农业产业的市场化和可持续发展离不开绿色金融的资金支持。广州基于林业碳汇创新生态补偿机制，助力环境改善和精准扶贫。广州结合广东省碳普惠制[①]试点工作，选择具备资质的试点机构项目，依据广东省出台的森林保护和森林经营碳普惠方法学开展林业碳普惠减排量计算，由第三方机构出具碳普惠减排量核证报告，并由省级碳普惠主管部门批复省级碳普惠减排量。在此基础上，项目业主代表拥有林权的农户在广州碳排放权交易中心开展碳普惠减排量交易。通过交易，农户获得碳汇收益，控排企业则可将碳普惠减排量用于抵消自身产生的碳排放，实现了生态保护和农户增收的双赢。

融资难、融资贵是小微企业发展面临的主要问题。绿色金融通过创新金融工具和金融产品，择优将资金注入低污染、低能耗、低排放的企业，为小微企业突破融资瓶颈提供了可行路径。这既有力地推动了小微企业绿色转型，也为小微企

[①] 碳普惠制是指对小微企业、社区家庭和个人的节能减碳行为进行具体量化和赋予一定价值，并建立起商业激励、政策鼓励和核证减排量交易相结合的正向引导机制。

业提高融资可得性和提升经营绩效提供了契机。广东股权交易中心股份有限公司与担保机构、市场机构和国有金控平台合作,创设"绿色可转换为股票(股权)的公司债券",推动地方金控平台选择当地优质绿色企业以可转债形式对接融资,实现了多层次资本市场的全链条覆盖。

一、林业碳汇支持环境改善和精准扶贫

林业碳汇是指森林植物吸收大气中的二氧化碳并将其固定在植被或土壤中,从而减少该气体在大气中的浓度。为践行"绿水青山就是金山银山"的发展理念,广东省广州市花都区采取多方面措施,支持企业和社会公众参与林业碳汇发展,形成政府主导、企业和社会参与、市场化运作、可持续的生态保护补偿机制,促进碳排放权交易、精准扶贫和市场化生态补偿机制的有效结合,统筹解决"减排"和"增收"两大挑战,激发全社会参与生态保护的积极性,形成生态补偿的良性互动。

(一)主要做法

基于林业碳汇的生态补偿包括林业碳汇项目开发、项目减排量核算及签发、减排量交易、碳排放权履约等流程。首先,结合广东省碳普惠制试点工作,选择具备资质的试点机构进行项目开发;其次,依据广东省出台的森林保护和森林经营碳普惠方法学开展林业碳普惠减排量的计算,并由第三方机构出具碳普惠减排量核证报告;再次,由试点机构提出项目备案申请以及碳普惠减排量申请,由省级碳普惠主管部门批复省级碳普惠减排量;最后,项目业主委托广州碳排放权交易中心对碳普惠减排量进行交易,并根据交易结果进行减排量登记。交易结束后,项目业主获得碳汇收益,控排企业则可将碳普惠减排量用于抵消自身产生的碳排放。

(二)实践效果

实现林业碳普惠项目首次成功申报。2018年2月,在花都区梯面镇选取3万亩生态公益林开发碳普惠制核证减排量(PHCER)并成功交易。PHCER总量合计13 319吨,最终成交价约为22.72万元,成为广州市首个成功申报的林业碳普惠项目,实现了生态保护和农村经济发展双赢。

推动林业碳汇模式与精准扶贫有效结合。以韶关市翁源县等4县(市)36个省定贫困村及少数民族县村林业碳普惠项目为例,2018年6月,广东省发展改革委对韶关市南雄市、仁化县、乳源县、翁源县的35个省定贫困村和1个少数

民族县村的森林经营和森林保护类碳普惠项目产生的 30.78 万吨减排量进行备案和签发。当月，受项目业主委托，广州碳排放权交易中心举行该批减排量竞价活动，30.78 万吨减排量全部成交，交易金额达 502.34 万元，成功实现贫困村村集体和村民增收。将林业碳汇的生态补偿机制与精准扶贫有效结合，在贫困村村集体和村民增收以及保障民生的同时，有效提升了村民保护森林资源的意识，促进环境保护与可持续发展。

（三）创新亮点

实现碳交易、碳普惠、生态补偿机制的有效结合。基于林业碳汇的生态补偿机制，将林业资源产生的减排量有效融入碳市场，实现了碳排放权交易体系、碳普惠制、生态补偿机制的有效结合，在保护绿水青山的同时实现经济效益。

发挥生态补偿与精准扶贫的协同效应。根据我国的资源分布情况，固碳的森林、草地和湿地等大多分布在经济水平相对落后的地区。将林业碳汇的生态补偿融入林业碳普惠减排量抵消机制，形成高耗能、高排放地区对经济欠发达生态功能区的市场化长效补偿机制，实现了生态补偿与精准扶贫的有效结合，对提高精准扶贫效率具有重要的推动作用。

增强林业资源保护能力。基于林业碳汇的生态补偿机制探索出实现林业生态效益价值化的有效路径，有助于进一步激发林业经营主体开展公益林抚育、发展林下经济等林业生产的积极性，减少森林砍伐，提升森林固碳能力。

二、单株碳汇助力绿色精准扶贫

单株碳汇精准扶贫试点按科学严格的方法，把贫困户拥有的符合条件的林地资源，以每一棵树吸收的二氧化碳作为产品，通过单株碳汇精准扶贫平台，面向全社会进行销售。购买林木二氧化碳的资金将全部汇入对应贫困户的账户，以帮助贫困户增加收入。目前，该项目在贵州省范围内推广实施，为贫困家庭脱贫与防返贫做出了有益的贡献与探索。

（一）主要做法

单株碳汇精准扶贫是将贵州省深度贫困村建档立卡贫困户种植的树编上身份号码，测算出碳汇量，拍好照片，上传到平台，面向整个社会致力于低碳发展的个人、企事业单位和社会团体进行销售。社会各界购买林木二氧化碳的资金将全额进入贫困农民的个人账户，精准助力脱贫攻坚。截至 2020 年 3 月末，已上传平台通过审核的有 739 户贫困户的 39 万棵碳汇树，价值为 117 万元。参与碳汇交易的林木必须是贫困户拥有林权证、土地证的林地或者退耕地上的人工造林，贫困户需承诺保护好参与项目的林地，如自然灾害等不可抗力造成森林破坏的，需及时报告并补种树木。

（二）创新亮点

贵州省通过创新单株碳汇产品，建立了可监测、可报告、可核查且信息公开的单株碳汇项目方法学（编号201712-Ⅵ），对贫困农户退耕还林、自有用地还林等人工造林，以及封山育林活动中单株林木所产生的碳汇量进行科学核算，实现绿色扶贫和生态补偿相结合。通过种植碳汇林，每年将为贫困户带来经济收益，同时提升了农户种植碳汇林的积极性，不仅促进了温室气体减排，还涵养了水源，增加了河流的水量供给，提升了河水的水质。

（三）实践效果

安顺市平坝区齐伯镇关口村、黔南州福泉市陆坪镇香坪村等8个市（州）的9个深度贫困村已经启动贵州省单株碳汇扶贫试点项目开发，10个深度贫困村单株碳汇扶贫项目将启动，将有1 500户贫困户受益，平均每年约有200万元的收益。根据规划，该项目将覆盖全省200个深度贫困村，10年开发期内力争筹集扶贫资金1.3亿元左右，帮助1万户贫困家庭脱贫与防返贫。其中，茅台集团作为碳中和工业企业代表购买了33 333棵碳汇树，每棵树的碳汇价为3元。

三、绿色供应链金融推动现代农业发展

小微企业往往缺乏抵押担保品，无法获得银行贷款支持。为破解小微企业与农户融资难题，昌吉农商行创新融资模式，与新疆首禾农业发展有限公司（以下简称首禾农业）签订合作协议，由首禾农业推荐与之合作的合作社、农场主、经销商等融资主体，经昌吉农商行信贷人员现场实调审核符合融资条件后，由首禾农业为该主体贷款提供兜底担保，由昌吉农商行为合作社、农场主、经销商提供信贷支持，从而实现银行、企业、上下游客户的三方联动。

（一）主要做法

1. 经销商供应链融资模式

在全疆范围内，首禾农业为符合昌吉农商行贷款条件的经销商提供担保，并按合同约定向昌吉农商行履行保证责任。

①首禾农业与昌吉农商行签订经销商供应链融资框架协议，昌吉农商行对其供应链上下游经销商客户提供授信。

第六章　绿色金融推动绿色经济低碳发展案例研究 ◇◇

②由首禾农业负责向昌吉农商行推荐并递交下游经销商客户资料及经销证明。

③经销商在昌吉农商行开立结算账户，昌吉农商行信贷资金采用受托支付，根据双方合同，付款至首禾农业账户内。

④经销商销售款回笼后，优先偿还昌吉农商行信贷资金，贷款形成逾期的，由双方共同催收，逾期超过30天的，由首禾农业代偿，后续昌吉农商行配合首禾农业催收贷款。

2. 合作社、农场主、农户供应链融资模式

在昌吉及其他辖区内，首禾农业为符合昌吉农商行贷款条件的下游客户提供担保，并按合同约定向昌吉农商银行履行保证责任。

①首禾农业与昌吉农商行签订下游客户供应链融资框架协议，昌吉农商行对其供应链下游客户提供授信。

②由首禾农业推荐优质下游客户，并提供全额保证担保，首禾农业和昌吉农商行共同监管信贷资金的使用，实行封闭式运行，防止挪用风险。

③客户在昌吉农商行有存量贷款的，昌吉农商行信贷资金采用受托支付，根据客户购买量，将购买资金付款至首禾农业账户内，防止多头授信、超额授信风险。

④客户农产品销售资金回笼后，优先偿还昌吉农商行信贷资金，贷款形成逾期的，由双方共同催收，逾期超过30天的，由首禾农业代偿，后续昌吉农商行配合首禾农业催收贷款。

（二）实践效果

首禾农业是昌吉农商行的传统合作客户，昌吉农商行给予首禾农业的各项贷款余额为14 500万元，其中利用支绿型再贷款发放3 000万元，向和首禾农业合作的合作社、农户等发放农业生产经营贷款6 700万元。

①借助货币政策工具，为企业提供低成本资金支持。昌吉农商行利用向人民银行申请的2亿元支绿型再贷款资金，为企业提供优惠2~3个百分点的贷款利率，企业每年可节约68万元的利息支出，有效地降低了融资成本。

②利用信贷资金的杠杆作用，为企业集约种植提供支持。利用信贷资金的支持，企业快速完成土地流转整合，可以形成10 000亩土地的集约种植，在一年内可以完成16.5万亩的田间土地平整、土体改造、地力培肥、测土配方施肥、水利设施更新，每年可节约地下水支出1 500万立方米、节约化肥8 250吨，实现与现代农业生产和经营方式相适应的目标。

(三)推广条件

一是拥有大量订单农业的企业。农业供应链金融的发展离不开农业产业链、供应链的提升,而提升的重要方式之一便是大力发展订单农业。

二是拥有龙头企业的带动和引领。农业供应链的发展离不开龙头企业的带动、引领作用,供应链金融产品和模式可结合龙头企业、担保增信等优势,为上下游企业的农资采购、农机购买与租赁、种养环节生产经营活动、农资与农产品的流通等提供资金支持和成本抵消效益,从而达到各方共赢、产业优化的目的。

第二节 绿色金融助力新能源出行

发展新能源汽车产业是贯彻落实国家绿色发展理念的重要举措。当前,在财政补贴缩减的形势下,新能源汽车产业发展由国家政策主导转变为市场需求主导,新能源汽车产业发展面临严峻考验。金融作为实体经济的"血脉",在引导资源优化配置和促进新能源汽车产业发展方面有着不可替代的作用。

在广州试验区花都核心区,建设银行花都绿色分行创新了"绿色租融保"业务模式,支持广州新能源公交车置换。建设银行花都绿色分行采用一次性买断融资租赁公司对公交集团应收账款的方式,引入境外低成本资金,降低了融资成本和运营成本,实现了在全口径宏观审慎政策框架下开展跨境融资业务,成功为广州市公交集团3 138辆新能源公交车置换提供了兼具经济效益和环境效益的融资方案。建设银行花都绿色分行创设"电桩融"产品,支持新能源汽车充电站场建设。建设银行花都分行针对充电桩建设遭遇资金瓶颈、车桩配比缺口巨大的情况,创新提供"电桩融"专属贷款产品,为充电站建设提供前端资金支持。该产品将充电桩运营收费权作为质押物,充分运用充电站场银行结算大数据,在对未来运营收费进行科学测算的基础上发放信用贷款,有效解决了充电站场因缺乏经营收入数据和有效抵(质)押物而无法融资的困境,克服了新能源汽车产业发展的基础设施瓶颈。建设银行花都绿色分行推出"绿色e销通"业务,经销商可依托与东风日产的购车交易获得快速融资,实现全流程线上操作,无须往返银行。

绿色交通基础设施属于经济基础设施,具有投资规模大、收益率偏低、资金回收期长等特征。传统金融工具往往存在期限错配、风险应对不足等问题。绿色金融遵循责任投资原则,能够为周期长、经济回报偏低的绿色交通项目提供针对性金融支持,并通过有效的产品服务创新,实现环境效益外部性的内生化。兴业银行广州分行创新资产证券化项目融资服务,以轨道交通客运费收益权作为基础

第六章 绿色金融推动绿色经济低碳发展案例研究

资产,帮助广州地铁集团注册并成功发行了 50 亿元国内首单"绿色发行主体、绿色资金用途、绿色基础资产"的资产支持票据(ABN)产品,创下 2018 年以来全市场 AAA 级企业同期限证券化产品发行利率最低的纪录,有力支持了粤港澳大湾区清洁交通产业发展和互联互通。

一、绿色金融支持广州市新能源公交车置换

为响应"绿色发展、绿色出行"的号召,广州市政府提出市内所有公交企业要全部实现新能源公交车上路运营,政府在新能源充电桩建设、新能源公交车购置等方面给予大力支持。与普通公交车相比,纯电动新能源公交车具有"零净化"、噪音小、易保养、能量应用率高等特点,对减少汽车尾气排放,提升空气质量,助力试验区践行绿色发展理念有重大意义。

(一)主要做法

建设银行花都分行通过创新"绿色租融保"业务模式,为广州市公交集团申请授信额度,并引入融资租赁公司办理公开无追索权融资租赁保理业务。

具体业务流程为融资租赁公司与公交集团开展纯电动城市客车的固定资产融资租赁业务,并将上述融资租赁应收租赁款以无追索权的方式转让给建设银行花都分行。通过三方合作,由建设银行境外分支机构向融资租赁公司发放贷款,并由建设银行花都分行受托支付给新能源公交车厂商,具体业务流程如图 6-1 所示。

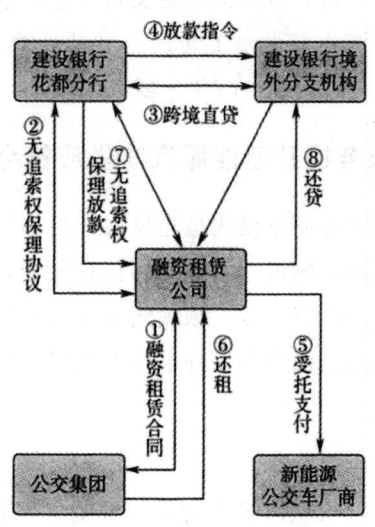

图 6-1 "绿色租融保"业务流程

(二)实践效果

建设银行花都分行创新了"绿色租融保"业务模式,充分利用建设银行境外机构的融资优势,为广州市公交集团置换 3 138 辆新能源公交车提供约 20 亿元的融资解决方案。建设银行花都分行采用一次性买断融资租赁公司对公交集团应收账款的方式,在全口径宏观审慎政策框架下开展跨境融资业务,引入境外低成本资金,满足了广州市公交集团及时完成项目审批、不承担融资负债、成本不高于基准利率的三大要求。该项目金额 20 亿元已获得批复,已投放 14 亿元。

(三)项目意义

首先,解决了因购置车辆出现的资金问题。作为公益性行业,城市公交企业长期执行低票价,普遍存在政策性亏损。采取融资租赁形式极大地缓解了公交集团的高额购置成本,减缓对企业现金流的冲击。

其次,降低了企业融资成本和运营成本。公交集团采用融资租赁方式使用新能源公交车,只需按月归还租金即可,无须承担融资负债,优化了企业财务报表。该模式通过引进境外低成本资金,使项目综合融资成本不高于基准利率,且实现分期付款,保证了企业平稳运营。经测算,采用该模式引入的纯电动公交车用电成本比普通燃油车成本低 92 400 元/车/年,整个项目每年可节省运营成本约 2.9 亿元。

最后,实现了良好的环境效益。广州市新能源公交项目可有效降低能源消耗,减少氮氧化物的排放,具有较强的金融支持绿色产业改善环境示范效应。其中,建设银行花都分行融资支持的 3 138 辆纯电动公交车可节约 34 592 吨标准煤/年,二氧化碳减排量为 198 030 吨/年,氮氧化物削减量为 1 155 吨/年。

二、全流程线上服务提升新能源汽车供应链金融效能

"绿色 e 销通"网络供应链业务模式是建设银行花都绿色分行与东风日产进行信息交互合作,实现信息流、物流、资金流的信息整合,为东风日产下游经销商提供全流程线上操作的网络融资服务。该模式的成功运营为金融机构围绕新能源汽车研发设计、生产、流通、消费各个环节创新发展绿色金融产品和服务提供了示范样本。

(一)主要做法

建设银行花都绿色分行与东风日产合作,针对其下游经销商推出"绿色 e 销通"业务,通过东风日产新能源汽车经销商的筛选及评价,设定信用指标评价体

系。东风日产向建设银行花都绿色分行发送购车订单信息,建设银行花都绿色分行根据订单放款并定向支付给东风日产。东风日产对订单车辆放行,车辆的运输、存放、单证由双方认可的第三方监管公司监管,后续经销商在线上还款赎车即可完成销售,充分提升新能源汽车厂商、经销商的资金周转效率。

(二)创新亮点

解决民营中小经销商融资难、融资贵问题。一是经销商可依托与东风日产的购车交易获得快速融资,且融资准入门槛低,全流程线上操作,无须往返银行;二是经销商依托快捷融资实现车辆购销,将进一步巩固与整车企业的密切程度,获得自身收益;三是经销商可根据订单需要随借随还,大幅提高资金使用效率,降低实际融资成本。

鼓励新能源汽车的普及推广。"绿色 e 销通"对新能源汽车进行重点支持,在融资利率上给予优惠,在办理程序上进行优先安排,用金融手段鼓励经销商销售新能源汽车。消费者在提车、赎证、换证、退证等过程中能享受到全线上流程带来的便利性,鼓励消费者在购车时选购新能源汽车。

推进物联网技术在汽车行业的应用。"绿色 e 销通"网络供应链融资模式为物联网技术在汽车行业的推广应用开创了空间。通过对监管车辆加配水平陀螺仪进行动态监控、为车辆设置智能标签进行实时定位、设置电子围栏锁定监管区域以及使用智能密码柜保管车证、钥匙等新型管理手段,强化了银行对融资车辆的管控,也提升了银企间实现信息共享的效能。

提升汽车厂商全产业链生态圈的竞争力。通过"绿色 e 销通"业务模式,东风日产可实时监控下游经销商的订单信息、融资信息、销售信息。加快资金回笼速度,提高资金运转效率,并以此加快销售渠道的布局与完善,实现汽车快速分销。

(三)实践效果

通过计算经销商的资金需求,建设银行花都绿色分行分别批复东风日产和东风启辰网络供应链"绿色 e 销通"平台授信额度 22 亿元和 20 亿元。东风日产的经销商可根据实际采购需求,随时向银行申请网络供应链"绿色 e 销通"业务,银行在 0.5 个工作日内完成审批放款流程,业务模式稳定高效。

截至 2019 年 9 月末,东风日产"绿色 e 销通"网络供应链平台累计为 5 家民营经销商企业投放近 4 000 笔购车融资,合计投放约 4.6 亿元,业务覆盖范围已拓展到 8 个省(市),实现了汽车厂商、经销商、银行的各方共赢和可持续发展。

(四)下一步措施

进一步拓展上游优质企业,为汽车厂商的核心供应商提供供应链金融服务产品,进一步完善东风日产全产业链生态圈。不断丰富金融产品种类,增加票据池管理、绿色票据贴现等功能,进一步支持经销商发展。

三、绿色金融支持新能源汽车充电站场建设

在新能源汽车快速普及的形势下,作为新能源汽车必要配套设施的充电桩建设远远跟不上市场需求。广州市花都区金融机构创新绿色金融业务,通过提供"电桩融"等产品服务,为充电站建设提供前端资金支持,实现在政府补贴到位之前提供资金,有效解决了充电站运营资金短缺问题。

(一)主要做法

发挥机构优势,积极创新绿色金融产品。建设银行花都绿色分行发挥绿色金融创新中心作用,为企业提供产品创新、信息支持、方案设计等多方位的绿色金融服务。通过专业机构对新能源汽车充电站场的运营模式、盈利模式进行全方位的分析、研判,开展"电桩融"产品创新工作。

急客户之所需,做好绿色金融服务供给。虽然新能源汽车充电桩具有较大的融资需求,但是当前尚未有专门针对充电站场建设的融资产品。主要原因为许多充电站场无法满足金融机构对企业的传统评价标准,即企业的第一还款来源和第二还款来源较为缺乏。其中,第一还款来源是指企业的经营收入。由于充电站行业为新兴行业,金融机构无法获得该行业的经营数据,对该行业的经营情况无法进行风险评估,因而无法设计出标准化的融资产品。第二还款来源是指企业提供的担保物。充电站场企业主的资产实力有限,无法有效提供足额的担保物,进而限制了民营充电站的融资。

直面客户难点、痛点,创新合格抵质押物。建设银行花都绿色分行针对充电站的实际融资困境,专门设计了"电桩融"专属贷款产品,解决充电站运营前期资金不足的问题。"电桩融"根据充电站场的银行结算、纳税、代发工资、缴纳租金等大数据进行分析,对充电站场的未来运营收费进行科学测算。在此基础上,建设银行花都分行给予充电站场一定额度的信用贷款,充电站场相应地将充电桩运营收费权补充质押给银行。通过创新服务模式,"电桩融"专属贷款产品有效解决了充电站场因缺乏经营收入数据和有效抵(质)押物而无法融资的困境。

（二）创新亮点

"电桩融"产品创新探索了充电站领域绿色融资方案。充电站领域暂时未有针对性的融资产品，建设银行花都分行根据对该行业的调研，设计了满足充电站的融资产品，有利于未来全面解决该领域的融资难题。

"电桩融"产品创新提供了风险缓释措施。虽然"充电桩收费权质押"不是标准的质押物，但是该项权利具有实质性的市场价值。企业主投资充电桩项目看重的是充电桩收费收入，收费权质押能够提高企业违约成本，降低银行信贷融资风险。同时，该产品拓宽了充电站的融资方式，提高了企业在金融机构的融资成功率，有效解决企业融资难问题，实现银企双赢。

"电桩融"产品创新促进新能源汽车产业发展。通过支持充电站场的建设，为新能源汽车的使用提供便利，为新能源汽车在生产和使用上实现更大发展奠定了基础。

（三）实践效果

目前，我国充电站场客户群体巨大，充电站场建设速度呈倍数增长。广州市政府在《广州市新能源汽车发展工作方案（2017—2020年）》中提出，力争到2020年年末全市新能源汽车保有量累计达20万辆左右，全市各类充电桩（机）保有量达10万个。如果按每个充电站场50个充电桩计算，新增充电站场将达到2 000个；以每个充电站场融资金额为100万元计算，广州地区未来5年充电站融资规模可达20亿元；按照每个充电站场带动5人就业，充电站场可增加近万个就业岗位。该产品有力地支持了新能源汽车产业的发展，为试验区打造"绿色出行生态圈"提供了有力支持，实现了显著的环境效应和经济效应。

第三节　绿色金融助力企业环保

绿色发展是以效率、和谐、持续为目标的经济增长和社会发展方式。支持环境保护是绿色金融发展的应有之义。绿色金融体系通过建立激励约束机制，推动生产方式绿色化转型、支持绿色低碳环保项目，改变人们的生活习惯，形成绿色生活方式。在这一方面，绿色金融改革创新试验区进行了积极探索，在绿色金融支持环境保护方面形成了一批可复制、可推广的有益经验。

保护环境首先必须做好污染防治。湖州银行创新推出绿色金融创新产品"园区贷"，通过让"低小散"的企业集中进入产业园区，对集聚产业提供一站式、链条式金融服务，由专业公司、专业设备统一处理污染问题，大幅提升污染排放达标率。在前期园区建设时，湖州银行通过结构化融资、项目贷款、银团贷款等方式提供资金帮助。在小微企业入园时，湖州银行根据园区业主筛选的企业名单，批量化办理绿色园区按揭贷，首付下降到三成，以人民银行低成本绿色再贷款返惠小微企业，平均执行利率仅为5.3%。当入园小微企业出现风险时，由业主单位对厂房进行回购归还贷款。在后续经营过程中，湖州银行根据大数据分析企业经营状况，配套"二次贷""更新贷""快捷贷""动产质押贷"等多款产品，持续保障园内企业的资金需求。

垃圾处理的目的是实现无害化、资源化和减量化。摒弃传统的卫生填埋、直接焚烧、堆肥等垃圾处理方式，对垃圾进行环保处理，可以获得环境效益和经济效益的双赢。相关项目建设费用巨大，运营成本不菲，而且利润不高，项目的优质建设和平稳运行对财政资金的依赖性较强，加重了地方政府的财政负担，需要绿色金融探索融资模式。农业发展银行广东省分行和广州银行共同参与提供融资组合方案，支持广州市第五资源热力电厂项目。该项目采用国内先进技术，形成"垃圾回收—垃圾处理—热力发电—污水处理"的绿色生态链。农业发展银行广东省分行给予15年期授信余额11亿元，贷款利率比基准利率下浮14.9%（4.1699%），一年还本两次，并设置了2年宽限期，有效解决了电厂前期建设资金缺口大、建设周期长的困难。同时，广州银行辅助提供5.96亿元的商业性贷款授信，利用地方商业银行机制灵活、决策效率高、放款速度快的优势，解决项目建设短期资金周转困难，保障了广州市第五资源热力电厂项目的顺利建设和运营。

一直以来，病死畜禽的无害化处置、畜禽粪污资源化利用是畜牧养殖业绿色发展的方向。浙江衢州开创了绿色金融支持病死猪无害化处理的"集美模式"。按照"政府引导、市场运作、保险创新、信贷扶持"的运作机制，政府通过财政补贴引导建立专门服务全县域病死猪的无害化处理公司，无害化处理公司对病死猪实行"统一收集、集中处理"，并对养殖户给予保费补贴，采取市场化运作，保险公司创新理赔范围、方式、标准，实现生猪保险全覆盖、零免赔、高保障，银行对无害化处理公司建设与运营提供信贷支持，最终实现政府、养殖户、金融机构、保险公司和无害化处理公司多方联动。衢州开启"银行＋合作社＋社员＋担保基金"模式，支持畜禽粪污资源化利用。为解决绿色产业发展的抵押品不足、单个机构的贷款金额不足的问题，龙游农商行与龙游县龙珠畜牧专业合作社开展合作,以合作社社员的入股资金设立融资担保基金,对合作社提供的担保基金按10倍放大,为其社员融资提供最大额度6 900万元的担保,单个社员最大担保贷款额度为600万元。

从以上内容可以看出,各试验区通过一系列的探索,在环境保护方面做出了可观的成绩,达到了经济效益和环境效益的双赢。

就经济效益方面来讲,对于绿色投融资中存在的期限错配、抵押物不足、产品工具不足等问题,找到了有效的解决办法,实现了良好的经济效益。利用向人民银行申请的绿色再贷款资金,可以为企业提供优惠的贷款利率,节约企业融资成本;融资组合方案以政策性信贷支持为主,以商业性信贷支持为辅,将中长期与短期信贷周期相结合,可以发挥政策性金融机构和地方商业银行的比较优势。

就环境效益方面而言,各试验区的探索为绿色金融支持环境保护提供了可复制、可推广的有益经验。绿色金融对污染防治、垃圾处理、风力发电、垃圾分类、药品置换的支持,可有效降低污染排放、推动资源循环利用、优化能源结构、减少空气污染和温室气体排放、改善城市和农村人居环境,为保护绿水青山做出积极贡献。

在前期探索的基础上,各试验区还要进一步努力,优化绿色投融资,让绿色金融在环境保护领域有更加丰富的实践。

一是破解抵押物不足的难题。在环境保护案例中,常常出现银行因为抵押物不足惜贷的情况。在现有制度的基础上,银行可以通过联保模式、应收账款质押、未来收益权质押等方式覆盖风险。在未来,政府部门可以在自然资源抵押登记管理方面建立完善的市场制度,扩大农业企业、新型农业经营主体融资过程中可认可的抵(质)押物。

二是多方加强协作配合。财政部门应及时梳理公布享有财政资金支持的绿色项目信息和补贴政策,帮助企业降低边际成本,提高金融机构支持绿色项目的积极性,让财政资金撬动更多社会资本。政策性银行和商业性银行也应结合自身定位,发挥各自优势,在环境保护项目中实现协同效应。

一、绿色园区贷助力"低小散"企业污染治理

童装产业带是湖州最具特色的区域块状经济带之一,伴随童装产业的快速发展,砂洗、印花等配套产业所带来的环境污染、火灾消防等问题日益突出。为此,湖州银行配合当地政府启动湖州童装产业环境整治配套园(以下简称"砂洗

城"项目)建设,首创绿色金融创新产品"园区贷",通过让"低小散"的企业集中入园,对集聚产业提供一站式、链条式金融服务,有效实现了能源的高效利用、土地的节约集约、污染的减排少排和传统产业的转型发展。

(一)主要做法

前期开展绿色园区项目贷。通过结构化融资、项目贷款、银团贷款等方式为园区建设提供资金帮助。

中期开展小微企业入园贷。一是优惠化引导。按照园区业主单位根据入园标准筛选的企业名单,为入园小微企业提供绿色园区按揭贷,首付下降到三成,以人民银行低成本绿色再贷款返惠小微企业,平均执行利率仅为5.3%,贷款最长期限为10年。二是批量化办理。开设绿色服务通道,配备专门的客户经理,在对环保、信用、资质等方面进行风险控制的基础上,弱化单个借款主体的准入审核,简化业务审核流程,推行批量化受理,同时简化入园手续,由园区统一代办房产、工商、税务等证件。三是设计风险控制措施。与园区业主单位紧密合作,签订政策性回购协议,由业主单位承担一定还款责任,当入园小微企业出现风险时,由业主单位对厂房进行回购归还贷款。

后期精准配套运营贷。一是利用大数据进行贷后监管。建立合作范围内的企业数据共享机制,运用大数据管理手段,综合园区内小微企业生产用气、用电、用水等数据,实行企业生产动态监管,规范贷后管理。二是精准配套运营贷。根据贷后情况分析企业经营状况,配套"二次贷""更新贷""快捷贷""动产质押贷"等多款产品,持续保障园内企业的资金需求。三是创新线上快捷服务。联合湖州市税务局为中小企业量身定制"税银信易贷"全线上金融产品,实现银企对接只"跑一趟"。

(二)实践效果

转型升级,产业经济效益充分释放。一是实现产业发展。配套的砂洗、印花企业由整治前的1100余家低产能中小作坊升级为300余家合规企业,年产值增至10亿元,利税达到5000万元以上。二是推动企业发展。加快落后设备的更新换代,实现生产管理的规范统一,降低了融资成本。经湖州银行综合园区整体风险、人力成本等定价因素测算,发放的中长期贷款平均执行利率仅为5.3%,低于同业同类贷款定价。企业在园区内生产也节约了1/3的综合成本。三是助力银行发展。通过"园区贷"带动日均存款增加5000多万元,开立各类账户600多户,开通电子银行业务500余户,产生贷款收益3000多万元。

集聚发展,产业生态效益充分释放。一是实现了土地集约利用。原先的一层厂房现在进行多层开发,节约土地700余亩。二是提升了综合整治能力。原先是企业自行解决治污问题,现在是统一入园后由专业公司、专业设备进行"一站式"统一处理,污染排放达标率大幅提升。三是提升了资源利用率。由园区统一采购水循环利用及集中处理设备,水资源综合利用效率大幅提升。

提质增效,产业社会效益充分释放。一是有效降低了区域安全隐患。通过统一的安全监管、消防整治,改变了原来"低散乱"分布的生产经营方式,基本解决了住宿、生产、仓储"三合一"可能引发的消防隐患。两年来,消防安全事故零发生。二是创造了创业就业机会。"园区贷"企业进入良性运营通道,为本地创造了更多的就业机会。三是助推了国家新型城镇化建设。引导90%从事童装配套产业的人口集中,实行统一管理,缓解了小城市的管理压力。

(三)推广条件

政府及监管机构高度重视。当地政府及各监管机构高度重视地方产业转型升级及绿色园区发展,在当前政府平台贷款监管趋严的形势下,为绿色园区建设开通绿色监管通道,支持项目建设。以人民银行的低成本绿色再贷款返惠小微企业。

搭建合作平台,建立责任联结机制。与业主单位搭建顶层合作平台,建立责任联结机制。当入园小微企业出现风险时,由业主单位承担抵押资产回购责任,实现全流程封闭运行控制风险。

二、衢州传统化工产业绿色转型

衢州是浙江省传统的重化工业基地,在长期的建设发展中,逐步形成了以化工、机械、水泥、造纸等为主导产业的重化工产业结构,重化工业比重超过70%。巨化集团是其中的重要代表之一。近些年,巨化集团借助金融手段,实现绿色发展,重新跻身中国企业500强,成为名副其实的"花园式"工厂。

(一)主要做法

直接融资促进产品转型升级。基于对产业和经济周期性波动的准确判断,巨化集团通过发行股份募集64.75亿元资金,发展了新型氟制冷剂(第三代),促进产品更新换代。该新型氟制冷剂为环境友好型制冷剂,不会对大气臭氧层造成破坏,为大气保护做出了贡献。

绿色基金构建全新产业链。巨化集团通过联合国家集成电路产业投资基金等,设立中巨芯电子化学材料产业发展平台,实现化工基础产业向电子化学品产业的转型,构建全新产业链。通过整合凯圣、凯恒、博瑞等电子化学品企业,完成了华江科技股权、德国汉高华威公司EMC业务收购,设立了中巨智能公司,装备制造事业部与民营企业混改设立巨能压缩机公司,抢占新能源汽车空调压缩机细分市场。

绿色债券助力进军高端产业。根据浙江省绿色大石化发展战略,巨化集团利用AA+的资信优势,通过多种直接融资方式募集资金;衢州市各金融机构协助配合巨化集团发行公司债、企业债等,实现直接融资300亿元。通过绿色债券置换出自有资金,参股投资浙石化20%的股份,突破传统氟化工思维限制,主动布局石油化工下游产业,为未来发展新型高端产业奠定基础。

(二)实践效果

加快淘汰落后产能。为全面打好污染防治攻坚战,投资5亿元,对$4.3km^2$的生产区域进行生态化循环经济改造,先后关停了电石、PVC、隔膜烧碱等高能耗、高污染、落后产能项目,腾出72万吨标准煤的能耗,盘活土地1 517亩,为后续发展腾出了土地和环保空间容量。

提升污染物处置能力。总计投资15亿元开展晋巨公司原料路线改造和安全环保隐患整治,完成环保治理六大专项任务和31项清单任务,全省首家开展挥发性有机化合物核查及减排治理工作。

提高污染物排放控制标准。投资1.8亿元实施14家单位17套装置的绿色智能制造改造,装置自动化率达99%,机器换人率达40%,污染物排放标准显著高于国家标准。投资5 000万元完成两个HFC-23分解CDM项目建设,经联合国气候变化框架公约执行理事会核查,累计减排6 618.67万吨二氧化碳,产生收益34.1亿元,从源头上有效减少"三废",获取了经济效益。

(三)相关建议

充分利用绿色金融改革创新试验区的政策红利,加快淘汰传统产业的落后产能。以资本为纽带,以产权为基础,重视资本布局、价值管理,强化资产并购,关注资源整合,提高资本回报,提升资本证券化率和竞争力。当前新金融工具不断涌现,要有效进行资本运作,必须拥有高端的专业人才。在具体资本项目运作中,对标相应标准、条件和审核关注重点,从而有效确保各项资本运作工作稳步推进。

三、绿色公共项目融资模式解决"垃圾围城"

广州市花都区摒弃传统的卫生填埋、直接焚烧、堆肥等垃圾处理方式,建设广州市第五资源热力电厂项目,采用垃圾焚烧发电的环保技术处理垃圾,推动资源循环利用。垃圾焚烧发电厂项目建设费用巨大,运营成本不菲,而且利润不高,给地方政府造成了财政负担。为解决这些问题,广州市花都区创新融资模式,通过政府调节项目收益、利用绿色金融政策等降低项目融资成本,探索创新绿色公共项目融资模式,不仅解决了该项目的融资难题,而且实现了环境效益和经济效益的双赢。

(一)主要做法

广州市第五资源热力电厂项目占地面积约为10.52万平方米,总投资为13.8亿元,生活垃圾设计最大处理能力为2 250吨/日,实际处理规模为2 000吨/日,年设计处理量为73万吨。该项目采用国内先进的污染物粉碎、净化、发电工艺,配套废水处理、灰渣处理等环保工程,形成"垃圾回收—垃圾处理—热力发电—污水处理"的绿色生态链。项目投资资金来源为自有资金和银行贷款,其中拟采用长期贷款10.6亿元,约占建设投资的80%。

为此,广州市花都区创新项目融资模式,由农业发展银行广东省分行给予15年期授信余额11亿元,贷款利率比基准利率下浮14.9%(4.1699%),一年还本两次,并设置了2年宽限期,有效解决了电厂前期建设资金缺口大、建设周期长的困难。同时,广州银行辅助提供5.96亿元的商业性贷款授信,利用地方商业银行机制灵活、决策效率高、放款速度快的优势,解决项目建设短期资金周转困难,保障了广州市第五资源热力电厂项目的顺利建设和运营。

(二)实践效果

该融资模式的创新解决了绿色环保公共项目在不依赖财政资金的情况下面临的融资难、融资贵的问题。目前,该项目一号焚烧炉已全部完工并成功点火,标志着广州市花都区绿色金融改革创新试验区在绿色公共项目经济效益、社会效益和环境效益相统一的可持续发展新路子上做出了一次富有成效的探索。在该模式的支持下,广州市垃圾终端处理行业迅速发展,2017年至2019年6月,广州市第四、第五、第六、第七资源热力电厂共获得贷款资金21.36亿元,贷款利率均为基准利率下浮。

（三）创新亮点

政府调节项目收益，为项目融资创造合格质押物。广州市第五资源热力电厂项目采用政府授权公司自营的运作模式，建设资金主要由项目公司自筹。公司以自身运营发电收入与政府购买服务协议确定的未来收益权作为质押物获取银行信贷资金，有效解决项目的融资问题。

政策性银行和商业银行共同参与提供融资组合方案。该项目以政策性信贷支持为主、以商业性信贷支持为辅，将中长期与短期信贷周期相结合。在该融资方案中，以项目公司未来收益权作质押，公司未来收益可有效覆盖贷款本息，化解了银行信贷支持的风险。

充分用好绿色金融政策。根据花都区支持绿色金融发展的相关规定，区财政对绿色贷款可按企业贷款金额的1‰给予补贴，每年最高补贴100万元，进一步降低了企业融资成本。

四、"集美模式"支持病死猪无害化处理

衢州生猪养殖业在衢州农业产业中占据着主导地位，但养殖户对病死猪的随意处置给公共卫生和食品安全造成了严重的威胁，成为长期困扰政府部门的难题之一。衢州创新推出金融支持病死猪无害化处理的"集美模式"，累计开展生猪保险业务808万笔，实现保费收入3.2亿元，成立病死猪无害化处理公司3家，累计处理病死猪156万头，有效解决了病死猪的随意处置问题。

（一）主要做法

按照"政府引导、市场运作、保险创新、信贷扶持"的运作机制，政府通过财政补贴引导建立专门服务全县域病死猪的无害化处理公司，无害化处理公司对病死猪实行"统一收集、集中处理"，并对养殖户给予保费补贴，采取市场化运作，保险公司创新理赔范围、方式、标准，实现生猪保险全覆盖、零免赔、高保障，银行对无害化处理公司建设与运营提供信贷支持，最终实现政府、养殖户、金融机构、保险公司和无害化处理公司多方联动。

具体流程：①金融机构给予养殖户和无害化处理公司绿色信贷支持；②财政部门给予养殖户和无害化处理公司绿色补贴；③养殖户进行病死猪报案；④保险公司与无害化处理公司人员到现场勘探，与养殖户确认签字后运送病死猪；⑤畜牧局和无害化处理公司、保险公司的工作人员再次核查单据，确认当天收集和处理数量；⑥无害化处理公司、保险公司、畜牧局及养殖户四方签字确认，养殖户

取得理赔款。

（二）创新亮点

财政补贴是前提。政府对生猪养殖户、无害化处理公司分别给予财政补贴。养殖户保费由政府补贴85%（中央45%、省级30%、县级10%），即按照45.9元/头的价格直接支付给保险公司，养殖户自付15%（8.1元/头），在病死猪无害化处理方面，三级财政对无害化处理公司给予每头猪80元补贴（中央50%，省级30%，县级20%），到2019年10月末，龙游县生猪无害化处理补贴实际到位1.7亿元。

(1)无害化处理是关键

政府引导社会资本建立病死猪无害化处理公司，出现生猪死亡后，养殖户向保险公司和无害化处理公司报案，由无害化处理公司统一收集、集中处理。政府通过购买服务的方式，充分调动无害化处理公司的积极性。

(2)保险创新是核心

一是扩大理赔范围[①]，将能繁母猪和生猪全部纳入参保范围。二是取消5%免赔额的规定。三是提高保险保障额度，将生猪保险保额提高至1 200元/头（能繁母猪为1 500元/头），理赔金额超过了黑市收购病死猪的价格，避免病死猪流入市场或被随意丢弃。四是创新理赔定损方法。保险理赔定损由称重法创新为丈量法[②]，在提高理赔速度的同时，也杜绝了农户对死猪注水等道德风险的发生。

(3)绿色信贷是保障

银行对无害化处理公司建设和运营提供绿色信贷保障。如中国银行龙游支行在龙游集美公司筹建初期，提供一年期440万元流动性贷款；江山农商行给予江山市菲尼可公司350万元的财政补贴收益权贷款，有效保障了企业运营的流动资金需求。

（三）实践效果

经济效益。一是农户参保意愿极大提升。生猪保险实现全覆盖、取消5%免赔额，养殖公司很少的投入获得较大的保险保障。二是无害化处理公司积极性提高。无害化处理公司按处理数量获取财政补贴，大大提升了其工作效率。2018

[①] 在生猪保险试点之前，只有能繁母猪及10千克以上的生猪才能参保，如果小猪病死了得不到赔偿，会被养殖户丢弃，小猪死亡率高达75%左右，导致丢弃污染风险很大。

[②] 出险生猪按尸长尺寸规格分为5个等级，55cm以下赔付30元/头，55～80cm赔付70元/头，80～100cm赔付160元/头，100～130cm赔付350元/头，130cm以上的可赔付600元/头，即便是成形的胎猪也在赔付范围内。

年，负责无害化处理的龙游集美公司实现利润374万元。三是金融机构获利。保险范围扩大使得保费规模增加，同时大力推广规模化养殖降低了生猪死亡风险，无害化处理公司、畜牧局等多方联动降低疫情发生及转移风险，降低赔付率。2019年1~8月，生猪保险赔付率为58.06%，比2016年下降30个百分点。

生态效益。生猪无害化处理有效保护了衢州钱塘江源头水品质。2013年，衢州市出境水省控以上断面Ⅱ类以上水达标率仅有52.4%；2018年提高到100%，生态环境质量满意度全省排第2位。

社会效益。政府不增加财政支出，由原来直接负责污染防治转为通过购买服务和引入市场化监督机制，实现生猪全生命周期管控，有效消除了政府监管手段缺乏和监管资源有限导致的监管盲区，降低了污染防治和疫病防控支出，使政府社会治理的效率持续提升。

（四）推广条件

财政设立专项补贴。要求地方财政对生猪养殖业的发展给予专项支持。地方财政部门专门设立给予养殖户和无害化处理公司的补贴，保障公司合理运营。成立无害化处理公司。在生猪养殖数量达到一定规模后，政府应鼓励设立无害化处理公司，承担全县域病死动物无害化处理。

（五）相关建议

生猪养殖业关乎重大民生问题。由于生猪养殖业对地方税收贡献度小，土地资源约束大，环境污染风险突出，地方发展动力明显不足。建议中央财政加大对生猪养殖调出地区的财政支持力度，将对生猪调入地区的财政支持部分转移给生猪调出地区，鼓励当地加大生猪养殖业发展力度。

五、"开启模式"支持畜禽粪污资源化利用

龙游县是全国生猪调出大县、浙江省畜牧强县，但一直以来面临着生猪养殖无序化生产、粪污任意排放等问题，使环境遭受严重破坏。对此，龙游县以推进现代生态循环农业省级试点为契机，实施"猪粪收集＋沼气发电＋有机肥生产＋种养殖利用"一体化的农业大循环建设，形成"开启模式"。为更好地支持传统生猪养殖业转型升级，龙游农商行以解决生猪养殖融资需求为出发点，创新金融产品和服务，为畜禽养殖污染物的综合利用开辟新途径。

（一）主要做法

设立担保基金，撬动融资杠杆。龙游农商行与浙江兴泰农牧科技有限公司牵

头组建的龙游县龙珠畜牧专业合作社开展合作，以合作社51位社员的入股资金设立690万元融资担保基金，对合作社提供的担保基金按10倍放大，为其社员融资提供最大额度6 900万元的担保。与合作社签订《融资担保合作框架协议》，明确合作双方权利、义务，合作协议五年一签，保障了合作期间的稳定性。通过龙游县龙珠畜牧专业合作社的带动作用，龙鼎、豪欣2家合作社也相继开启"银行＋合作社＋社员＋担保基金"模式，解决了养殖场融资担保问题，使环保设施的资金投入有了保障。

创新金融产品，支持"开启模式"形成。浙江兴泰农牧科技有限公司作为开启能源的母公司，主要从事生猪、淡水鱼、珍珠的养殖，以及茶叶、苗木的种植，养殖区域产生的粪尿等排泄物供开启能源发电，实现无害化处理、资源化利用。为有效满足开启能源沼气发电、有机肥生产等项目的资金需求，龙游农商行依托应收账款融资服务平台，推动政府采购项目加入平台，在传统抵押贷款2 500万元支持的基础上，发放应收账款质押贷款1 000万元，以项目建设财政补助款为质押物，实行专户管理，封闭运行，资金主要用于支持开启能源第二期1兆瓦发电工程项目建设以及污水处理设备投入。与县农业农村局、县人保公司合作，创新推出"生物活体资产抵押贷款"，项目授信总额为1亿元，该产品的推出不仅开拓了"开启模式"畜牧业融资新渠道，同时建立了"生物活体抵押＋保险""生物活体抵押＋基金"模式，分散了贷款风险，帮助银行卸下思想包袱，为养殖户提供更全面的金融支持。

创新推出绿色循环贷，带动"开启模式"链式发展。针对畜禽粪污、生产生活废弃物等循环利用要求高、投入大、周期长的特点，抓住循环利用链条上中小企业及农业经济主体的经营特性，创新推出绿色循环贷，切实解决基础设施投入大、转型升级难度高、效益回收周期长等因素带来的融资难、融资贵、担保难等问题，提升经营主体整体环保处理能力，加快新能源、新技术的开发利用。例如，龙游丰享家庭农场流转土地约5 000亩，建立沼肥使用示范区，进行沼肥深度开发利用，拓宽应用领域。为满足农场沼肥利用资金需求，龙游农商行给予其700万元信贷支持，主要用于建设沼液储存池、沼液输送管道、喷滴灌等设施。农场利用开启能源浓缩后的液态肥，用于水稻、蔬菜、油菜、瓜果等多种农作物和经济作物的施肥，有效推进畜牧业与种植业链式发展，实现产业整体转型升级。

（二）实践效果

污物利用，变废为宝。开启能源采用热电联供技术，发电余热提供发酵热能，发酵后的沼液、沼渣通过深加工作为优质有机肥料用于农业园区及其他种植业，扩大沼液利用规模，减少化肥对土壤的破坏，提高农产品的品质，为社会提供更多优质、绿色、环保、健康的有机产品。2019年第三季度末开启能源已配备16辆全封闭式吸粪车对全县养殖户畜禽排泄物进行统一收集，经过处理，年产固态有机肥为1.6万吨，液态有机肥为12万吨。每年可收集利用生猪排泄物18万吨，相当于60万头生猪的排泄量。

沼气发电，一举两得。一方面，"开启模式"将生猪排泄物生产的沼气用于发电，发电装机容量达2兆瓦，可减少养殖污染，减排温室气体，并使排泄物得以再生利用，实现清洁生产和畜禽养殖排泄物的零排放，获得了显著的环境效益；另一方面，畜禽养殖排泄物经过中温厌氧发酵处理可杀灭其中的致病菌和寄生虫卵，防止疫病的传播，改善畜牧业的卫生环境，有效改善土壤肥力，减少生产化肥环节的能源消耗、环境污染。2019年第三季度末，开启能源已实现2兆瓦的装机容量，年发电量达1 600万千瓦/时。

技术提升，完善链条。开启能源引进国内领先的沼肥400T/D的生产设备，对有机沼液肥采用更科学合理的方法进行浓缩处理，建造了两座总容量为1万吨的原液储液罐，对沼液进行10倍的浓缩处理，与科研机构联合开发液体有机专用肥，开发针对不同农作物供养需要的高效农业专用液体肥，填补高效营养肥依靠国外进口的空白。该项技术进一步促进农业良性生态循环，带动农业增收，在全国科技农业中起到了领先示范作用，截至2019年第三季度末年产浓缩沼液肥1.5万吨。

（三）推广条件

一是产业集中度要高，可以形成规模效应，环保处理核心企业有稳定收益；二是交通条件便利，粪污集中处理的成本较低；三是区域内要有具有影响力的农业龙头企业牵头，同时粪污无害化处理模式已通过企业基地试点可行，才能较好推广。

（四）相关建议

第一，对产业的支持要抓住核心企业客户，利用其上下游客户的信息及合作社社员之间的了解，为银行融资准入掌握第一手资料，把好第一道关。第二，开展合作要有相对合理的期限，在生猪养殖价格下行期，不压贷、不抽贷，做好持续支持，让客户有信心把合作开展好。第三，政府相关农业部门要做好牵头和服务工作，给予相应的政策倾斜，并做好宣传，扩大影响力。

第四节 绿色金融助力区域发展

传统金融工具往往存在期限错配、风险应对不足等问题。绿色金融遵循责任投资原则，能够为周期长、经济回报偏低的绿色交通项目提供针对性金融支持，并通过有效的产品服务创新，实现环境效益外部性的内生化。兴业银行广州分行创新资产证券化项目融资服务，以轨道交通客运费收益权作为基础资产，帮助广州地铁集团注册并成功发行了50亿元国内首单"绿色发行主体、绿色资金用途、绿色基础资产"的资产支持票据（ABN）产品，创下2018年以来全市场AAA级企业同期限证券化产品发行利率最低的纪录，有力支持了粤港澳大湾区清洁交通产业发展和互联互通。

金融机构优化流程推动绿色发展旨在解决以下问题：一是绿色项目批贷往往审批流程较长，贷款操作复杂，同一项目贷款需多次评估、多次授信；二是在绿色贷款的审批过程中，金融机构对贷前授信管理的环境风险考虑不足；三是在贷中和贷后管理中，绿色贷款存在"泛绿"和"洗绿"风险，人民银行的再贷款资金使用分散，难以确保最终投向绿色产品。为此，绿色金融改革创新试验区政府和金融机构探索多种模式，提高服务效率、改进服务流程，使绿色贷款的获得更便捷。

总体而言，全国绿色金融改革创新试验区通过金融机构融资模式创新、保险产品创新和业务流程优化，深入满足绿色产业发展的资金需求，助力实体经济绿色转型升级，持续推动绿色产业发展，实现了经济效益、环境效益和社会效益的全方位提升。

在经济效益方面，绿色金融业务创新有效提升了金融机构支持绿色发展的动力，形成了一批绿色金融产品，既解决了绿色项目的融资难题，也化解了部分产业的担保链风险。在贷款便捷性增加、贷款利率降低和其他政策措施鼓励的背景下，绿色产业实现迅速发展。

在环境效益方面，绿色金融业务创新有效推动了绿色环保产品的制造及企业生产经营的绿色化转型。绿色项目在减少环境污染、改善城市环境、较少温室气体排放等方面的效果充分显现。例如，得益于绿色金融的助力，湖州环境质量改善，连续多年获得美丽浙江考核优秀市，国家"水十条"13个考核断面100%达到考核要求，空气质量优良率提升至71%，环境污染治理投资占地区生产总值比重、生活垃圾无害化处理率、$PM_{2.5}$浓度降幅等多项指标均居浙江省前3位。昌吉使用"PPP＋特许经营权"模式为余热综合利用供热工程项目提供融资支持，该地区全部停用现有的燃煤锅炉，减少了固体弃物污染和电厂余热空自排放产生的温室效应。

在社会效益方面，保险产品创新增强了企业的风险意识，企业事故数量明显下降，保险公司作为专业的风险经营管理者的社会管理功能得到发挥，政府、企业和金融机构紧密合作，解决了信息不对称造成的过度授信，防范了信贷风险。

下一步，在总结前期经验的基础上，政府、金融机构和企业需要从以下几个方面着力。

一是政府应继续丰富政策工具箱。政府在税收、排污指标、项目核准等方面，应建立一体化正向激励机制。政府应积极为金融机构和企业提供大数据等信息支持；努力确保对绿色企业和项目的优惠政策能够传导落实到位。政府应进一步健全与行业协会和社会资本的合作机制，探索通过风险基金、财政补贴等方式对绿色项目提供担保，引导社会资本积极投向绿色领域。

二是金融机构发展绿色金融应积极开拓思路。拓展担保品范围，提高绿色产业融资效率和贷款的可得性，为绿色项目提供资金支持。发掘企业和行业价值，通过金融产品创新支持企业融资。加强内部协调，强化技术保障，优化各项业务流程。

三是企业应利用各种金融工具，加快传统产业转型升级。充分挖掘与上下游企业的关系，发展互助融资；树立诚信意识，确保绿色贷款使用过程的合规性；在安全生产和环境保护等领域树立风险意识，积极投保污染、环境和生产责任等相关保险，排除风险隐患。

一、广州地铁绿色融资助力大湾区互联互通

2019年，广州地铁集团在建设地铁线路时急需大量资金，迫切需要开拓一种较为创新的、可持续的融资模式。兴业银行广州分行根据广州地铁集团特点与需求，向其提供了资产证券化项目融资服务方案，并联合第三方认证机构"绿融（北京）投资服务有限公司"将广州地铁集团作为全国首批"绿色债券发行主体"（绿色企业）上报银行间市场交易商协会进行认证。绿色资产证券化加绿色发行人的业务模式，有效解决了广州地铁集团的融资问题，为清洁交通行业的融资创新拓宽了新渠道。

（一）主要做法

广州地铁集团将其持有的客票费收益权作为信托财产委托给平安信托，设立

第六章　绿色金融推动绿色经济低碳发展案例研究

"广州地铁集团有限公司第一期绿色资产支持票据"。平安信托以该信托财产为支持发行优先档资产支持票据和次级档资产支持票据。其中，优先档资产支持票据采用固定利率在银行间债券市场以簿记建档方式向机构投资者发行（委托人自持部分除外）。

此外，广州地铁集团按要求制订了《广州地铁集团有限公司绿色债券框架》对其及下属公司绿色债券的发行与管理设立了制度规范，用于确保绿色债券发行与管理合乎法律法规和监管要求。该框架对广州地铁集团发行绿色债券的募集资金使用、项目评估和筛选、环境风险与环境效益核算、募集资金管理、报告与披露等提出了明确要求。

（二）实践效果

兴业银行广州分行紧密贴合广州地铁集团轨道交通项目建设的融资需求，创新性地以绿色金融为抓手、以轨道交通客运费收益权作为基础资产，帮助广州地铁集团注册并成功发行了50亿元绿色资产支持票据。该票据一举成为国内首单"绿色发行主体、绿色资金用途、绿色基础资产"的资产支持票据产品，既是国内首单以轨道交通客运费收益权作为基础资产的证券化产品，也是广州绿色金融改革创新试验区首笔绿色资产支持票据业务。

（三）创新亮点

资金投向清洁交通产业，助力粤港澳大湾区互联互通。本笔绿色资产支持票据的基础资产和募集资金投向均属于《绿色债券支持项目目录》的"清洁交通"类别，第一期基础资产为广州市内2号线地铁客运费收益权，第二期基础资产为广州市内4号线地铁客运费收益权，推动了粤港澳大湾区实现绿色互联互通。

创新绿色发行主体，市场反响热烈。广州地铁集团主要业务符合国家产业政策及地方规划，地铁运营、附属资源运营—民用通信业务、专业对外服务三个板块的相关业务内容符合《绿色债券支持项目目录（2015年版）》的要求，可认定为绿色业务。广州地铁集团绿色业务收入占主营业务收入的比例高于80%，具有良好的绿色企业治理水平，建立了适当的环境风险管理制度与控制机制，且未发生重大环境污染事故及重大环境事件，符合绿色企业（绿色债券发行主体）要求。本期绿色资产支持票据是广州地铁集团作为绿色发行人发行的首期票据，在市场的反响较为热烈，创下2018年以来全市场AAA级企业同期限证券化产品发行利率最低的纪录。

二、有效盘活绿色信贷资金支持贵州省绿色发展

为探索通过再贷款和建立专业化担保机制等措施支持绿色发展，贵阳银行等商业银行创新开展绿色信贷资产质押再贷款业务，将符合标准的绿色贷款纳入合格抵押品范围，向人民银行贵阳中心支行申请绿色资产质押再贷款，有效盘活绿色信贷资金，支持贵州省绿色发展。

（一）主要做法

严格按照绿色信贷资产质押再贷款操作规程申请再贷款。贵阳银行等商业银行严格按照《关于支持绿色信贷产品和抵质押品创新的指导意见》《中国人民银行贵阳中心支行信贷资产质押操作细则（试行）》等系列文件的要求，提出绿色信贷资产质押和正常类普惠口径小微贷款申请，通过的金融机构可以获得相应的再贷款额度。

建立信息采集机制，提高企业信贷资产质押合格率和通过率。为提高企业信贷资产质押再贷款工作效率，金融机构根据《关于做好贵州省信贷资产质押再贷款试点和央行内部（企业）评级信息采集工作的通知》的要求，建立了企业信息采集机制，筛选出符合评级要求的参评企业，并将绿色企业客户信息导入评级系统，将评级达标企业的绿色贷款纳入合格抵押品范围，提高参评企业信贷资产合格率和通过率。

统一对绿色信贷资产质押再贷款制度的认识。为加强对绿色贷款和正常类普惠口径小微贷款纳入合格抵押品范围相关政策的理解，辖内金融机构专题研讨了绿色信贷统计、绿色信贷资产抵质押、再贷款及使用等问题，提高了对相关政策的认识。

（二）实践效果

有效畅通绿色资产盘活渠道，累计盘活8.54亿元。截至2019年12月末，辖内商业银行以环境保护设备制造项目贷款、绿色农业开发项目贷款、传统产业技改项目贷款等绿色信贷资产作为合格抵质押物获得支小再贷款共计5.7亿元，有效盘活绿色信贷资产累计达8.54亿元。

运用再贷款资金支持绿色发展，累计发放绿色贷款9.19亿元。获得绿色资产质押再贷款的金融机构累计配套发放绿色贷款9.19亿元，支持绿色农业、节能环保、新型装备制造等绿色项目98个，加权平均利率为6.05%，低于全省小微企业加权平均利率59个基点，为企业节约融资成本543万元。

（三）推广条件

适用条件。目前再贷款项下有支农再贷款和支小再贷款两个种类，符合条件的绿色信贷资产都可以申请此两项再贷款。

推广环境。绿色信贷资产质押再贷款已在贵州省得到实现，只要人民银行继续推广，金融机构积极响应，绿色产业顺利发展，绿色信贷资产质押再贷款业务的运用环境会越来越宽广。

（四）相关建议

充分发挥绿色信贷业绩评价的激励作用，绿色信贷资产质押再贷款优先考虑绿色信贷业绩评价结果较好的金融机构，同时探索根据金融机构绿色信贷业绩评价结果执行差别化的绿色信贷资产质押率。优先办理绿色资产质押再贷款业务。人民银行在信贷资产质押再贷款业务办理中，优先支持绿色信贷资产质押。利用绿色信贷资产质押再贷款支持乡村振兴。扩大扶贫再贷款支持绿色信贷资产质押的规模，提高绿色资产质押再贷款对扶贫和乡村振兴的支持作用。

三、赣江新区发行绿色市政专项债

2019年年初，财政部提出鼓励各地创新债券品种，增加各省（市）专项债券规模，支持地方开展符合条件的公益性项目建设。赣江新区结合"产城结合"打造儒乐湖绿色智慧新城的契机，创新债券品种以满足综合管廊、海绵城市、绿色园区建设的融资需求。2019年6月18日，在上海证券交易所成功发行江西省赣江新区绿色市政专项债（一期），本期发行额为3亿元，期限为30年，票面利率为4.11%，实现我国绿色市政专项债发行"零"的突破。

（一）主要做法

高位推动，部门联动。江西省委、省政府高度重视，多次指示赣江新区要探索发行绿色市政债，打造特色亮点。各部门之间相互协调，赣江新区与省地方金融监管局、人民银行南昌中心支行等有关部门积极沟通，达成了一致的发行意见；在项目申报阶段，省财政厅大力支持，给予了相应的额度；在项目遴选阶段，赣江新区各部门配合联动，对上报项目开展联审。

（1）合理规划，高标要求

赣江新区综合考虑绿色项目建设、运营、回收周期、财政承受力和债券市场状况等因素，确定了绿色市政债的发行规模和期限。鉴于绿色市政债发行专业性较强，对第三方机构的业务能力要求较高，赣江新区政府积极比选机构，遴选经

(2)选好项目,平衡收益

发行绿色市政债募集的资金将专项用于某绿色项目建设,并以该项目收入作为主要还款来源。赣江新区政府作为绿色市政债的发行载体,探索出"人廊运营收入＋广告收入＋政府补贴"的运营模式,遵循市场化原则,确保收益与债券融资互平衡。

(二)实践效果

一是弥补资金缺口,降低融资成本。发行市政债融资可以有效弥补财政收支缺口,迅速募集大量资金投入赣江新区基础设施建设。二是缓解期限错配,降低地方债务风险。市政债一般期限较长,有利于降低政府短期偿债压力,缓解期限错配可能引发的风险。三是丰富产品品种,完善绿色债券市场结构。绿色市政专项债的推行有利于填补全国绿色市政债领域的空白,丰富我国绿色债券品种。

(三)推广条件

绿色市政债具有期限长、融资成本低的特点,适用于建设周期长、成本回收周期长、具备公共用品特点的市政基础设施建设类项目,可较好地补充传统银行贷款、债券难以满足的项目融资空白,有效降低融资成本,缓解政府债务压力。在实践过程中,仍需发挥政府财政长周期补贴优势,通过设计良好的产品运营模式形成收益闭环,弥补短期收益不足。

(四)相关建议

①结合项目实际设计相匹配的偿还期限。例如,本次发行的绿色市政专项债具有30年期的超长期限,有效匹配了项目本身建设运营期限,减少了短期偿债压力,缓解了期限错配可能引发的风险。

②依据项目本身现金流情况及债券发行本息覆盖倍数需要,采取本金分期偿还模式,确保分期项目收益用于偿债,提高资金使用效率,平滑债券存续期内偿债压力。

参考文献

[1]安国俊,张宣传,柴麒敏,等.国内外绿色基金发展研究[M].北京:中国金融出版社.2018.

[2]程凯,许传华.碳金融风险监管的国际经验[J].湖北经济学院学报(人文社会科学版).2018(10):12.

[3]丛静,冯敏.碳金融模式下的风险分析研究[J].经济研究导刊,2018(34):36.

[4]孟早明.中国碳排放权交易实务[M].北京:化学工业出版社,2017.

[5]祁慧娟.我国商业银行碳金融发展现状及挑战[J].时代金融,2018(15):57.

[6]佘孝云,何斯征,姚烨彬,等.中国碳金融市场现状[J].能源与环境,2017(1):50-51.

[7]孙榕.工商银行:推动融资结构"绿色调整"[J].中国金融家,2018(07):61-62.

[8]唐才富,涂云军,代丽梅,等.CCER林业碳汇项目开发现状及建议[J].四川林业科技,2017,38(04):115-119,146.

[9]王倩,李通,王译兴.中国碳金融的发展策略与路径分析[J].社会科学辑刊,2018(3):147-151.

[10]王小翠.我国碳金融市场的SWOT研究[J].统计与决策,2018(5):40.

[11]王小江.绿色金融关系论[M].北京:人民出版社.2017.

[12]王小江.我国银行业绿色信贷信息披露研究[D].石家庄:河北经贸大学,2018

[13]王瑶,谭晓思.中国绿色金融发展报告(2018)[M].北京:清华大学出版社,2018.

[14]王振洲.我国绿色信贷发展历程及实践[J].时代金融,2018,717(35):

397-398，402．

[15]杨志，盛普．低碳经济背景下中国商业银行面临的机遇与挑战[J]．社会科学辑刊，2018(3)：143-146．

[16]赵昕，朱连磊，丁黎黎．碳金融市场发展的演化博弈均衡及其影响因素分析[J]．中央财经大学学报，2018(3)：76-86．

[17]张承惠．发展中国绿色金融的逻辑与框架[J]．金融论坛，2016(2)：2．

[18]虞启明，Jose T. Matheickal, Jozef Latten. Heavy Metal Adsorption Prope-rties of Marine Algae Durvilliea Potatorum, Ecklonia Radiata and Laminari-a Japonica[J]. Chinese Journal of Chemical Engineering, 1998(01)：72-76.

[19]Munira BATOOL, Farhad SHAHNIA, Syed M. ISLAM. Multi-level superviso-ry emergency control for operation of remote area microgrid clusters[J]. J-ournal of Modern Power Systems and Clean Energy, 2019, 7(05)：1210-1228.

[20]安国俊．绿色金融助力绿色经济[J]．银行家，2017(01)：27．

[21]国务院发展研究中心"绿化中国金融体系"课题组，张承惠，谢孟哲，等．发展中国绿色金融的逻辑与框架[J]．金融论坛，2016，21(02)：17-28．

[22]马骏．绿色金融不是"造概念"[J]．支点，2018(01)：19．

[23]侯亚景，罗玉辉．我国"绿色金融"发展：国际经验与政策建议[J]．经济问题探索，2016(09)：7-10．

[24]胡梅梅，邓超，唐莹．绿色金融支持"两型"产业发展研究[J]．经济地理，2014，34(11)：107-111．

[25]西南财经大学发展研究院、环保部环境与经济政策研究中心课题组，李晓西，夏光，等．绿色金融与可持续发展[J]．金融论坛，2015，20(10)：30-40．

[26]中国人民银行研究局．中国绿色金融发展报告(2018)[M]．北京：中国金融出版社，2018．

[27]李朋林，叶静童．绿色金融：发展逻辑、演进路径与中国实践[J]．西南金融，2019(10)：81-89．

[28]陈凯．绿色金融政策的变迁分析与对策建议[J]．中国特色社会主义研究，2017(05)：93-97，112．

[29]杜莉，郑立纯．我国绿色金融政策体系的效应评价——基于试点运行数

据的分析[J].清华大学学报(哲学社会科学版),2019,34(01):173-182,199.

[30]赵静.实施绿色金融措施保护环境概论——以英国"绿色金融项目"为例[J].法制与社会,2009(4):92.

[31] Salazar, J., Environmental Finance: Linking Two World [J]. Presented at a Workshop on Financial Innovations for Biodiversity Bratislava, 1998, (1): 2-18.

[32] Cowan, E., Topical Issues in Environmental Finance[J]. Research Paper W-as Commissioned by the Asia Branch of the Canadian Intenational Development Agency, 1999, (1): 1-20.

[33]Marcel Jeucken. Sustainable Finance and Banking: The Financial Seetor a-nd the Future ofthePlanet[M]. London: Earthscan Publications Ltd, 2001.

[34]代玉簪,郭红玉.商业银行绿色金融:国际实践与经验借鉴[J].金融与经济,2015(1):45-49.

[35]刘博.国外商业银行绿色金融政策及其借鉴[J].现代管理科学,2016(5):36-38.

[36]张红.论绿色金融政策及其立法路径——兼论作为法理基础的"两型社会"先行先试权[J].财经理论与实践,2010,31(02):125-128.

[37]黄滢,刘庆,王敏.地方政府的环境治理决策:基于SO_2减排的面板数据分析[J].世界经济,2016,39(12):166-188.

[38]田智宇,杨宏伟.完善绿色财税金融政策的建议[J].宏观经济管理,2013(10):24-26.

[39]赵晓英.绿色债券发展制度框架[J].中国金融,2016(16):37-38.

[40]Ang B W. Monitoring changes in economy-wide energy efficiency: From e-nergy-GDP ratio to composite efficiency index[J]. Energy Policy, 2006, 34(5):574-582.

[41]杨淇钧,任宣羽.我国绿色金融发展过程中的问题及政策措施[J].改革与战略,2017,33(06):76-78,96.

[42]任辉,周建农.循环经济与我国绿色保险体系的构建[J].国际经贸探索,2010,26(08):75-80.

[43]雷鹏飞,孟科学.碳金融市场促进区际碳污染转移规避的机制与路径[J].社会科学家,2019(10):34-41.

[44]李程,白唯,王野,等.绿色信贷政策如何被商业银行有效执行？——基于演化博弈论和DID模型的研究[J].南方金融,2016(01)：47-54.

[45]马萍,姜海峰.绿色信贷与社会责任——基于商业银行层面的分析[J].当代经济管理,2009,31(06)：70-73.

[46]赵晓英.我国绿色债券的发展现状制约因素及政策建议[J].中国城市金融,2016(07)：47-50.

[47]唐亚晖,姚志远,肖茜文.绿色开放式基金绩效与资金流量关系研究[J].经济纵横,2019(08)：116-124.

[48]吕秀萍,黄华,程万昕,等.基于可持续发展的绿色保险研究——一个新的视角[J].生产力研究,2011(11)：74-75＋78.

[49]黄向岚,张训常,刘晔.我国碳交易政策实现环境红利了吗？[J].经济评论,2018(06)：86-99

[50]杜莉,郑立纯.中国绿色金融政策质量评价研究[J].武汉大学学报(哲学社会科学版),2020,73(03)：115-129.

[51]杜莉,张鑫.绿色金融、社会责任与国有商业银行的行为选择[J].吉林大学社会科学学报,2012,52(05)：82-89,160.

[52]李淑文.低碳发展视域下的绿色金融创新研究——以兴业银行的实践探索为例[J].中国人口·源与环境,2016,26(S1)：14-16.

[53]杜莉,周津宇.政府持股比例与金融机构资源配置的"绿色化"——基于银行业的研究[J].武汉大学学报(哲学社会科学版),2018,71(03)：107-116.

[54]苏冬蔚,连莉莉.绿色信贷是否影响重污染企业的投融资行为？[J].金融研究,2018(12)：123-137.

[55]张晨,董晓君.绿色信贷对银行绩效的动态影响——兼论互联网金融的调节效应[J].金融经济学研究,2018,33(06)：56-66.

[56]廖筠,胡伟娟,杨丹丹.绿色信贷对银行经营效率影响的动态分析——基于面板VAR模型[J].财经论丛,2019(02)：57-64.

[57]曹明弟.发展态势良好的绿色金融体系[J].中国科技论坛,2018(04)：1-2.

[58]陈淡泞.中国上市公司绿色债券发行的股价效应[J].山西财经大学学报,2018,40(S2)：35-38.

[59]蓝虹,任子平.建构以PPP环保产业基金为基础的绿色金融创新体系

[J]. 环境保护，2015，43(08)：27-32.

[60]危平，舒浩. 中国资本市场对绿色投资认可吗？——基于绿色基金的分析[J]. 财经研究，2018，44(05)：23-35.

[61]任辉，周建农. 循环经济与我国绿色保险体系的构建[J]. 国际经贸探索，2010，26(08)：75-80.

[62]卓志，邝启宇. 巨灾保险市场演化博弈均衡及其影响因素分析——基于风险感知和前景理论的视角[J]. 金融研究，2014(03)：194-206.

[63]苏静，肖攀，阎晓萌. 社会资本与农村金融对农户家庭多维贫困转化的影响研究——基于CFPS微观面板数据的分析[J]. 经济问题，2019(09)：73-80.

[64]杜莉，万方. 中国统一碳排放权交易体系及其供需机制构建[J]. 社会科学战线，2017(06)：86-93.

[65]刘海英，王钰. 用能权与碳排放权可交易政策组合下的经济红利效应[J]. 中国人口·资源与环境，2019，29(05)：1-10.

[66]刘传明，孙喆，张瑾. 中国碳排放权交易试点的碳减排政策效应研究[J]. 中国人口·资源与环境，2019，29(11)：49-58.

[67]王凤荣，王康仕."绿色"政策与绿色金融配置效率——基于中国制造业上市公司的实证研究[J]. 财经科学，2018(05)：1-14.

[68]宋晓玲. 西方银行业绿色金融政策：共同规则与差别实践[J]. 经济问题探索，2013(01)：170-174.

[69]李溪. 国外绿色金融政策及其借鉴[J]. 苏州大学学报(哲学社会科学版)，2011，32(06)：134-137.

[70]王印红. 中国海洋环境拐点估算研究[J]. 中国人口·资源与环境，2018，28(08)：87-94.

[71]赵细康. 关于海洋旅游与休闲渔业发展两点思考[J]. 新经济，2018(08)：25-27.

[72]任力，朱东波. 中国金融发展是绿色的吗——兼论中国环境库兹涅茨曲线假说[J]. 经济学动态，2017(11)：58-73.

[73]祝志勇，幸汉龙. 环境规制与中国粮食产量关系的研究——基于环境库兹涅茨倒U型曲线[J]. 云南财经大学学报，2017，33(04)：64-72.

[74]林伯强，蒋竺均. 中国二氧化碳的环境库兹涅茨曲线预测及影响因素分析[J]. 管理世界，2009(04)：27-36.

[75]厉以宁,朱善利,罗来军,等.低碳发展作为宏观经济目标的理论探讨——基于中国情形[J].管理世界,2017(06):1-8.

[76]丁杰.绿色信贷政策、信贷资源配置与企业策略性反应[J].经济评论,2019(04):62-75.

[77]夏少敏.论绿色信贷政策的法律化[J].法学杂志,2008(04):55-58.

[78]李勋.发展绿色金融的法律研究[J].兰州学刊,2009(08):141-146.

[79]暴方圆.商业银行绿色金融实施的管理者效应与政策启示[J].现代商业,2018(33):67-68.

[80]王凤荣,王康仕."绿色"政策与绿色金融配置效率——基于中国制造业上市公司的实证研究[J].财经科学,2018(05):1-14.

[81]龚玉霞,滕秀仪,贺小莉.绿色债券发展及其定价研究——基于二叉树模型分析[J].价格理论与实践,2018(07):79-82.

[82]孙穗.基于绿色金融视角的PPP模式融资创新研究[J].技术经济与管理研究,2019(05):81-85.

[83]方悦.完善我国环境污染责任保险制度的对策[J].经济纵横,2016(03):97-100.

[84]王遥,徐洪峰.中国绿色金融研究报告(2020)[M].北京:中国金融出版社,2020.

[85]Criscuolo C,Menon C.Environmental policies and risk finance in the gr-een sector:Cross-country evidence[J].Energy Policy,2015,83.

[86]汤铃,张亮,余乐安.基于动态CGE模型的碳交易政策减排成本影响研究[J].系统科学与数学,2019,39(01):51-64.

[87]金寄石.西蒙·史密斯·库兹涅茨[J].世界经济,1979(08):76-77.

[88]厉以宁,朱善利,罗来军,等.低碳发展作为宏观经济目标的理论探讨——基于中国情形[J].管理世界,2017(06):1-8.

[89]饶淑玲,陈迎,马骏.纵深发展绿色金融[J].中国金融,2018(18):55-56.

[90]张丽华.漓江上游金龟河小流域非点源污染研究[D].桂林理工大学,2018.

[91]杜婷婷,毛锋,罗锐.中国经济增长与CO_2排放演化探析[J].中国人口·资源与环境,2007(02):94-99.

[92] Chang, R., Na S. (2020). Effect of Workplace Ostracism on Knowledge Hiding: Mediating Role of Job Insecurity and Moderating Role of Psychological Ownership. Korean Business Education Review, 35(5), 77-108.